教育智慧
从哪里来

点评 100 个教育案例（小学）

王晓春 / 著

华东师范大学出版社

图书在版编目（CIP）数据

教育智慧从哪里来：点评 100 个教育案例：小学／王晓春著．
—上海：华东师范大学出版社，2005.6
ISBN 978-7-5617-4352-2

Ⅰ.①教⋯ Ⅱ.①王⋯ Ⅲ.①课程—教案（教育）—小学 Ⅳ.① G623

中国版本图书馆 CIP 数据核字（2005）第 075731 号

大夏书系·教师专业发展

教育智慧从哪里来
——点评100个教育案例（小学）

著　　者	王晓春
策划编辑	吴法源
文字编辑	殷艳红
装帧设计	奇文云海

出版发行	华东师范大学出版社
社　　址	上海市中山北路 3663 号　邮编　200062
电　　话	021-62450163 转各部　行政传真　021-62572105
网　　址	www.ecnupress.com.cn　www.hdsdbook.com.cn
市 场 部	传真　021-62860410　021-62602316
邮购零售	电话　021-62869887　021-54340188

印 刷 者	北京密兴印刷有限公司
开　　本	890×1240　32 开
印　　张	11
字　　数	252 千字
版　　次	2005 年 8 月第一版
印　　次	2025 年 1 月第四十一次
书　　号	ISBN 978-7-5617-4352-2/G·2534
定　　价	39.80 元

出 版 人	朱杰人

（如发现本版图书有印订质量问题，请寄回本社市场部调换或电话 021-62865537 联系）

前　言

我是"教育在线"网站上的常客，在那里的班主任论坛上，有我的专栏。一天，我在网站上看到了一篇很有见地的文章：

"阿 Q 案例"可休矣

米小七

一个赏识的眼神，一句表扬的话语，一记温柔的微笑，或有意为之，或不经意而为，于是乎，原来作业不做的学生做作业了，原来上学迟到的学生再也不迟到了，原来调皮捣蛋的学生也变得文质彬彬了，原来的小霸王更是变成了"红花少年"……总之，再怎么恶劣的学生都被感化了，要求上进了，然后不用多长时间——多则一两个月，少则一两个礼拜，那些原来屡教不改，家长无能为力，教师头痛不已的后进生就脱胎换骨，面貌焕然一新了，甚至一跃成为优秀生。这是多么的令人欢欣鼓舞啊！这是多么的可喜可贺啊！这是我们教师的成功，我们教育的骄傲。可是且慢，这成功来得是不是太容易了？教育原来只是这么轻松的一件事吗？

怎么感觉像是在看小说？！

可这不是小说，也不是故事，这是我们的教育案例！

我曾一度信赖于这些教育案例，但在教育一线上努力工作了三个春秋之后，我就想不明白了，我怎么就不行呢？我也对我的学生温柔地笑过，我也拿着放大镜找过我的学生的优点，我也不遗余力地表扬过我的学生，人家做的我都做过，人家没做的我也做过，我甚至曾将一个学生接到自己家里住了两个月。最后，有些学生是进步了，但我不能否认的是，更多的学生还是原地踏步。

　　静下心来再次认真仔细地看过这些案例后，我才发现，它们都有一个共同的特点，即无论过程怎样曲折，最终都是成功的，而且大都是在以前批评和惩罚无效之后，借助一个偶然的契机说了一些表扬的话，然后，一切搞定。这无疑是一个美丽的谎言。其实，我们教师尤其是班主任都明白，表扬也好，奖励也好，这些至多只能给那些后进生一些暂时的鼓励和信心，是治标不治本的，学生三分钟热度过后如果没有其他有效的教育手段助其巩固、内化，必然会恢复老样子。面对如此一厢情愿，不顾教育事实而自说自话，自圆其谎，自欺欺人的案例，我无以名之，强为其名曰："阿Q案例"。

　　"阿Q案例"把复杂的教育事业简单化了，把艰巨的教育工作轻松化了，把多样的教育方法单一化了，更严重的是，它把崇高的教育精神庸俗化了。用这样的案例指导我们教师尤其是新教师的教育教学工作，不仅于事无补，甚至可能误入歧途。

　　说到底，其实写一两篇成功的教育案例是简单的，然而要真正地教育好就算是一个学生都是很难的，其中会碰到各种各样的压力和困难，但不论如何，我想我们首先要敢于面对，敢于正视，敢于承认，然后才有可能去克服，去解决。所以，在此我要大声疾呼："'阿Q案例'可休矣！"（有删节）

米老师此文很值得关注，他说了大实话。

"'阿Q案例'把复杂的教育事业简单化了，把艰巨的教育工作轻松化了，把多样的教育方法单一化了，更严重的是，它把崇高的教育精神庸俗化了。用这样的案例指导我们教师尤其是新教师的教育教学工作，不仅于事无补，甚至可能误入歧途。"

除了"阿Q案例"这个提法我还拿不准之外，米老师上述判断我都很赞成。对于当前众多的教育案例，这些话确实一针见血，打中了要害。

但我还想问一个更深入的问题：类似案例为什么如此大行其道？

我们恐怕不能认为案例都是编造的，它们大多数可能都是真实发生过的事情。然而为什么这些真实的成功却给我们以"精神胜利"的感觉呢？

愚以为有两种可能：

第一种，成功是真实的，但是取得成功的真正原因却没说明白，案例作者可能有意无意地隐瞒了一些什么。这种情况，距离作者越近，估计看得越清楚。为什么我们周围常有"墙里开花墙外香"的事情？为什么许多校长、教师名声很大却有不少人颇不服气？这不一定都是源于嫉妒和误解，还有一种可能：他们说的和做的并不完全一致。他们为了取得成功，还用了一些"绝活"，而那些"绝活"是上不得台面的，只能偷偷地做，不能堂而皇之地说。

大家都知道，在自然科学中，凡不能重复做出同样结果的实验，就不是定论。教育问题个性突出，千差万别，固然不能等同于自然科学，但是教育毕竟也是有规律的，同类的问题用同类的办法来分析解决，效果也应该近似。如果情境基本相同，而效果相差甚远，你的办法我用了根本不灵，那我除了责备自己可能判断失误之外，也有权利怀疑你的办法是"狗皮膏"。

第二种，成功是真实的，但是介绍经验的人其实自己不能够搞清所以然，于是随便找一个什么因素，就认定它是成功的决定因素了。好比我得了某种慢性病，久治不愈，忽然听说有个偏方能治此病，我就找来用了，没成想病就好了。我完全无法从理论上和机制上证明我病好转与这个偏方有什么必然联系，我只知道两者之间有这么一种表面联系，于是我就可能轻率地认定此偏方能治此病。遇到得了同样病的人，我也完全可能向他推荐我自己的这个"个案"，但是倘若他吃了我推荐的偏方没有任何效果，我当然也不负责任。因为我压根就没整明白：治好了，我不明白；没治好，我也不明白。这很有浪漫色彩。

一般说来，最廉价的"灵丹妙药"就是"爱"呀，"表扬"呀，

"找闪光点"呀，"赏识"呀，"你真棒"呀等等，因为这种东西大家似乎都觉得它们有奇效，虽然很少有人认真地、较真地进行过科学论证。于是每到说不出什么道理的时候，就可以用它们挂牌了。米老师所说的"一个赏识的眼神，一句表扬的话语，一记温柔的微笑，或有意为之，或不经意而为，于是乎，原来作业不做的学生做作业了，原来上学迟到的学生再也不迟到了，原来调皮捣蛋的学生也变得文质彬彬了，原来的小霸王更是变成了'红花少年'"就多半是这种情况。你会发现，这些高招在经验介绍中几乎无往而不胜，与它相对应的是，在现实生活中，却常常什么问题也解决不了。这也就难怪米老师称之为"阿Q案例"了。

可见，米老师所谓的"阿Q案例"至今大行其道，是教育肤浅，教育浮躁，教育缺乏科研支撑的表现。

我们究竟需要什么样的案例研究？

我们需要的是真实的案例，科学的案例。

这种案例不侧重于是否成功，而侧重于过程的逻辑分析；不侧重于激情燃烧，而侧重于理智的诊断。一定要想办法把原因和结果分析得让人心服口服，而且经得起质疑和推敲，也就是说，确实是那么回事，就好像人体有炎症白血球就会增多一样。只有这样的案例多起来，我们的教育才能走向科学，才不致满怀着可爱而盲目的热情。

本书要做的，正是这项工作。

本书所选择的案例都不是我自己处理的，而且多数是尚未解决的。也就是说，案例的作者并未想把它作为成功经验告诉给大家，他只是提出了问题。这样我们就可以避免陷入"不成功则不提"的误区，可以老老实实地面对许多问题，而不需要回避它们。

真正的研究，先要摆脱"只准成功，不准失败"的束缚。事先已经确定成功了（如今我们的教育科研课题研究几乎总是百分之百地成功，顺利结题，然后出书，束之高阁。单凭这一点，我就可以怀疑它不科学，因为从来没有科学研究这样顺利的），还需要什么研究？需要的只是气势如虹，巧舌如簧，或做艰深之状，能把人唬住就行了。

我不是卖灵丹妙药的。我只是在探索：遇到问题可以怎样去思考，才有解决的希望。我不兜售教育秘方，我在学习教育智慧。

因为是在网上交流，无法直接临床，所以我对案例，只是做了初步点评。

我做案例点评，大概有以下几条原则：

1. 横向，不就事论事，在教育的大背景下研究教学，在社会文化的大背景下研究教育。

2. 纵向，追踪学生和教师今日想法、做法的根源，个人成长史的根源和历史根源。我特别重视家庭影响，特别重视指导家庭教育，因为学生的问题，几乎都来自家庭。

3. 对教师的案例陈述采取分析态度，不盲目跟着教师的思路跑，保持研究者的主体性和独立视角。以我的经验，教师陈述的事实，往往是经过他的眼睛和头脑筛选过的，甚至问题的提法都可能包含着既定的教育理念，点评者如果不能跳出这些圈子，很难看清庐山真面目。

4. 侧重梳理思路。任何教育行为都有某种理论假设在前，不管教育者本人是否意识到了这一点。我特别注意找到教师教育行为的理论假设，对它加以分析。我认为只有这样，才能从根子上解决转变教育观念的问题。

5. 先问"为什么"，假设多种可能性。老师遇到个案，一般劈头就问"怎么办"，这是不行的，因为你没搞清原因，只能乱办。所以我们必须先和老师一起，分析事情可能的原因。分析原因时，我注意做多种假设，因为"单打一"的归因方式，失误的可能性较大。遇事假设多种原因，这是教师的基本功。现在教师这种基本功普遍比较差，必须反复练习。

6. 要出招。个案点评虽然重在梳理思路，但是梳理之后，最好还是给老师出点主意，提点可操作的具体建议，否则不解渴。你否定了人家的理论假设，就要拿出自己的新假设；你否定了人家的做法，就要拿出自己认为正确的做法。

7. 随时调整自己的想法。网络有一个很大的优势，可以互动。我特别注意根据老师提供的新情况随时调整或纠正自己原来的看法，改变做法。也就是说，这种研究是一个动态的过程，只有段落，没有终结。

现在的教师进修和教师培训，我总觉得有点虚。要是增加一些案例研究，效果可能会好一些。我希望案例研究成为学校的风气。

本书所选的案例，凡是没有注明出处，只注明作者名字（一般都是网名）的，均出自"教育在线"各栏目。有个别文章，不属于教育事件，只是陈述了某种教育观点，或提出了某个问题，严格地说不算"案例"，也放在一起了。本书主要是写给小学教师的，因此所选案例都是小学发生的事情，但是也有若干案例虽然是发生在中学，但在小学也很普遍，我也收进来了。

在下对个案研究情有独钟，对教育智慧孜孜以求。做得好与不好我不知道，我只知道，这是一件有益的事情。

王晓春

2005.5.1

目　录

第二部分　学生问题

第三部分　师生关系

第四部分　教师与家长关系

第五部分　管理问题

第一部分　教师问题

【案例1】

用智慧启迪智慧　用心灵感化心灵

宇是后来进入我班的学生，他是体育特长生，学习对他来说远远不如足球重要。他刚进班，我就断定他肯定是个调皮蛋，于是第一个深入了解的对象就选定了他。开始的几周他倒是有几分收敛，但是上课基本上不听讲。有一次上课看漫画书，被我没收了，他却是一副无所谓的样子。于是怎样让他认识到学习的重要性成了我的首要难题。起初他并不愿意和我多说话，也不大喜欢和班里的学生交流，于是我开始主动地接近他，专门找一些有关足球的话题和他探讨。他是个很坦诚的孩子，几次交流过后，他就经常给我说他从小到大有关足球的故事。从他的故事中我读出了他的坚韧，他的毅力，他的追求。

他的足球技术还算是不错的，文化基础比较差，对于一个体育生来说，这将意味着前途的渺茫。随着我们交流的深入，我开始涉及学习的话题，他却有些退缩了，一下子拉大了我们之间的距离，弄得我措手不及。直到那天下大雨，我发现他一个人在卫生区打扫卫生，雨水几乎湿透了他的全身，我看到这样的场面心里顿时颤了一下，马上找来一把伞为他遮雨。事后我在班里表扬了他，我说他让我感动，让我永远忘不了那一幕。后来他告诉我，我们之所以能像现在这样的彼此信任，正是那次为他撑伞的事深深地感动了他，从那时候起他把我当成了朋友。

就在冒雨打扫卫生区当天，我在他的作业本上这样写道："你的行为让我感动，我相信自己的眼光，你是个好孩子，我为有你这样的学生而感到自豪，我愿意陪你一起努力，实现自己的梦想。"第二天他给我一封长长的信，里面写下了他的故事，他的想法，他的追求以及他的困惑。他还把日记给我看，让我彻底地了解他。这是一个很懂事、很孝顺、很好强的孩子，他的最大的追求就是足球，为了足球他可以放弃很多东西，但是学习决不能放弃，所以我计划从数学开始着手，加强对他学习的督促。

在我的劝、哄、鼓励的作用下，他开始上课回答问题了，也开始自己做作业了，而且有时候还来问我题，我高兴极了。我和他定的目标是期中考试至少数学及格。接下来的日子里，他上课有了明显的变化，政治、历史课也开始回答问题了。当我们俩都期盼的期中考试成绩下来后，发现历史 59 分，数学 48 分，我对此没有做任何的评价，让他自己总结。他在给我的信中写到，这次考试成绩下来后他很难过，以前的他从来不会因为考试成绩而伤心，而这一次确实觉得不好意思了，尤其是那个59分，如果再多背一个题就及格了。看了他的信，我没有批评他，反而表扬了他，让他谈谈得59分的感觉，告诉他付出与收获是成正比的，期待着他的努力，相信他一定可以做得更好。

就这样，我们一直进行着良好的沟通。我看到了他的进步，起码他知道学习了，虽然有的科目还是很差，但他知道努力了，我为此而感到欣慰。现在的他，是班里的体育委员，对班级的工作非常有责任心。他遇到了不高兴的事也是第一个告诉我，就连他出去比赛也会每天向我汇报行程，我知道我已经成为了他的朋友，甚至是亲人。他曾说过："李老师，除了我爸妈，就你最疼我了。"虽然我无法承担这句话的分量，但是我的学生着实一次次地感动了我，是他教给了我这样一句话"用智慧启迪智慧，用心灵感化心灵"。有了和宇的接触，我坚信我可以用自己的心灵感化更多的心灵。

附：这可能不是一篇好的教育案例，但这是我当班主任以来感触最深的一个教育过程。虽然我现在并没有和每一个孩子达到这么顺畅的师生关系，但我一直在努力，因为我始终相信用真心可以换得真心。也许宇将来不一定出人头地，但我会成为他记忆中最深刻的老师，因为我是在用真心教育他、关怀他。（misspuck）

智慧与爱心同等重要

misspuck 老师文章的题目是"用智慧启迪智慧　用心灵感化心灵"，可是我们纵观全文，其中教师的一片爱心倒是看得很清楚，而智慧，恕我直言，就不明显了。这正是目前中小学教师工作的普遍弱点。

学生宇是个"调皮蛋"，不爱学习，只爱足球。misspuck 老师看到了这些现象，不假思索地就给自己确定了以下任务："于是怎样让他认识到学习的重要性成了我的首要难题"。我发现很多老师都是这样思考问题的，已经公式化了。

这种思路是智慧的吗？恐怕不是。可能 misspuck 老师一抬脚就走错了路。

这种思路的推理是：学习不起劲，是因为没有认识到学习的重要性；一旦认识到学习的重要性，就会努力学习，而且能学好。

这个推理经不起推敲。

实际上学生都知道学习的重要性，不但口头上知道，而且心里也很明白。家长和老师天天挂在嘴边的观点，他们怎么能不知道？再说，我们社会的整体风气分明对高学历者有利。学校里，成绩好者出尽风头，成绩差者灰头土脸；社会上，高学历者名利双收，低学历者就业困难。学生再傻，也能看清这种现实。

明明知道学习重要，为什么还提不起劲呢？

这样提问题，就有点智慧了。

那是因为，认识到一件事情的重要，并不能保证人做这件事情有劲头，更不能保证做得好。

举例来说，哪一位老师不知道差生教育的重要性？然而不是仍有很多教师看见差生就头痛，恨不得他们赶快全都转学吗？请想一想，教师一提差生就晕和学生一提学习就烦有什么区别？这几乎完全是同一种心态。

当你面对一个困难，发现自己总是不能克服它，感觉自己找不到出路，怀疑自己能力的时候，别人还向你强调此事的重要性，只能使你对此事更反感、更沮丧。

坦率地说，教师对学习障碍生大谈学习的重要性，做的就是这种傻事。

于是你就明白为什么misspuck老师和学生宇虽然搞好了关系，但是只要"涉及学习的话题"，他就"退缩了，一下子拉大了我们之间的距离，弄得我措手不及"。这其实是最正常的心理反应，就像很多老师提起班上的"麻烦制造者"就皱眉一样。

所以，面对一个学习障碍生，教师千万不要再说教。那些话，学生都背下来了，甚至比老师还会说呢！教师的最重要任务是帮助学生深入具体地分析，他的心理问题是什么，他的智力类型是什么，他的思维方式是什么，他的困难到底在什么地方，从何处突破可以见到成绩、可以建立信心。

有些老师遇到这种情况，往往采用"爱心治疗法"。先和学生搞好关系，misspuck老师就是这样做的，也有效果。这比那种"横眉冷对法"当然要好得多。但是教师一定要明白，这种方法只能给学生努力学习提供一个较为良好的心态基础，而并不能解决具体的学习问题。就好像医生与病人关系好并不能保证治好病人一样。要治好病人，医生还需要有专业能力，能对症下药。

千万不要以为爱能包治百病。而且我再说一句可能得罪人的话：爱不属于专业能力（虽然它对于教师是必须的，非常重要）。爱，谁不会？家长对孩子的爱，难道比教师对学生的爱少吗？为什么他们反而常常来求老师教育他的孩子？他们缺少的不是爱，而是理智、是智慧、是科学的教育观念和方法。

智慧，即使不比爱心更重要，起码也和爱心同等重要。

misspuck 老师说："用真心可以换得真心。"不一定。如果没有更多的智慧相伴，则真心换回来的很可能就不是真心，而是寒心。浙江最近就有一位老师，应家长的要求好心照管一位差生的全部生活，结果被这个学生打成脑震荡住院了。现在令教师寒心的事情多极了，该是清醒的时候了。

2005.4.16

【案例2】

找　骂

肖 × 这孩子实在不像话，简直是无法无天了，搞得每个老师一走进四〇二班教室头就疼。

数学课，大家都在认认真真地听讲，他突然来了一声鸡叫，教室顿时炸了锅，调皮的小家伙们都跟着学起来，数学老师气得眼珠子都快掉出来了。可肖 × 倒好，一本正经地坐在那儿，没事人似的。

思想品德课上，老师说一句"做人要诚实"，他就跟一句"诚实要吃亏"；老师讲一句"拾金要不昧"，他就来一句"不拿白不拿"。年轻气盛的周老师当然不会放过他，课也不上了，训了他整整大半堂课。可他挺受用似的，听得嘴巴快咧到耳边去了。

音乐课，他扯着破钟似的嗓子边吼边扭；科技课，他用剪刀把前面孩子的衣服剪了个大洞，还美其名曰"防空洞"；体育课上，他又偷偷地把同学的鞋带系到一块儿，害得那个同学摔伤了膝盖，连带着让教体育的陈老师也受到了学校的处分……

老师们一个个都把"状纸"递到了班主任管老师那里。

管老师找肖×和颜悦色、语重心长地谈了好多回，可肖×就是不长记性，前面点头，后面又犯。

今天，肖×直接把"战火"烧到了管老师的头上。

语文课上，管老师带着同学们声情并茂地朗读课文。一边读一边在行间陶醉地踱着步子，肖×冷不丁地横扫出一条腿，把没有防备的管老师摔了个"五体投地"，眼镜也跑出去跟墙壁"亲吻"了。管老师把肖×像拖"死狗"一般拖进了办公室。

"说，你哪天不挨骂就浑身不舒服，是不是？"平日里温文尔雅的管老师此时全没了淑女风范，"你到底对老师们有什么不满？你说啊，你！"

"因为……因为你们都是女的。"

"岂有此理！女老师好欺负是不是？！"管老师更是怒火中烧，愤怒的拳头狠狠地砸向桌子，巨大的响声吓得办公室里的其他老师个个都停下了手中的工作。

肖×也吓得一哆嗦，眼泪像断了线的珠子往下掉。他边抹着眼泪，边抽抽噎噎地说："不是这样的。自从妈妈和爸爸离婚以后，妈妈就不知上哪儿去了，看见你们骂我，就好像妈妈还在我身边一样。所以我经常捣乱，好看到你们生气的样子。对不起，老师……"

管老师心尖猛地一颤，把肖×紧紧地搂在怀里……（王晓琴）

【点评】

批评不是研究方式

这个故事令人心碎。孩子太可怜了。

他居然用这种方式寻找失去的母爱，恐怕是很多老师始料不及的。老师们都只看到了事物最表层的现象，不知其本质。

我相信这些老师都是爱学生的。可是，光有爱心，不一定能走进孩子的心里；要了解事物的本质，需要科学，比如心理学。

一个人的个性，他的心理特点，他的本性，都不是"爱"出来的，而是研究出来的。

爱能解决很多问题，不能解决一切问题；正像科学能解决很多问题，不能解决一切问题一样。

其实这个孩子"捣乱"的本质是管老师在偶然中发现的，是撞上的，不是研究出来的。

很多老师都领教过这个孩子，但是好像没有人研究过他，甚至没有人提出一个最普通而又最重要的问题："他为什么会这样？他心里在想什么？"

是没有研究的工夫和精力吗？不是。是没有研究的习惯。老师们更习惯于"教育"这个孩子。而所谓"教育"者，批评也。

然而批评并不是一种研究方式。您见过一个"批评"天气的气象学家吗？

批评最多是一种带情绪的管理方式。

当你不知道某种事物的真相的时候，批评它，只能进一步掩盖它的真相，而不会使它的真相显现出来。

换句话说，批评一个事物，并没有使你对这个事物加深什么认识，批评半天，你也没学到点什么。

于是你就明白为什么许多老师越批评学生越不管事，越不管事越批评，直到气晕了——他们压根就没搞清这孩子怎么回事！

我把这种老师称之为"蒙在鼓里的教育者"。

于是你也就明白许多教师的素质为什么长期得不到提高了。

没有研究的教育，是盲目的、情绪化的教育，是教师素质提高的最大障碍。

这种教育现在很流行。我们必须想办法改变它。

2005.4.16

批评也是一种研究方式

晓春先生分析得入情入理，读后深受启发。但对其中的一句话我有点想不明白。您说："换句话说，批评一个事物，并没有使你对这个事物加深什么认识，批评半天，你也没学到点什么。"（《批评不是研究方式》）不知您这里说的"批评"是指真正意义的"批评"，还是特指"指责"、"训斥"式的"批评"？真正意义的"批评"有两个义项：①指出优点或缺点；②专指对缺点或错误提出意见。我觉得这两者也都有"研究"的成分。比如您的《给阿德老师的建议》和《智慧与爱心同等重要》就是真正意义的"批评"，也是"研究"，在这个过程中，不但您自己"对这个事物加深"了"认识"，大家也跟着"学到点什么"了。由此说来，"批评"也是一种研究方式。难道批《水浒传》或评《红楼梦》不是对这两部书的研究吗？如果教师对学生不是一味地"指责"、"训斥"，而是真正意义的"批评"，并且允许学生辩解，这就不能不带有"研究"的成分了。

王晓春回复：

非常感谢王老师的意见。

我表达得不够好。

我文中所谓的"批评"，指的是学校里通常发生的事情，即教师对学生缺乏分析地指责，与学术性的和研究性的批评不是一个概念。

我读过王山而老师不少帖子。王老师总是能启发我的思考。您这种批评，对我好处很大。

十分欢迎您经常到这里来批评指正！

2005.4.17

【案例3】

教育专家的方法为何不灵？

一个师范生，学教育学的时候，老师举了一个例子。说一个教育专家，有一次发现一个孩子在摇晃一株小树苗，便走上前去说："小朋友，小树苗可不能摇呀，你一摇，它头就晕了，要叫疼的，就要流泪了。"孩子于是很懂事地不摇了。这个师范生真的佩服这位专家，于是一直记着。后来他毕业了，好长时间后，他竟也遇到了这样的事情。有一个小朋友在路边摇晃着小树苗。他也学着那位教育专家的口气说："小朋友，小树苗可不能摇呀，你一摇，它头就晕了，要叫疼的，就要流泪了。"可小朋友却说："老师，你骗人，小树怎么会头晕，怎么会想事情，怎么会说话呢？"他晕了！心里想，现在的孩子怎么啦？（大潮河）

教育专家的办法为什么就必须灵？

我也想起了一个故事。

说古时候有一个人决心学医。他读了一些医书，记住了，然后就给人看病。看了一个，没治好，又看了一个，还是没治好。人家问他："您怎么治不好呢？"

这位先生愤愤地说："我明明是按照医书开的药方，可恨这些病人不按照医书得病！"

大潮河老师说的这位师范生也是在按照医书（教育专家的成功案例）在开药方，结果也失败了，他和那位蹩脚医生一样，责备学生为什么不按照教育专家描写的那样幡然悔悟。这不是很有趣吗？

不很有趣。有点可怕。说明我们的师范教育有问题：只让学生记住了某些现成的结论，没有帮学生学会探究的思路；培养出来的学生，只会责备学生，不会反思自我。这样下去，我们的教师队伍里可能又会增加一位牢骚家，这种人已经够多了，都是我们师范教育的产品。

根本就不应该要求学生完全按照我们主观想象那样去行动，就像医生不能要求病人只得"标准病"一样。

有的孩子可能形象思维能力比较发达，换位思考能力强，有同情心，对这种孩子，你用拟人法是可能唤起他对小树的同情的。有的孩子可能缺乏想象力，很现实，死心眼，或者不善于换位思考，或者缺乏同情心，对这种孩子，你用拟人法就可能完全不顶事。这没有什么值得大惊小怪的。医生有时候用某种药，不也不顶事吗？怎么办？换一种药再试试就是了。再不行，重新检查，重新诊断。谁说过解决学生问题必须一次完成？

这地方我们就看出某些师范毕业生的思维方式多么狭窄，多么死板，多么拘谨，一点都展不开。

也许有人会说，这是因为他们经验少。愚以为，经验少不是主要原因。有这样的思维方式，他们很难创造和积累新经验。你想，一个认定病人应该按照医书得病的医生，上哪里去积累经验？他根本不想学习新经验。病人得病超出医书，这本是研究新问题的好机会，他却觉得可恨。其前途可知。

2005.2.1

【案例4】

师范教育中到底什么是最要紧的？

每年学校里都要来一批新老师，套用一位前辈的话，良莠不齐。其实在自己上大学时就很纳闷，受过师范教育的人不会教育学生，甚至于和学生谈话都说不明白。有些名校毕业的学生不会和学生打交道，反倒不如一些专科生工作起来得心应手。

今天在办公室里和同事们讨论说，教育学、心理学其实是自学的，不如把各位名师的教育日记好好研读研读，再结合自己的性格特点、自己的成长历程来理清自己的工作思路。教育学、心理学能起到这样的作用吗？
（老师你好）

【点评】

最要紧的是学会学习和研究

我们的师范教育着实问题不小。正如这位网友所说，"教育学、心理学其实是白学的"。这不是个别人的看法，师范毕业生大都有这样的体验。

问题在哪里呢？

问题在于，我们的师范教育是知识教育而不是能力教育。学的多是死知识，死知识只在考试中有用，实际工作需要的是能力，死知识当然就用不上了。

有人认为这是由于那些知识脱离实际，若讲的知识都能联系实际，学生参加工作"拿来就能用"，这个问题就解决了。

事情恐怕不是这样简单。

实际生活千差万别而且瞬息万变，想让师范教育把中小学教育教学的"实际"全部包括进来，那是绝对不可能的；想让师范教育预见中小学教育教学中将要发生什么情况，并且预设具体的解决方案，那也是绝对不可能的。师范教育不能给自己提出这样大而无当又细致入微的任务，那太不明智了。

愚以为，师范教育给自己提出的任务应该是，着重培养学生的学习能力和研究能力。

这样，他们参加工作以后，即使遇到从未见过的难题也没关系，他们知道怎样着手去研究它，解决它。不怕没见过，就怕没思路。

可惜，这个最重要的方面，在我们的师范教育（非师范教育其实也差不多）中，却最薄弱。

一个师范毕业生如果没有研究能力，又无法逃避眼前的实际问题，那他拿什么来应对呢？恐怕就只有模仿他人了。很多青年教师就是这样模仿老教师的，结果不久就"未老先衰"了。

模仿是最低级的学习。靠模仿永远也不能成为一名真正的教师。

所以我们周围，多的是"教书的人"，而不是"教师"。

要解决这个问题，必须在师范教育中搞"研究性学习"。也就是说，学生不能是光学习和记住某些知识（这也是必要的，因为必要的知识是思维材料，没有材料无法思考），他们要学会发现问题，学会研究——确定研究方向，找到研究突破口，知道如何收集资料，知道采用适当的思维方式进行合乎逻辑的思考，知道对自己的结论进行各种反驳以便使它更合理等等。

这种研究性学习，恐怕离不开案例，所以师范教育的案例教学应该大大加强。

案例教学实际是以例子为"由头"的思维教学，它提供的主要不是某种具体办法，而是一个思路；它不是要告诉学习者"怎么办"，而是要帮学习者学会"怎么想"。

愚以为，对于师范教育和教师在职培训，这才是最要紧的。

2005.4.22

【案例5】

质疑数十万元造神童

据央视报道，最近，北京的某机构推出了一项培养神童的"日出计划"，称只要孩子从小接受他们的培训，10岁时就能赶超大学生。目前，已经有160多个孩子参加了"日出计划"，其中最小的只有9个月，最大的也不超过10岁。果真有这么神奇的培训吗？

在这家机构的网站上，记者看到，"日出计划"培养的主要是1～6岁的孩子。学习课程包括大学微生物学、化学、植物学等。授课老师是正在高校就读的本科生和研究生。根据师资配备不同，该计划被分为四个等级，收费从每年2万元到13万元不等。

记者注意到，"日出计划"对孩子不需要筛选，交费就能参加。并且这个机构承诺，任何孩子在接受培训后，到10岁时综合智力就能超越大学生。

"日出计划"创始人攸武说："我告诉我的研究生，必须把1岁或5岁的孩子看成你的同学，对他讲最高的专业术语。不要管孩子懂不懂。他现在是不懂，因为他的大脑是空白的，但是他有潜能，能产生一种高级的思维，并不是记忆。"

这位负责人表示，任何孩子都有"高级思维"的潜能，只要方法得当，就能激发潜能，从而成为世人所说的"神童"。在多次要求下，记者观摩了一次"日出计划"的上课情景。

接受培训的孩子叫小小，只有1岁11个月大，已经接受了大约7个月的"日出计划"培养。

记者看到，在老师的指导下，小小能够比较熟练地使用显微镜，并且能辨认出水分子、氮气、氧气等的分子模型。小小的老师告诉记者，小小是她的学生里教学效果比较好的一个孩子。

小小的家长也对培训效果感到比较满意。可是，当记者把这段录像给有关专家看的时候，专家则认为，这种学习方法和通常的幼儿教育一样，都是利用了幼儿的形象思维，让他认识世界。

中国教育学会家庭教育专业委员会理事长赵忠心说："大学讲的知识是抽象的，是理性思维，可孩子的思维方式是具体的行动思维、形象思维，不可能理解大学的知识。"

这样的教育虽然对孩子的早期智力开发有一定的作用，但不可能达到"10岁超越大学生"的神童效果。

专家提醒家长们要用平常的心态来看自己的孩子，不要对孩子有过高的期望，从而给孩子过多的负担。（2005年4月20日东方早报）

【点评】

我的看法

1. 人类对自己的潜能，自己的思维，还知之甚少。孩子究竟怎样学习更好，现在众说纷纭，很难做出统一的结论。对现今教育的不满，更促使人们进行新的探索。我以为，有探索精神是好事。

2. 要证明某种理论，必须有科学的实验，而在实验进行中，是不可以推广的。"日出计划"是实验，其对象是人，而且是孩子。以孩子为实验品，必须非常慎重，尤其是幼儿，他们的早年经历可能影响其一生。一个严肃的科学工作者，要有起码的社会责任感和科学良心。拿未经反复实验证明成功的教育方法来推广，有违科学精神。

3. 我最反对把这种研究商业化。研究成果可以商业化，研究过程不可以商业化，你不能拿你自己尚没有把握的东西来卖钱，而且卖高价。大家都知道，做虚假广告，做不能兑现的承诺，是要负法律责任的。为什么乱做教育广告就可以不负责任呢？比如有一所名校声称"我校无差生"，好多家长就慕名送孩子去了。这口号就不够实事求是。哪里有无差生的学校？没有差生哪儿来的好学生？所以我建议国家成立专门机构，审查这类口号和承诺。你个人看法自然随便说，但是只要你从事商业活动，你的广告词就必须经过审查。家长的钱跑到别人的兜里去倒是小事，要是把孩子毁了，那可太不值了。只有一个孩子，不敢冒这种风险。

2005.4.27

【案例6】

爬树风波

"你为什么爬树？"我压着心头的不满看着眼前这个黑黑的孩子，早上我刚和他们讲到不能爬树，这不，刚吃过中饭，就有小朋友来告状说他爬树。

"我……我找不到小朋友了。"

"找不到小朋友就可以爬树了？"对他的回答我又好气又好笑。

"我看不到他们，我就爬到树上想看看他们在哪里。"

原来如此，孩子的一个想法竟是如此的简单，我不仅在心里开始微笑，也为刚才没有马上发脾气而感到庆幸。孩子们许多调皮的做法，很多时候往往源于一个淳朴的理由。我们如果不分青红皂白就批评指责，打掉的不是孩子的缺点，往往会是孩子对我们的信任。想到这，我微笑着看着他，问："如果我找不到小朋友站到你的肩膀上去找，你愿意吗？"孩子摇摇头。"是啊，小树一样不乐意你踩到它身上啊，下次可要知道不能这样做了。"孩子点点头。"去吧。"看着孩子快乐而去的身影，我的心也为这件小事而明朗了半天。（黄玫瑰）

【点评】

面对问题，要探究

刚说完不让爬树，学生就公然违反，这岂不是向老师挑战吗？

很多老师就是这样想事情的。他们总认为，学生"顶风作案"，明摆着就是和老师作对。其实很多学生违反纪律，本来主观上并没有和老师作对的意思，他的心思并不在老师身上，是老师自觉主动把矛头引向自己的。教师这样不加分析地贸然站到孩子的对立面去，而且多次如此"导向"，最后孩子就索性和老师对立起来了，真的成心捣乱了。

我把这种教育方式称之为"制造敌人"。

黄玫瑰老师就很聪明，她能"化敌为友"。

但这首先不是因为她聪明，而是因为她心理健康水平高。

黄玫瑰老师发现学生公然不听她的话，第一个反应也是"不满"，实属人之常情。问题是她能压住自己的不满，而且能成功地把这种不满迅速转化为"探究"，去询问孩子"为什么爬树"。这是一个看起来很平常实际很了不起的转折。有大批的老师在遇到问题的时候，都没有能力实现这种转化，他们的思路沿着"不满"向前进，变成了"发泄"，于是点燃了战火。

黄玫瑰老师遇事能保持平常心；很多老师不能，他们失控了。

所以要搞好教育，前提是教师自己心理要健康。

还要有科学精神，有研究心态。

经验告诉我们，人有研究心态，他是不会向研究对象发脾气的。地质学家不会对化石这样喊："你怎么可以出现在这个地方？"当你把对方当作研究对象的时候，你就不会幻想对方适应你的要求，恰恰相反，你得想办法使自己的认识客观地反映对方的现实状况。这是科学的思维方式。

黄玫瑰老师有科学的思维方式，所以她不生气（一个想研究学生的教师是"没有时间"生气的），结果她得出了一个很科学的结论："孩子们许多调皮的做法，很多时候往往源于一个淳朴的理由。我们如果不分青红皂白就批评指责，打掉的不是孩子的缺点，往往会是孩子对我们的信任。"

有科学的结论才会有正确的教育方法。既然孩子并不是想与老师作对，既然他爬树只是因为一个淳朴的理由而忘记了纪律（这种"忘记"当然也是缺点，不管理由多么淳朴），那么这孩子需要的就不是简单的批评和纪律的重申，而是要想办法使他下次遇到同类事情的时候"不这样做"。这比"承认错误"要重要。黄玫瑰老师采用的是"拟人法"，把树拟人，让孩子替树想想，不要踩到它身上去。对于小学生，我以为这种方式挺好的。当然，要树立纪律"观念"，这还只是个开端。

许多老师遇到问题，只会自我中心地想事情，说的话全都是他自己的感觉，立足点从来不会变一变。黄玫瑰老师不然。她不但能从自己的角度看世界，而且能从孩子的角度，甚至能从树木的角度看世界。我们把这叫做"立足点的多元化"。能多角度看世界，是为智慧。

学生顶风爬树，这件事放到有些教师手里，本来可能成为一个把老师气得发疯，弄得满城风雨，甚至惊动校长的"事件"，可是到了黄玫瑰老师手里，在微笑中，举重若轻就处理完了，教师还因为此事心情"明朗了半天"。黄玫瑰老师把麻烦酿成了快乐。

黄玫瑰老师热爱学生，热爱教育。更重要的是，她热爱生活。

教师素质不同，理念不同，思路不同，人生哲学不同，教育效果就会有如此大的区别。

2004.9.17

来，让我抱抱你

孩子们在我身边蹦跳玩耍，每张脸上都绽放着天真无邪的笑容。牛牛他却靠在教室的墙壁上偷偷地打量着同学，目光中流露着无限的羡慕，迟迟不敢上前和同学们一起玩。开学快两个月了，他却还没有交到一个朋友。

牛牛不爱整洁。每次午餐后，你都能看见一只"小花猫"——红红黄黄的汤汁遮住了半边脸颊，胸前更是画上了一幅"现代抽象画"。他的桌子上五花八门，堆满了散乱的书籍，课桌里拖下一条长尾巴——那是艺术课的画纸准备随风飘下。我曾跟他谈过几次，都没有明显的进展。

我就这样注视着牛牛时，脑海中灵光一闪。我今天穿了一件纯白的外套。我微笑着朝他招招手。他慢吞吞地靠近我。我亲切地说："牛牛，来！让老师抱抱！看看有没有长胖呀？"他很开心，正想扑进我怀里时，猛然发现了自己胸前的那幅"现代抽象画"，马上就止住了脚步，偷偷地看了我一眼，好像是说："我会把你的衣服弄脏的。"看着他僵在那儿尴尬的样子，我连忙说："明天让我抱抱你好吗？"他用力点了一下头，目光中盛满了欢乐！我相信，明天他一定会干干净净地等着我去抱他。

（fangqiong）

两种教育方式

一个学生不讲卫生，教师对他进行个别教育，通常的方式是什么？告诉他：你太脏了。（直率地或者委婉地）

要求他：你必须把自己整干净。（严厉地或者温和地）

第一句话是向孩子耳朵里输入教师评价。

第二句话是向孩子的耳朵里输入教师指令。

我把这种教育方式称之为"干涉式教育"。

干涉式教育是赤裸裸的教育。教师一张口，教育架势就摆出来了。

干涉式教育通常属于"低科技含量"的教育。进行这种教育，不需要多少专业知识，靠条件反射就可以实施了。

所以，经常用这种方式教育学生的教师，教育能力一定会停滞不前。这种办法不怎么需要动脑筋的。

fangqiong 老师的教育却不是这样。

她既没有评价牛牛，也没有命令牛牛。她只是设计了一个"拥抱情境"，让牛牛自己"发现"自己的问题，并且鼓励牛牛改正。

我把这种教育方式称之为"帮助式教育"。

帮助式教育是隐蔽的教育，学生甚至可能没感觉到老师在教育他，可是他已经受到教育了。这种教育讲的是实效，而不是表面形式。

实施帮助式教育，不但需要有爱心，而且需要有先进的教育理念（尊重学生主体性，引导学生自己教育自己，而不是拔苗助长），而且需要技巧。这个"拥抱情境"，一看就很"专业"，非"业余选手"所能为。

这才像个教师。要知道教师是专业技术人士呀！

每天用简单粗暴的方法管教学生，不提高自己的专业水平，却用"恨铁不成钢"为自己辩解。这种老师实在应该仔细想想 fangqiong 老师这个小例子。小例子里有大文章。

最后要说明的是，我并不完全否定"干涉式"教育的作用，这种教育方式不可能完全取消。我要说的是，此种方式不可多用。这是笨办法。

2004.10.10

【案例8】

课间有学生打架了

课间学生打架也成了我的快乐事情，关键是换个角度看问题。

班长让我看看她的裤子，说是被冯×踢的，我一看满裤腿上都是脚印，笑着为她扫了扫，安慰安慰后，让她把冯×叫来。

你知道这冯×何许人也？是这学期刚从一班过来的孩子，内向到极致。开学一个多月了，我还没见过他张嘴说话。他怎么会打班长呢？

来到办公室，他就站着，一言不发。我对他说："来到办公室，老师想听听你来到这儿的收获。每说一句话，加2分，说够10分，你就可以走了。"

他坐在我旁边，我开始备课。

十分钟后，他说第一句话："我不该打毕×。"

"好，奖励2分，说明了能够认识到自己的问题。继续说。"

二十分钟后，说第二句话："我应该上课发言。"

"好，找到了自己的不足，再加2分。"

三十分钟后，说第三句话："因为不守纪律，耽误上科学课了。"

"好，认识到有损失，说明这节课过得有价值。"

下课时，他说了两句话："一节课老师都在忙于备课，还要解决我的问题，老师很辛苦。今天我们小队得不了自律小队了，这是我的责任。"

"再说一个'好'，好在你会体谅老师了，同时老师相信你能做一个负责任的孩子。"我握了握他的手，把他送出了办公室。（快乐014）

【点评】

两种教育思路

处理学生问题有两种思路。

1.发现问题——分析问题——促使学生成长。

2.看到现象——进行教育——达到教师目的。

第一条思路的主线是"问题"，第二条思路的主线是"管理"。

窃以为快乐014老师处理学生冯×打架事件，其思路属于第二种。

冯×踢班长，这是个现象。教师把他叫到办公室，用发言记分不发言不让走的办法迫使他承认自己不该打人，上课应该发言，不该耽误上课，影响了集体荣誉，害得老师很辛苦；老师说了四声"好"，鼓励冯×"做一个负责任的孩子"，于是这件事就处理完了。

搞不清老师到底打算解决什么问题。打人问题，不发言问题，不守纪律问题，不能体谅老师问题，还是什么问题。又好像什么问题都解决了。看不出这次谈话的主题，看不出冯×经过这样的工作有多少进步，他只是"承认"了许多错误而已。一个学生认识到自己的行为是错误的，用处不大。因为经验告诉我们，学生犯的大多数错误，在犯错之前就明知道这是错误的。难道冯×不知道踢人不对？不知道应该守纪律？知道不对，如果只承认了不对，不知原因何在，不知以后如何避免这种错误，认错又有多大意义？

我发现很多老师都是这样，把学生承认错误看作教育的成功，看作处理一件事的结尾，殊不知这常常连开头都算不上。

这种教育，可以称之为"认错教育"。从科学角度看，这种"教育"在多数情况下都属于做无用功。

更重要的是，我看不出这位老师经过这次谈话，自身的认识水平和分析能力有什么提高。教师没有研究任何问题。

这种教育，可以称之为"无研究教育"。教师素质提高缓慢的重要原因之一，就是把精力都用在这种实际上没动脑筋的教育上了。

据快乐014老师说，冯×是一个"内向到极致"的孩子。他是从来如此，还是转到本班来才变成这样？这非常重要，应该了解清楚。一个十分内向的孩子发生攻击性行为，这是心理问题的征兆，而且按我们的经验，问题还不小。教师应该追溯孩子成长史，搞清原因（有好几种可能的原因），进行心理调治，否则今后还会出现类似事情，而且可能愈演愈烈。

教师最后鼓励冯×"做一个负责任的孩子"，似文不对题。冯×的问题可能主要是心理问题而不是责任感问题。

总之老师这件事不是以问题为主线，而且老师似乎并没有研究问题的愿望，所以他的思路是漂移的，问题可以随时变动。打架问题可以转移成不说话问题，又可以转移成责任感问题，逻辑很混乱。那么到底这位老师打算解决什么问题呢？不大清楚。我的感觉是，只要学生认错服软，答应今后不给老师添麻烦，教师就认为成功了。也就是说，教师的工作目的是方便今后的管理，而不是学生真实的成长，或者也可以说，教师认为只要学生服从教师的管理，就是成长了。我们把这叫做教师中心。

处理学生问题，真正做到以学生为本，以真问题的研究为主线的时候，才谈得上素质教育。

2004.9.2

【案例9】

水彩笔的故事

"老师，钱××不还我的水彩笔。"课间，王××和陆××拉着手出现在我办公室门口。我随口说："去让她还给你。"她们出去了一会儿又回来了，陆××委屈地告诉我："她还是不还给我。"陆××和钱××平时是好朋友，怎么回事呢？我问她："是不是她把你的水彩笔用完了？""没有。"按照往常的做法，我差点脱口而出："去把她叫来！"在这句话就要出口之际，不知怎的，我脑中思维一闪，变成了这样一句话："她是不是正在画画啊？"陆××点点头。"那她肯定是想把那幅画画完。你就让她画完，再让她还给你好吗？"小姑娘点点头又去了，这次没有再回来。这件小事让我明白，在做出决定之前，我们有时不妨多转个弯想一想。（黄玫瑰）

【点评】

要有探究的愿望和习惯

黄玫瑰老师运用的是科学家常用的思维方式：遇到问题先提出假设（假说），然后加以验证。

医生治病就是这样的思路。当你向医生叙述自己病情的时候，医生实际上是一边听一边在心中做出假设。他心中可能有好几种假设，然后他通过检查、验血、验尿等方式验证自己的假设。一旦发现检查结果与自己的假设比较符合，他就可以开药方了。

所以，遇到问题能不能提出几种"假说"，这是检验一个教师是否是科研型教师的重要标准。

黄玫瑰老师遇到了一个问题—钱××不还陆××水彩笔。她提出了两种假说。第一种：钱××把水彩笔用光了，用完了不还与没有用完性质不一样。结果证明不是这样。于是教师又想到了第二种：钱××不是不想还，而是画得正高兴，不愿意还。结果证明是这样。于是黄玫瑰老师开的药方——"你就让她画完，再让她还给你好吗？"就管事了。

这里有个前提，就是教师要有探究（研究）的愿望。如果教师听说有人借东西不还就表现出强烈的道德义愤，那他肯定就不会再去思考什么"假说"了，他会风风火火地去主持正义。结果呢？当然也能"解决问题"，把陆××的水彩笔要回来，这个不难。但是两个学生就会互相怨恨，埋伏下今后问题的隐患，而教师的能力则没有丝毫提高。

黄玫瑰老师有一个非常好的思维习惯，她遇事总想问个为什么，而且喜欢猜一猜有几种可能的原因，然后加以验证。这正是科学家的思维方式。

我要给黄玫瑰老师补充的一点是，不妨再深入研究一下钱××的心理。我怀疑她是比较自我中心的，顾自己不顾别人，独生子女常有这种现象。或者她是太喜欢画画了，忘乎所以（这也是两种假说）。不过无论哪种情况，都应该告诉钱××，借人家东西，当人家索还的时候，应该立刻还给人家，如果还想再用一下，应该向人家说明，征得人家的同意，否则就是侵犯主人的权利（反客为主），而且也是不礼貌的。这是人际交往的一般规则，应该让孩子们知道。

2004.9.19

【案例10】

换个角度（摘要）

不知什么时候，班上的男生迷上了踢瓶盖。一下课，三五成群的男生围着一个瓶盖，你一脚我一脚地将瓶盖踢来踢去。

我笑问学生："这是什么玩意儿？"学生乐呵呵地说："这是在踢'小足球'！"

"小足球"的魔力已影响到了学生的学习，但意识到这一点的毕竟是个别学生。假如此刻班主任就以此为由下令禁止活动，可能不但不能把学生的心收到学习上来，还可能因此引起逆反心理，由"公开"转入"地下"，从而引起更多同学对此项游戏的痴迷。可是不禁又不行，这是明摆着的，可怎么个禁法呢？

正当我一筹莫展时，一件意想不到的事情发生了。那天中午，我刚坐下休息，一群男孩大呼小叫地向我汇报，说强抢踢"小足球"把脚扭伤了。我急忙赶到教室，只见强痛得眼泪汪汪，他的身旁正围着一群男孩，涛正用手给他揉……

我顺手拉过涛，说："听说'小足球'是你发明的？真有创意！现在，我交给你一个任务，请你为'小足球'游戏写个说明，介绍一下它的玩法、注意事项，顺便也可以说说这项活动的益处和害处。行吗？"涛很乐意地接受了任务。

第二天涛就交来说明书了，竟洋洋洒洒地写满了一张纸。

我让涛在全班介绍这项游戏，并让学生发表补充意见。想不到的是很多学生都认为这项游戏利少弊多，没有多大的价值。更想不到的是第二天几乎没人再玩这项游戏了。

至此，我不禁想起了这样一个故事：

法国著名女高音歌唱家迪梅普莱有一个美丽的私人林园。每到周末，总是有人到她的林园摘花，拾蘑菇，有的甚至搭起帐篷，在草地上野营野餐，弄得林园一片狼藉，肮脏不堪。管家曾让人在林园四周围上篱笆，并竖起"私人林园，禁止入内"的木牌，但均无济于事，林园依然不断遭到践踏、破坏。于是，管家只得向主人请示。迪梅普莱让管家做了一些大牌子立在路口，上面醒目地写着："如果在林中被毒蛇咬伤，最近的医院距此15公里，驾车约半小时即可抵达。"

从此，再也没有人闯入她的乐园。

这位女歌唱家并没有像管家那样，站在自己的立场上替自己说话，而是换了一个角度，立足于那些游客的处境替他们着想，其效果的取得是情理之中的事了。

教育也是这样！当我们能站在学生的角度，设身处地地为他们着想时，教育就会充满了智慧。（紫云飞）

2004.10.6

【点评】

搞清自己到底成功在哪里

有很多老师看见学生游戏就生气，说来不可思议，但确实是这样。

这种老师是自觉地把自己放到学生的对立面去了，因为游戏是少年儿童生活中不可缺少的部分，不游戏的少年儿童是不正常的。

可能这种老师是以不正常为正常，他们但愿学生都是学习的机器。

紫云飞老师就不是这样，她把学生当成活人来尊重，而不是当成机器来操纵。

但是尊重不等于迁就，理解也不等于全盘赞同。

所以紫云飞老师有所引导。她达到了目的。

请注意"引"和"导"这两个字。仔细想来，"引"和"导"都有个前提，就是你必须和被引导者脸朝同一个方向。如果你和对方"面对面"，那就谈不到"引导"了，那只能是"阻挡"，也就是站到孩子的对面去了。

紫云飞老师高明就高明在她"替孩子着想"，让孩子自己认识到踢"小足球"的弊端，自己把它停下来。

老师的教育不是直接作用于学生，而是通过学生的自我教育起作用的。这才叫引导。

然而，这些学生为什么会如此容易地停止了这个游戏呢？

我觉得有几种可能：

1. 已经玩腻了，又出一件事故，扫兴不玩了。

2. 老师让涛宣讲"小足球"游戏规则，孩子们猜到了老师的意图，顺水推舟了。

3. 老师让涛宣讲"小足球"游戏规则，这等于把"民间游戏""官方化"了。大家知道，什么东西只要一"官方化"，往往就会失去吸引力的。

4. 多数孩子确实认识到这影响了学习，不玩了。

到底是哪一种原因呢？或者是混合型的原因？或者还有其他原因？我觉得还可以进一步研究。

教师的教育行为达到了预定目标，并不是事情的结尾。只有真正搞清它的机制，才能总结出符合科学精神的经验。

为什么很多老师用自己成功的经验去教育新的学生往往失败？

那是因为他们其实并没真正搞清自己究竟成功在何处。

以上意见，谨供紫云飞老师参考。

2004.10.6

意外的收获

数学老师怒气冲冲地对我说："那个张×，上课时竟把前面女生的辫子绑在一起，还在上面别了一枝笔！"我顿时火冒三丈，这个学生平时旷课、迟到、拖拉作业、上课做小动作、搞恶作剧、课间打架……让我头痛不已。

同学们陆续回家了，张×留下来，一脸的倔强和漫不经心。我酝酿着情绪，想给他来一场暴风骤雨。

就在这时，我班有个同学说小风的车锁打不开了，我赶忙跑过去解难，那个锁很难撬，花了很长时间才撬开。等我回到教室，发现他小小的身影还在教室晃动。我的怒气烟消云散了。我想，算了，让他走吧。忽然看到他在冷风里打了个寒战。我摸着他的头，俯下身子和气地说："张×，我送你回家好吗？"他猛然抬起头来，眼睛很亮地闪了一下，随即又暗淡下去，支支吾吾地说："不……不用了，我妈妈还没有下班。"我笑着说："我只是想送你回家而已。"他没有说话，跟在我后面，坐上了我的车。

我慢慢地骑车，怕他被夜风冻着，他的衣服穿得很少，按他的指点，我送他到离家不远的地方停下。"谢谢老师！"他一边大声地说，一边飞快地跑了。

很快我有了新的发现：他再没有出现过拖拉作业的习惯，任课老师也开始表扬他了，广播操有了很大进步……我想，再调皮的学生也有反常的时候，恐怕时间长不了，但在课堂上我还是表扬了他，从此他像换了一个人，期中考试竟名列班级前十名。

开家长会那天，我见到了他的爷爷，这才知道他父母离异，妈妈不要他，爸爸在外地打工，他只好和爷爷相依为命……

"老师，谢谢你，那天晚上你把张×送回家，孩子告诉我说，第一次有老师送他回家……"

我背过身，忍住夺眶而出的泪水，不为自己意外的收获，是为自己曾经的冷漠而惭愧……（《读者》一翎）

【点评】

不能总把希望寄托在"意外"上

我们来看张×的故事。

张×有很多毛病。从文章中，我没有看到教师对他的问题做了什么调查研究，也没有看到教师对张×问题的逻辑分析，甚至张×父母离异、只和爷爷相伴这样最基本的生活背景，也是教师后来才知道的。

教师最基本的情况都不知道，他是怎么教育这个问题学生的呢？

没有诊断，怎么开药方呢？

只能是碰运气。有效果，属于"意外的收获"；要是没有效果呢？

其实有效果没有效果都"不知其所以然"。

思考的前提是掌握有关学生的背景资料，而张×的老师似乎对此并不积极。

愚以为这不是科学的教育方法。

这又是一个"神话师爱"的案例。

这种案例不能说没有教育作用，如果老师都学张 × 的老师的榜样送学生回家，总会感动几个学生。

但教育若归结为"感动"，还是科学吗？还需要科学吗？

2004.12.25

【案例12】

秘密约定

课堂提问，竟然也有滥竽充数的，不懂装懂，随意举手，欺骗老师。这不，又是他。我还没说完，他手已经举了起来。

这个学生叫 ××，从外地转来。好几次了，课堂上我提问的时候，他总是第一个把手举起来。可每当我把他叫起来的时候，他却总是低着头，哑口无言，引得下面的同学窃笑不已。一丝不快闪过我的心头。

不过凡事要"三思而后行"。我压下心头的不快，课后把他叫到办公室，和气地问他为什么要这样做。他吞吞吐吐地说："我在原来的学校的时候，老师提问时我总不太会，我就不好意思举手。可是同学们慢慢地就开始在课下给我起绰号，叫我'傻瓜'。可我现在确实真的想也像其他同学一样高高地举手，我也希望老师能表扬我。"

我茅塞顿开，庆幸自己刚才没有做出过激的行为。这孩子有一颗多么好胜、上进的心啊！可能以前他遇到了什么挫折，以至于不敢举手了吧。转学后，学校变了，他又敢举手了。

我对他说："这么样吧，咱们俩来个秘密约定。上课我提问时，你只管大胆举手。不过，当你真会的时候就高高地举起左手，不会的时候就举起右手。我呢，就根据你举的是左手还是右手来决定是否提问你，怎么样？"他没敢在办公室中笑出来，但我却看出了他眉梢间的笑意。

在以后的课堂上，我们俩心领神会。我根据他的举手或提问或不提问。渐渐地，我发现他竟越来越多地举起他骄傲的左手，他也越来越多、越来越好地回答出我的课堂提问。（肖东萍）

【点评】

缺点摇身一变，成了优点

一个小学生上课频频举手而答不出问题，给老师的印象是"不懂装懂，随意举手，欺骗老师"。然而老师经过询问后却认定，这说明他有一颗"好胜、上进的心"。前后评价截然相反，缺点竟原地摇身一变成了优点。

星星还是那个星星，月亮还是那个月亮，孩子还是那个孩子，老师还是那个老师。什么地方变了呢？老师的视角变了，老师的想法也就变了。这地方我们就看出了教师观念的极端重要性了。

我们可以设想，如果这位老师坚持原来的观点，他一定会对这个学生十分厌恶，他会狠狠批评孩子，于是孩子就绝望了，下一步很自然地就会破罐破摔，跟老师作对。老师呢，则会更坚定地认为此人软硬不吃，刀枪不入，不可救药……

这种事情不是很常见吗？

我们不能要求老师总能看透学生的心思和本意，这太难了。但是我们总可以要求人们像肖老师这样"三思而后行"吧？先不忙做结论，问一问，总可以吧？

只要做到这一点，教师就可以少犯好多错误，少生好多冤枉气了。如此不但有益工作，而且有益健康。

学生的优点竟然以缺点的外部形态表现出来，这种事情多得很。敬请各位留意。

学生的想法常常很简单、很淳朴，但是如果老师的头脑不复杂一点，恰恰无法发现这种简单和淳朴。因为孩子有自己的思维逻辑，他们不是按成年人的方式思考的。这一点，也敬请各位老师留意之。

2005.4.7

【案例13】

让老师困惑不解的孩子

有这样一个男孩子：刚进学校时，无论你问什么，他都不会答；如果写作业，不明白是什么缘故，他就坚决不写了。刚开始，也不知道拿他怎么办好。慢慢地他对老师的问话有一些反应，心情好时，愿意回答老师的问话，于是我一再告诉他，有什么事，一定要告诉老师，老师才能帮你。渐渐地他也有一些变化。

那一回运动会，他不会做操，常常不是动作反了，就是人已经挪动到很远的地方。为此他的母亲甚至要求不让他参加，可是我告诉她：这是集体活动，只要他愿意参加，他认真做，扣分也没什么。后来他在场上的表现出乎意料地好，没把一个动作做反，我们都为他的进步高兴。

有一次体育课结束，他就坐在地上不起来，体育老师叫他起来，因为马上要放学了，可他竟然干脆躺在操场上了。后来他告诉我是因为脚有点麻！

有时候我自己有点糊涂了，他到底是有心理问题，还是特别胆小，或许是别的什么。我一直很努力地帮他，可他实在进步太慢，在家里家长叫他，常常也是根本不理。

非常希望王老师能够指点一二。（逍遥 121）

【点评】

成功的关键不在于知道答案，而在于知道如何寻找答案

这是一位外国教育家说的话。

逍遥老师提出的这个问题，我不知道答案，但是我知道如何去寻找答案，也就是说，我有思路。

对这个思路我曾做过如下说明：

为了解决某个问题，我们先要尽可能周全地了解情况，占有材料（否则根本无法研究，因为研究就是思考，而思考是需要有材料的，人的脑子不能空转），然后根据这些材料提出种种归因假设（假说），即初步诊断。有了诊断，就可以开药方试试了，于是采取措施对学生及其家长进行干预。再根据反馈回来的干预结果，调整假说，调整诊断，调整药方……如此巡回往复，认识不断深入，问题也就逐渐得到解决。

请逍遥老师调查一下孩子的深层情况，不要停留在自己眼睛看到的事实上。

调查后，如果逍遥老师经过思考，能够自己提出几种假设，那再好不过了。如果逍遥老师尚不习惯这样做，则我可以试着提出几种假设供逍遥老师参考。

其实我看完了这段文字，脑子里已经出现了几种（至少三种）假设，但是我想我还是不说为好，因为可供判断的材料太少，这太冒险了。

我发现，老师们遇到学生问题的时候，一般不大习惯追溯孩子的成长史，不注意考察其家庭教育的特点，这是不行的。这样你就搞不清孩子问题的真正原因。这说明我们许多教师缺乏心理学的基本知识。凡具备心理学常识的人，没有不注意一个人童年经历和童年生长环境的，因为这太重要了，在一定意义上甚至可以说远比学校教育重要。

2005.1.21

逍遥 121 老师回复：

几天来，我找孩子的家长，了解孩子成长过程中的一些情况，还有幸见了孩子幼儿园时的老师。孩子的基本情况如下：

1. 孩子的母亲曾经是建筑设计院的打字员，父亲是省工商局的财务人员。

2. 孩子小时候多由母亲照顾，母亲上班就由奶奶帮着照看。孩子小时候脾气就比较犟，遇到不顺心的事就使劲哭。母亲是个急性子，不胜其烦就大声吼，吼仍不见效，就打。孩子的父亲性子慢一些，可是在对孩子的问题上也是没什么耐心，老说不听也打。当孩子的想法与大人不一致时，他们曾经也试着给孩子讲，但最终依靠打解决问题的时候居多。因为孩子和奶奶住一块，父母打，奶奶常常也护着。有时候快吃饭了，他偏要吃零食。母亲不同意，他就哭，奶奶就让他吃。

3. 父母关系较好。家庭经济条件基本上能满足孩子的需要，因此孩子要什么东西家长就买，要吃什么东西，家长也完全满足。

4. 孩子上的是省级机关幼儿园，各方面条件都相当好。孩子上幼儿园时，就是出了名的犟，刚开始不想上幼儿园，就踢教室门，哭闹不止，老师实在没辙，就让他一次哭够，他哭够了就算了；如果谁去劝或者哄他一下，他就没完没了地闹。据幼儿园老师介绍，那时候，他母亲急了，就打，好像他也不怕似的，好多时候，也不和小朋友交流、说话，也不和小朋友玩。

5. 孩子目前感兴趣的就是电子游戏。平时做作业动作慢是一些知识没有掌握好，有时候不会做，又怕家长骂，就不吱声。

我想孩子的问题，主要还是在家长身上。

建议：

1.家长将孩子一些最急迫或最需要解决的问题列出来，有计划地一段时间解决一个。最初这些要求可以是孩子容易做然而平时又没有做到的，如家长有事叫你或给你提要求的时候，你要注意听，该回答的要回答，该做的要立即做。家长避免随意性，不要今天高兴，本应要求的东西就不做要求，或自己心情不好就发泄性地指责孩子。坚持一周，给一定的表扬或奖励。

2.尤其是家长在孩子逐步训练的过程中，一定要耐心。

3.如果家长对自己的信心不足，建议家长找专业的心理医生进行咨询。

王老师，不知这样是否可行？

王晓春回复：

研究问题，才能解决问题

很钦佩逍遥老师的敬业精神和探究态度，如果再加上认真读书，逍遥老师就会逐渐变成专家。第一线的教育专家，常常就是这样练成的。

有了逍遥老师最新的调查结果和分析，我们对这个小男孩一下就理解了很多。原来我们莫名其妙，觉得他很怪异，现在我们不奇怪了。在如此家庭教育中长大，他的表现其实是"本色"、"纯天然"。

这就使我们想起了毛泽东的一句名言：调查就是解决问题。事实上我们在调查的时候不可能不思索，所以往往调查结束的时候，我们的对策也就大致成型了。在我们的大脑中，调查和研究既不是分阶段，也不是分领域进行的，人的大脑思考问题是非常复杂地把什么都搅在一起的，虽然有时有侧重，也有某种程度的阶段性。

我想谁看了这些新材料都会逻辑地得出这样的结论：不改变这孩子上游的家庭教育，在下游（学校）堵孩子的毛病是堵不住的。你这里堵住七分，他那里又给你制造十分，你只能穷于应付，手忙脚乱。

这显然是情绪型的家长教育出了情绪型的孩子，任性的家长教育出了任性的孩子，没谱的家长教育出了没谱的孩子，矛盾的家长教育出了矛盾的孩子——一切都"合情合理"。

所以我很赞成逍遥老师的重点转移：把精力主要放在转变家庭教育上，而不是跟孩子较劲（孩子其实是受害者）。

逍遥老师给家长出的主意，我觉得也很到位。不过似乎太多了一点。我的经验，这种家长，你最好一次只给他出一两个招数，说得越具体越好，等他落实了，再说下一招，有梯度地引导他进步。

我还有一个主意，最好跟孩子父母商量一下，让孩子离开奶奶，否则即使有教育效果，也会被好心的奶奶给"消化"掉，而要转变奶奶的观念，那就更难了。本来教师介入家庭教育就已经够累了，卷入太深，受不了。

只有家长在家庭教育方面立下基本的规矩而且遵守（比如不准情绪型地打孩子，不准无原则满足孩子的要求，不轻易给孩子提要求，一旦提出就必须坚持），孩子才有希望成为一个有规矩的人。

我认为目前家长不必找心理医生，您指导他们就行了。

这是一个艰苦的过程，别打算速效。

2005.1.25

大眼睛春

春是班里有名的大眼睛男孩，所有的老师来上过课，都没记住他的名字，却记住了他的大眼睛！今天，我又拿到了春的听写本，看着他的那些被"十二级台风"刮过的字，我真是越看越晕！没办法，只能改吧！改了一个，实在看得我头晕！我轻轻地叫了声："春！"他大眼睛愣愣地看着我，一眨不眨！我摸了一下他的头："春，你把这些字擦一擦，改一下，把那些被风吹倒的字扶起来，好吗？"他眨了一下大眼睛，点点头说："好！"不一会儿，来了，拿出他的作业本！我打开作业本，真让我摇头不止，那些被风吹倒的字还是一如既往地躺在那儿，惟一的改变就是他的作业比刚才脏了许多！唉！看着他的大眼睛，我……（晓风叮咚）

【点评】

设想多种可能性

晓风老师的这个案例给人的印象是：这孩子"虚心接受，坚决不改"，而且只有这一种可能性。于是老师就只能"一声叹息"了。

我承认有这种可能。不过据我的经验，还有许多可能性。

也许他眼睛有毛病，看字"以斜为正"。

也许他虽然能看出自己写的字是歪的，但是习惯了，一时改不过来。

老师要求他都改过来，超出了他的能力。

也许，他若努力控制自己，本可以把这些字都改过来，但是他没有如此意志力，坚持不下来。他懒。我们可以说懒是态度问题，但是也可以说是能力问题——他没有能力控制自己。孩子没有这种能力，你提要求是没有用的。

还有一种可能说起来更不可思议，但是我确实见过。那就是他其实"并未听见"老师的要求，或者"并未听懂"老师的要求。"未听见"属于注意力问题，有些孩子会睁着眼睛专心致志地看着老师，而完全没听进老师的话，然后他就习惯性地点头。你以为他答应了，其实他都不知道答应了什么。这叫做"信息丢失"，是常见的心理现象。晓风老师让他"把那些被风吹倒的字扶起来"，这是一个比喻句。老师也没有做个样子。孩子是否真的听懂了，我也怀疑。

我若遇到此种情况就不急于叹息。我换个说法试试，我让他先只改几个字试试，我给他做个样子试试，我再提几个别的要求看他能不能听进听懂，我问问他的家长，这孩子写字歪是怎样形成的……

总之，我用更多的精力研究他，而不急于要求他达到我的满意。我首先做研究者，其次才做管理者。

设想的可能性越少，工作方法越简单。

灵活多样的、科学实验式的工作方法是以多元假设为前提的。

这条思路，供晓风老师参考。

2004.11.10

晓风老师回复：

王老师，看了你的回帖，不禁笑了。

在你眼里，他真是个可爱又可怜的孩子！

他的眼睛没有问题，有问题的是他的学习态度。他不存在听不懂我的话，倒有可能没听进去。他只是习惯地点点头，然后拿下去又拿上来。

你说得对，首先做研究者，其次才做管理者。

可能我太急于求成了，不够耐心。我继续去研究。谢谢！

晓风老师再回复：

清早让他拿出英标纸头，他居然没带来。

晨会课结束，我让孩子们把星期天的作业交上，春的小组长跑来告诉我，"老师，春的作业没带来！"没带来？我把春叫到身边，轻轻地问："你把作业落在家里了？"他点点头，那双大眼睛一眨不眨地看着我。我的神情严肃起来："真的？你说实话，真的是忘在家里了还是……是不是没完成？"他的大眼睛依旧神态自若地一眨不眨，我继续看着他的眼睛，他的眼睛里慢慢有了一丝慌意，他点了点头（从他那一丝慌意，可以看出他的胆子并不大，可什么原因能使他冒天下之大不韪，居然不做作业呢？！）。于是我就打电话给他爸爸，请他爸爸把他带回家去，完成作业再回来！

刚才他妈妈来了，说不想带他回家！（这样的家长，我莫奈何？！）

晚上春的妈妈又来了！说真的，我最不喜欢的就是叫父母到学校来，如果是我孩子的老师整天叫我去学校听老师说自己的孩子如何的不听话，我也会心痛，我也会难为情。可是，春实在是好不争气啊！让我好为难！

希望春能够理解老师和妈妈的心！希望春能够改掉懒毛病，我一定也努力反思对他的教学行为！

王晓春回复：

把最重要的事情忘记了

我第一次关注晓风老师提到的这个"大眼睛春"，所谈的问题是他作业字体倾斜，老师指出，他没有改正。

当时我估计了几种原因，晓风老师认为只有一个原因：有问题的是他的学习态度。

现在我看了晓风老师的新帖，才知道这个孩子还有文具带不齐的问题，不完成作业的问题（还说谎？）。

这次怎样归因呢？仍然可以归结为"学习态度"的问题。

可见，"学习态度不好"是一个无往而不胜的标准答案。它能解释一切，因而它什么也没解释。

所以到目前为止，这孩子字体倾斜的具体原因，带不齐文具的具体原因，完不成作业的具体原因，我们还是不知道。我们一步也没有前进。其实造成这三个问题的原因都可能有多种。

恕我直言，晓风老师可能并没有深入研究这几个问题的愿望，或者没有这种习惯。晓风老师关心的只是："你必须照我的要求去做，我不管你什么原因，做不到就不行。"所以孩子没完成作业，晓风老师并不仔细询问孩子的感觉，不研究具体原因，她只是坚决地让孩子回家，写完作业再回来。上次孩子写字倾斜，她也是这样，不管什么原因，我让你重写，写好了我表扬，写不好我说你学习态度不好。

这样当老师，不也太简单点了吗？

这是管理者的思路，不是研究者的思路。

我真的很想知道这孩子为什么写字歪斜，为什么不完成作业，我真想知道孩子面对作业时心里在想什么，搞清这些，我才可能对症下药。

然而晓风老师（多数老师都是这样）却没有具体分析、具体研究的习惯，既然她把孩子的问题都笼统归结为"态度"问题，对策就很简单了，你不想学，我迫使你学。再不想学，怨家长。回家！

为什么现在许多教师的教育方法都惊人地简单？症结就在这里。他们看见问题就管，缺乏中间最重要的一个环节——具体的研究。

其实具体问题具体分析（因材施教）才是教师真正的专业工作。教师之所以为教师，实赖于此。否则不就成"监工"了？

2004.12.3

【案例15】

这个班主任到底该怎样当？

当班主任算起来也有几年了，但如今的班主任是越来越难当了。就说去年我接的一个班吧，上学期好好的，下学期却闹翻了天。据了解，学生说我这个人太善良了，不怕我。今年新学期我换了个班还当班主任，开学初蛮好的（无论是学习方面还是纪律方面），可是这段时间出现了和我原来带的那个班相似的情况，许多调皮的学生开始把我说的话当作耳边风。我的很多同事都认为老师不能对学生太好，否则学生有一天会爬到你的头上来，并且他们认为给学生适当的体罚是必要的。而我平时是最反对打学生的了，但很明显那些老师的班级每周的值周评比都能得到流动红旗（我班从开学到现在只得了两次）。这个班主任该怎样当？谁来帮帮我？（山村小渡船）

【点评】

<h2 style="text-align:center">出几招您试试</h2>

小渡船老师：如果您是个性格温和的人，您最好摸索出一套适合自己性格的教育方法，学别人那样厉害，恐怕您学不像的。再说打学生是违反教育原则的，眼前虽然有效，总有一天会出事，那不是办法。

我出几个主意您试试。

1. 闭口不语。

没用的话、不管事的话您可能说得太多了，这是最降低威信的。物以稀为贵，话多不值钱。您一定要管住自己的嘴，尽量不说话，少说话。课上有问题，用眼睛扫视或注视，用手势提醒，不得已再开口维持纪律。

而且您开口之前一定要准备好下一步棋，顶嘴怎么办，不理怎么办，想好了再开口。估计不能落实的指令，绝不可以发出。比如我估计要赶某个学生出教室他可能不听，我就不说："你出去！"而说："下课我再找你。"给自己留个台阶。

讲课中有纪律问题，突然停下来，把严肃的眼光定在捣乱者脸上不动，坚持一分钟，往往有效果。一开口可能倒糟了。

您坚持闭嘴不语（少语）一个星期，学生感觉您像变了一个人，情况就可能有所好转。差生不知您葫芦里卖什么药，或许会有所收敛。

2. 不要被个别学生牵着鼻子走。

教师面对学生的时候，重点应该注意整体情况，看大面。只要整体不乱，就不要纠缠个别学生的小说小动，不要片面追求所谓"鸦雀无声"，否则你可能反而弄得"鸦雀齐声"了。教师只顾和个别生理论，置多数人不顾，可不就全乱了？明明看见个别学生在那里不守纪律，却装没看见，或者只用手点一点，这常常是正确的办法。

3. 提高教学水平。

我不知您讲课是否吸引学生，这很重要。一般说来，教师讲课水平较高，他当班主任班里不大容易乱的，他有威信。要有威信，必须把课讲好。

4. 按我的经验，出现您这种情况（班级先好后乱），恐怕主要原因不是因为您不如别的老师厉害，而是您动脑筋不够。估计您说了不少不该那样说的话，做了不少无用功，而您自己并没有觉察。所以，建议您到学生中去征求一下意见，反思一下自己的言行，调整一下自己的做法。

总之，照您的说法，您的班主任工作遇到困难主要是因为您对学生太好，这种归因是有问题的。事情绝不是这样简单。而且这样归因不会推动您提高自身素质，只会使您埋怨学生"吃硬不吃软"。此路似不通。

我不了解您的细致情况，以上意见谨供参考。

2004.12.3

山村小渡船回复：

　　谢谢你给我出的主意。其实我班的学生并不是上我的课时很吵，而是上其他副科、自习和午习时有时会很吵，对于我上的语文、音乐及品德等课学生们还是非常认真听讲的（我自认为我的课学生还是喜欢听的）。我们农村学校的学生有一个通病就是只听语、数主科老师的课，其他的副科老师如果课上得好还会听一下（有些副科老师只上20分钟或干脆让学生自习，学生没事做自然会吵闹，我想这也是造成大部分班级上副科时纪律不好的原因吧？）。但是自习和午习课的纪律是要纳入每周班级评比的，这也是我伤脑筋的地方。班上又选不出什么能树立得起威信的班干部，现有的一些班干部自己常常不能自觉遵守纪律，起不到模范带头作用。要是重新再选一次班干部的话也实在选不出什么合适的。王老师你能帮帮我吗？

王晓春回复：

　　山村小渡船老师，您的问题好像是三个。

　　1. 学生轻视副科。

　　其实副科的课堂纪律主要应该由该科任教师负责，班主任只是帮忙的，但是现在好像都弄到班主任头上来了。这很难办，因为副科的课堂纪律好坏主要决定于副科老师本人的能力和教学水平，而不是班主任。没奈何，还有一个办法，就是和学生一起仔细研究一下，怎样做到即使不爱上某科的课也让课堂纪律说得过去，有哪些具体办法。让学生想办法，他们会有办法的。

有的老师遇到此种情况就反复向学生讲副科的重要性，甚至强化考试来迫使学生重视副科，我不主张走这条路，因为学生够累的了。绷得再紧一些，学生更厌学了，弄不好会殃及主科。

2. 自习纪律问题。

请您认真调查一下自习课上什么地方乱，什么时候乱，什么人乱，因为什么乱。这样您才能找到解决办法。笼统说"乱"只能泄气，没有意义。

3. 没有得力的干部维持纪律。

没有得力的学生干部，纪律就一定不好吗？也不一定。我的经验，班上的纪律情况主要决定于两条：一、"基本群众"是否稳定。二、"麻烦制造者"能不能控制住。在一般情况下这两者都主要靠教师，而不能靠学生干部。

您有一种思维方式令人担忧。您总是倾向于把事情弄不好的原因归结为别人（别的老师，学生干部，学生），这很可能有一定道理，但是这样想事如果形成习惯，会严重阻碍您业务水平的提高。

2004.12.4

山村小渡船回复：

你的分析很有道理，不过我想有些地方也许你误会了。首先我这个人不喜欢把责任推到别人身上，正因为如此我才这么急迫地想找到合适的解决办法。我常常问自己：是不是我当不来班主任，没有管理能力。那些我教过的学生无论是出去打工的还是走上工作岗位的，对我是极其尊重。因为我对每个学生都很好，也许在我教他们时他们没有意识到，但当他们毕业后体会到老师曾经对他们的好后，有些同学的态度就发生了改变。有一些学生外面打工回来还特地来探望我。其次，我们这里的学生确实比较轻视副科，以前副科没有纳入考试范围更是如此，大概也是因为主科老师常常挤占副科的原因吧。

下面我想和王老师交流的问题是：我班上的基本群众是稳定的，只有三四个学生（麻烦制造者）比较难以控制，其中有一个叫范××的男孩，不喜欢和女老师打交道，是那种软硬不吃的家伙。这几天天气转凉，他每天都迟到。问他为什么迟到，他说早上起不来或是早饭吃晚了，其他就不多说什么了。午习也是如此。有时我被他气得把他留下来，第二次他还是照旧。找他妈妈，他妈妈就告诉我她只是完成做父母的责任让孩子完成九年义务教育，她知道她的孩子不是块读书的料。连他的妈妈都对他失去了信心，作为老师到底要用什么办法才能走近他呢？你有什么高见吗？

2004.12.4

王晓春回复：

做一个反思型教师

看到您的回帖后，我又把您前两个回帖重读了一遍。我发现您的思路是漂移的。

您的第一个帖子给我的印象是，因为您的脾气好，不厉害，学生欺负您，结果您班的纪律先好后乱，不如别的班。我针对这个问题，给你出了点主意。

您的第二个帖子则提到了学生副科纪律不好，自习纪律不好，班干部不得力的问题。

您的第三个帖子又说"我班上的基本群众是稳定的，只有三四个学生（麻烦制造者）比较难以控制"，您特别指出了其中有一个男孩。

我实在搞不清您班上的问题到底在哪里，更不明白您先后提出的这几个问题之间是什么关系。我觉得您自己也没想清楚，您的思路是乱的。

很多老师都喜欢求助，不过求助有两种类型。

一种求助是"完成任务"型的，其着眼点是"学来一点招数，解决眼前问题"。这无可厚非，但我以为是浅层次的。

另一种求助是"提高素质"型的，其着眼点不是完成眼前的任务，而是"反思我的工作，学到新的视角和思维方式"。

愚以为你的求助，目前基本上属于前一种。这样，即使您学了几招，解决了眼前的问题，您的整体专业能力也提高不了多少。

您似乎不大习惯"审视自己的思维方式"。其实作为一个教师，这才是最重要的。

我们把习惯"审视自己思维方式"的教师称之为"反思型教师"。反思型教师才是名副其实的专业人员。

注意，这里说的是"审视"而不是"批判"，审视强调思考，而批判则强调拒斥，侧重点是不同的。我们不需要自我谴责，需要的是对自我的冷静观察和分析。

当然，目前能称得上"反思型教师"的人绝不是多数，但这是方向。

2004.12.5

山村小渡船回复：

　　王晓春老师，谢谢您细心的帮助。您的话语一针见血，指出了我的问题所在，受益匪浅。我认真地梳理了一下班上所出现的一些问题，其实只是几个特别生的问题。如果能做通这几个学生的工作，事情就好办了。下面我把那个最特殊的学生的事贴出来，希望能得到您的帮助。

　　范××，这样的一个男生：上课时，我看他不认真听讲影响边上的同学，就提问他，没想到他说不知道（其实问题很简单，一看书就能找到答案）；家庭作业从开学到现在基本上没怎么做；迟到，他妈妈说天冷他每天都要赖床。今天上午我找他谈了话，他说是他爸爸非要他读书，他自己不想读书，我跟他说了很多道理，但他好像没有听进去。据了解他上面还有个哥哥，今年本来读初二，但已经辍学去打工了，不知道他是不是受哥哥的影响。王老师，对于这样的学生您有什么好的办法吗？

王晓春回复：

　　我想，这种孩子，最好不要非逼他读书不可，你越弄他越烦。我要是班主任，我就先解决他的迟到问题，以免影响班集体纪律分数。

　　解决办法是：

　　1. 与他搞好个人关系，让他冲着老师的面子早来一点。

　　2. 找点早晨的事情给他做，而这事情又是他比较喜欢的，有兴趣的。我当年曾经安排一个爱迟到的学生早来教室生炉子，效果不错。

　　3. 再解决不了，就扬言惩罚。

　　仅供参考。

2004.12.17

教育也是很顽强的

一位老师上课时，有个男生不停地扮鬼脸逗同学，根本无视老师的制止。那位老师就请他站起来听讲，结果那男生一气之下冲出了教室。老师也随之追出教室。接下来，师生二人沿着操场跑道进行了一场别开生面的追击赛。整整三圈跑完，那位教师用他最后一把力气抓住了他的学生，就跌坐在地上起不来了。最后还是学生搀扶着老师走回办公室。路上，学生的眼泪夺眶而出……

事后，那位老师告诉我，他当时只有一个信念，一定要让学生感觉到，教育也是很顽强的；当教育充盈着决不放弃的毅力时，它会在学生心中产生强烈的震撼。（黄水琴）

【点评】

做一个既执著又灵活的教师

很钦佩这位老师的执著。

"教育也是很顽强的"，这话说得非常好。

我在讨论案例的发言中，谈得比较多的东西是教师的观念、思维方式，涉及智力因素较多。

其实教师的非智力因素问题一点也不比智力因素问题小。

你会看到很多教师性格和心理都存在一些问题，柔而不韧，脆而不坚。他们往往像一把柴火，呼地一下就烧完了。发生问题风风火火赶到现场，不问清情况，张嘴就大肆进行道德谴责。有很多事情当时发火没有用，需要事后做很多工作。他们恰恰把重点放在当时，而只要自己一消了气，好像工作就做完了。问题不能去根，这类事情以后就还要不断重演。

碰到钉子就急躁，遇到失败就沮丧，稍不称心就埋怨，怨气冲天，顾影自怜。

当然，由于绝大部分教师的敬业精神还是不错的，所以他们尽管急躁，尽管沮丧，尽管埋怨，尽管情绪低落，还是在那里勤勤恳恳地干着，每日吃力地与学生周旋，和学生较劲。

大家想想，如果一个人做事的时候并没有高昂的斗志，并没有上面那位追击学生的老师的坚定信念，也没有多少招数，而且怀着委屈，一副寒心的样子，可他又努着劲在那里干呀、干呀，这是一种什么样的生存状态？

我看有点像"挣扎"。

"挣扎"不是顽强，"挣扎"也不是执著。执著和顽强的人是有信心的人，是有信念的人。他们不会急于成功，也不会迅速灰心；他们不爱埋怨别人，也不会可怜自己；他们不会认为自己能解决一切问题，但也不会幻想救星来拯救自己。

一个真正顽强的教师，在战略上是执著的，目标始终如一，百折不回。但是在战术上，他肯定是灵活的，这种办法不行，就换另一种办法，他办法很多。用某种办法多次碰钉子仍然拒不改变思路和方法，那就不是执著，而是死板了。你会发现很多死板的教师恰恰是那些"挣扎"者，因为

"挣扎"没有什么策略可言，只有本能的、被动的、机械重复的回应。

2005.4.9

【案例17】

<h1 align="center">如何对付上课说闲皮话？</h1>

到了高年级，学生有了一定生活积累，自我意识加强，幽默感来了。课堂上在你不经意的时候插句嘴，让你忍俊不禁，其他同学看着你什么表情，看你怎么处理。刚开始呢，不理，后来忍不住也连幽带刺悠他一句，久之，就变成了和他斗智。怕自己丢不起人，搅尽脑汁对付这家伙。累得慌。怎么办？该怎么处理呢？有好招吗？（飞雪无痕）

【点评】

<h2 align="center">提问的圈套</h2>

如何对付上课说闲皮话的学生？

如果你老老实实地沿着这个提问的思路想下去，你可能上当。

因为问题的提法本身是一个圈套。当然，未必是提问者有意设置一个圈套，他已经习惯这样提问了，或者干脆说，他已经习惯在圈套中生存了。

请仔细玩味这个问题的每一个字：如何对付上课说闲皮话的学生？

您会发现问题本身就已经暗含着结论了。作者在提问的时候，已经把这些结论偷偷地强加与你了。你一不小心，就会走进他的封闭思路。

这个问题暗含的结论有：

1.学生说的话是"闲皮话"。这就肯定了学生的错误，否定教师可能有错误和责任。教师被悄悄择（zhǎi）开了。

2."如何对付"，限定了你的思路。也就是说，你不要问学生为什么会说"闲皮话"，只要说怎么办。不必研究，管就是了。

恕我直言，这是一种典型的封闭型的、教师自我中心的、非反思型的、非研究型的提问方式。

与此相对的，开放型的、非主观的、反思型的、研究型的提问方式应该是：学生上课为什么会说闲皮话？

这样一问，你起码要考虑师生两个方面的原因，无法把责任都归于学生，这对提高教师专业能力和心理健康水平，好处可就大了。

其实这个问题换位思考一下，很容易理解。

教师听领导作报告的时候，参加所谓"进修学习"的时候，处于"听讲"地位的时候，在下面说"闲皮话"的还少吗？可能一点也不比学生少。这时候要问"谁的责任"？他肯定该说"台上讲得不好"了。

这时候如果台上讲课者提问道："我讲课，你们在底下说闲皮话，我该如何对付你们？"下面的教师作何感想？

于是你就知道当我们讨论如何对付学生的时候，学生作何感想了。

一个优秀教师，当课堂上出现学生说话的现象的时候，他首先想到的是"我讲课的吸引力不够"，其次才考虑学生的缺点。我绝不是说学生没有缺点，我只是说，如果你打算提高自己的专业水平，你就最好首先反思自我。沿着这条思路前进，不久你就会发现，明明有些学生上课总是说话，教师公认如此，可是他到你的课上就不说了。你有一种本领，能让他没有工夫说闲话，他被你吸引住了。

于是人家就不得不承认您水平高出一筹。

而您之所以取得这样的成绩，在于您一开头提问的时候，就走对了路，没有封闭自己。

因此，我们对任何问题的提问方式，都要保持警觉。

铁皮鼓老师回复：

王老师的话是有道理的。

但是不排除这样一种情况，老师讲课很好，学生依然出现这种现象，甚至课堂纪律无法维持。

我们班上有时候就会出现这种现象。而我们班的任课老师是全校最优秀的一批，学生也公认老师水平高。（重点班嘛）

我觉得原因可能是学生水平参差不齐，部分学生听不懂，上课没有成就感。

当然可能还有其他原因，一概地说老师上课有问题似乎说不过去。

王晓春回复：

铁皮鼓老师说得在理。

学生上课说闲话，原因是很复杂的，我只是把原因粗分成两大类，而且强调了教师原因。如果因此得出结论说："只要教师讲得好，就不会有纪律问题。"那就太绝对了。

教师讲得好，为什么仍有纪律问题？这是一个很有趣味的研究题目，研究起来，一定很有收获。

感谢铁皮鼓老师，使我们把问题想得更全面，更细致，更深入了。

2005.1.16

【案例18】

一个永远说不明白的问题

下课了，我正在那儿改作业。小星站在我旁边。

"你又有什么鬼把戏呀？"

她趴在我耳边，轻声说："我给你说一句悄悄话。"

"说什么？我洗耳恭听。"

"老师，你说这世界上是先有鸡，还是先有鸡蛋呢？"

"应该是先有鸡吧！"

"为什么？"

"我从一本书上看过这个话题，鸡可能是由其他动物演变而来的。有了鸡以后，才可能有蛋！对吧？"

"我觉得应该是先有蛋，才有鸡的！"

"那蛋是从什么地方来的呢？"

"我也不知道，反正我认为是先有蛋的。现在的鸡不都是从鸡蛋里面生出来的吗？"

"你应该知道人是怎么来的吧？"

"当然知道，人是由猿猴进化而来的。"

"这个问题和你的问题差不多，你觉得呢？"

"噢。"她似懂非懂地点着头。

回到办公室，我立刻把这个问题说了出来，大家一致认为都应该是先有鸡，再有蛋的。至于为什么，没有人知道答案。

去网上浏览了一番，也没找到理想的答案。这个问题，真让人费神！

（橡皮树365）

【点评】

<h1 style="text-align:center">先有鸡，还是先有蛋？</h1>

如果你指着一只具体的鸡问我："先有蛋，还是先有这只鸡？"

我可以明确地告诉你："先有蛋，然后才有这只鸡。这只鸡是由鸡蛋孵出来的。"

如果你指着一个具体的蛋问我："先有鸡，还是先有这只蛋？"

我可以明确地告诉你："先有鸡，然后才有这只蛋。这只蛋是由母鸡生出来的。"

如果你问我一个抽象的问题："这世界上先有鸡，还是先有鸡蛋？"

我就回答："对不起，您这个问题是错误的，没有意义。"

理由如下：

我问你，先有父母，还是先有子女？你没法回答。因为人类是由猴子变来的，而这个变化是渐进的，不是一日之功。你永远无法断定哪一天，哪一刻，哪个猴子已经变成了"人"，你更无法判断它变成"人"的一瞬间，他究竟是父母，还是子女。

同样的问题我可以问好多：

先有兔子，还是先有兔妈妈？先有老虎，还是先有虎宝宝？先有橘子，还是先有橘子树？先有麦穗，还是先有麦苗……

这些问题都是毫无意义的（除非你要专门研究逻辑问题），因为提出这样的问题，并不能使我们对这个世界的认识前进一步。

这只是一种语言游戏。

在一个封闭的循环系统中，是无所谓先后的。

小朋友几个人手拉手围一圈，你还能说清谁在前面吗？他们互为前面，也互为后面。

抽象地谈论先有鸡还是先有蛋，就是一个封闭的循环系统。

你只有把它具体化，把这个循环暂时切断，我才能告诉你谁先谁后。

当你指着一只具体的鸡问我的时候，实际上就是暂时把循环切断了，这时我才有办法明确回答你。

"先有蛋，还是先有鸡"这个问题的诡计就是：它是用线性的思维方式，问了你一个循环系统的问题，而且它把抽象问题和具体问题混为一谈了。

这就等于让你把石头分出公母来，你当然束手无策了。

这个例子告诉我们，我们不但要学会回答问题，而且要学会对问题本身进行质疑。当问题本身就是个陷阱的时候，切不要欣欣然跳下去。

2005.4.8

如此学生怎么教？

今天是一个令人不高兴的日子。

上午第三节数学课，本来没我什么事。然而在办公室坐了不到十五分钟的时间就来了两件令人头痛的事。首先是班长来找我，说是数学老师叫我下去一趟。原来是一个捣乱者在上课不到两分钟的时间里接连吃了好几口苹果，老师提醒他注意场合。他说"我吃我的苹果，又不要你出一分钱，不要你管"，而且还故意站起来大吃大嚼起来。同学回过头去看他时，他破口大骂。我只好把他带到办公室里来。没想到还没等我问清楚怎么回事，班长又来了。这回是另一个男同学在老师正讲课时从最后一个座位走到第一个座位，老师说了他几句，他把书一扔，头一甩走出教室去了……

我气得不知道怎么形容才好。然而可气的是：我一连打了五个电话给他们家，请他们的家长来一趟。电话里他们答应得挺好的，可我等了足有一个小时（没有回家吃饭），家长们却没有见到一个人影。无奈之下我只好说了他们几句，然后让他们一走了之。

此事就这样让我给"处理"了，我不知道他们何时会再犯这种毛病，更不知道今后出现这种情况该怎么办……（飞雪无痕）

如此教师，怎么能教下去？

这位老师面对问题的表现，按顺序说来就是：

1. 生气，更生气。

2. 通知家长。

3. "说了他们几句，然后让他们一走了之。"

恕我直言，这三项没有一项能体现教师的专业水平，甚至可以说，做到这三条，完全不需要专业知识。

所以我们从头到尾都没有搞清，这两个孩子为什么会这样做。是习惯问题、性格问题、人际关系问题，还是品德问题？连病因都无法确诊，当然谈不到治疗了。

更可怕的是，我们始终没有发现这位班主任有丝毫研究问题的意向。他根本不想问个"为什么"。

这位班主任还问："如此学生怎么教？"

他的意思是说："不如此"的学生，我才有法教；"如此"，我就没法教了。这岂不等于宣告"学生只能适应老师，老师不必适应学生"吗？

再恕我直言，这位老师生活在幻想中。社会在飞速变化，学生会越出越奇。类似的学生现在已经屡见不鲜了，不是没办法教育，问题的关键是教师的专业水平需要提高。

如果不在提高自身素质上下功夫，却幻想学生个个顺老师的心，如此教师，还怎么能教下去？

2005.1.10

【案例 20】

一个争强好胜的孩子

他是四年级的一个很优秀的学生，知识面广，思维灵活，表达力强，考试分数出色，绘画出色，打乒乓出色，在校足球队表现也出色。他是一个争强好胜的人，每次选班干部时他都非常紧张，每次他的票数都寥寥无几，有时他会哭，但更多的时候他会站起来攻击当选的同学，历数胜利者的种种缺点，由于响应者寥寥，每次他的攻击都以失败告终。由于他的优秀，难免老师在潜意识里对他有所偏爱，同学们多多少少也会敬他几分，所以在班主任有意识的引导下，每次他也能坐上一个可以表现自己的职位。他虽能认真做好本职工作，但没有以身作则的意识，导致他告别人及别人告他的状就特别多。

近期异常情况：他常学着大人对同学说一些脏话，伤害别人或者哗众取宠，他告状和捣蛋的本事也越来越厉害。只要班主任走进教室，总有那样两三只手举起来，其中有一只手必定是他的——他怀疑别人说他坏话，他告；同别人玩足球时撞倒了别人，别人说不同他玩了，他告；别人开玩笑骂了他有些出格的话，本来他"挺大度不追究"（此阶段正在重点对他进行做人要大度的说教，这是他的原话），可有人多嘴说他不对，实在"太气人了"，他告；有人在他的座位旁拾到他的红领巾交公了，他告；他认为座位底下的垃圾是邻桌弄过来的，而且他在邻桌的桌盒里找到他的铅笔，他告（当他告状时，那个邻桌女孩先是一脸的莫名其妙，后是一脸的惊愕）……他打别人；他用脏话说别人，甚至辱骂别人的父母惹人生气；他没事找事，上课时用老师听不到的音量同别人互相骂脏话，让周围的同学忍无可忍。他故意欺负弱者，问别人要零食吃，然后又把零食摔在给他零食人的脸上（已被要求道歉）……同人正确相处的道理他懂得多，认识比一般人还深刻（同其父母的谈话和他的课堂发言可以看出来）。他周围的同学要求调座位的声音一直不断。

症因调查情况：从小随父母长大，一直由父母照顾。父母感情正常，争吵情况较少。父母没有讲脏话的习惯。父亲初中文化，当年顶替退休父亲进厂上班。父亲在学校属于头脑灵活一类学生，对于自己的学历一直深感遗憾，对于同样头脑聪明的孩子抱有很高的期望。他非常关注孩子平常的单元测试和期末考试，特别不能容忍由于粗心大意造成的错误。孩子考好有奖励，成绩不理想会挨打。在孩子与其他孩子的相处中，父亲会有意识地压制孩子要强的性格，要求忍让。母亲对于孩子的教育较为冷静和理智，但表达能力不是很强，在家庭教育中不能做主。孩子对父亲最看重的是父亲的聪明让他骄傲，对母亲最看重的是可以同母亲说说心里话。对父母最大的希望是不要打自己了。孩子认为自己算不上特别聪明，因为平均分不能保持95分以上。孩子对自己的智力自信程度为：应该都可以考100分。

孩子的焦虑是：记性越来越不好，复习得好好的内容考试时怎么也想不起来。寻找孩子的早期记忆采用的是一步一步追忆的方式进行的，从三岁左右到三年级，大约有20来件在他记忆里留下深刻印象的事。这些事件中绝大部分都是他同小朋友在一起时发生的纠纷事件。有的是他不原谅别人，让别人挨批评受罚；有的是别人不原谅他，让他挨批评受罚；有的是他欺负别人，有的是别人欺负他。除此以外，剩下的几件事是：一次落水被人救；幼儿园一次睡午觉由于害怕跑回家睡；一次姑姑给买的玩具坏了，大哭了一场；幼儿园一次夹弹子比赛，由于自己不会夹，大哭一场。

症情分析：孩子对于他人的看法评价非常敏感，他的安全感很大一部分来自于外界的评价和外界的抚慰。目前由于年级的增高，考试分数仍按低年级标准要求，家长和孩子对于学习分数都有不太现实的期待，一次次分数上的失利，再加上家长的态度强化了孩子对于失利的挫败感，让孩子的自我评价陷入混乱。潜意识中他渴望在"评价"中获得自我肯定的力量，所以不停地不自觉地制造他人评价的机会。

解决方法一，同孩子父母交流。1.对孩子考试的分数的期待要立足现实，将培养孩子的目标树立得高远一些，尽量将孩子平常的考试以查漏查缺查弱的方式和态度对待，而不要只单纯地看成学习结果。对于改正孩子学习方面的弱点，不能抱一次解决的心态。2.不要过分强调孩子在人际交往中的"忍让"，如果认为他需要接受"忍让"，最好以探讨的方式进行，少用强制的方式进行。3.多同孩子讨论讨论人与人交往中发生误会及被人粗暴对待的事很平常，人人都会遇到，对此要像大多数人一样学会宽容和淡化。

解决方法二，同孩子及班上的同学约定，如果他没事生事故意对别人说脏话，当事人可以将其当作动物发出的无意义的声音不予理睬。在此情况下，如再进一步过分无理取闹，将作为严重伤害他人的违规行为给予重罚。（火狐）

【点评】

孩子的"称霸心态"

这个案例写得很好，研究有法度，分析有深度。愚以为不足之处有两点：问题的锁定值得商榷，问题的诊断与干预措施有些脱节。先说问题的诊断。初看起来，这孩子问题很多，表现欲，攻击性，心胸狭隘，自我中心，自傲，自卑，人际交往障碍都有，火狐老师把他的问题主要锁定为"自我评价陷入混乱。潜意识中他渴望在'评价'中获得自我肯定的力量"，当然是有道理的，但是自我评价混乱者不一定都攻击他人，既然渴望他人（尤其是老师）的正面评价以肯定自我，为什么还要做那么多违反纪律的事情呢？有点说不通。

我把这孩子的情况进行了综合的思考，初步看法是：这孩子小小年纪，就已经满脑子"称霸心态"了。唯恐当不成干部，当干部又不以身作则（我有特权），骂人，侮辱人，打人，认为自己门门都应该考 100 分，又生怕自己记忆力不好……所有这一切，都可以集中成一句话："我要做人上人，我必须做人上人，我只能做人上人，我就是人上人。"总而言之，他的基本原则是，和任何人打交道的时候，我都必须占上风，必须压倒别人。这就是他生活的目的。至于用什么方式压倒别人，这种方式是否正当，并不重要。"同人正确相处的道理他懂得多，认识比一般人还深刻"，可是他还要明知故犯，原因就在这里。这是"为达到目的可以不择手段"的路子。

我们还应该注意到，这孩子的早期记忆几乎全都与人际关系相关，说明他的生存倾向就是在人际关系上做文章，要出人头地，要在人群中"拔份儿"。孩子年龄这样小，我做如此结论，未免过早。我这样做主要是为了把问题说得更清楚，或许这个孩子中毒还没有这么深，但是这种倾向确实已经看得很清楚了。这孩子的毛病如果任其发展，长大之后，一旦有权，就可能为所欲为；一旦失势，就可能报复社会。这不是正常的竞争心态，而是称霸心态。竞争心态的着重点是超越自我，称霸心态的着重点是压倒别人，两者路子不同。

我们再来看干预措施。火狐老师把孩子的问题锁定为"孩子的自我评价陷入混乱。潜意识中他渴望在'评价'中获得自我肯定的力量，所以不停地不自觉地制造他人评价的机会"。干预措施是三条：第一，对孩子考试的分数的期待要立足现实，将培养孩子的目标树立得高远一些，不要只单纯的看成学习结果。第二，不要过分强调孩子在人际交往中的"忍让"。第三，学会宽容和淡化。可以看出，这三条与问题诊断对应得不好，第三条和第二条还有矛盾。这些措施也不够具体，缺乏可操作性。

我来说说我的干预措施。我既然把问题锁定为"称霸心态"，我的干预（治疗）的原则就很明确：告诉孩子，你是个普通人；教育孩子，做一个普通人。

具体措施是：教师跟他谈话，指出他的想法（压倒别人）的错误和危险。然后在行动上少表扬他，少照顾他，也少批评他。一定要注意把他和其他同学同等对待。他和同学发生冲突，该怎么处理怎么处理，不偏袒他，但也不格外多惩罚。从此不要夸他聪明，但是他回答某个问题特别好，考试成绩确实不错，可以照样表扬。指导家长。我怀疑孩子的父亲有强烈的"做人上人"思想，一定要把这种想法对孩子的害处和未来可能给家长带来的麻烦讲清楚。告诉家长，要明确地对孩子说："我是普通的人，你也是普通的人。做一个普通人很幸福。你要不断努力提高自己，不要老琢磨怎样压倒别人。"千万不要给孩子学习压力太大，不要过分关注孩子的成绩。孩子考得好不必奖励，成绩不理想也不要打。"不能容忍由于粗心大意造成的错误"是不懂儿童心理的表现，恰恰相反，应该容忍这种毛病，同时柔和地引导他逐渐改正。我感觉这位父亲望子成龙心太切，似乎一心想让孩子立刻给家长挣面子，这是很危险的思想。

以上意见，仅供火狐老师参考。

2005.5.5

火狐老师回复：

在给王老师提供案例之前，我按照我的分析对孩子实行了干预，但事实证明，我的诊断是误诊。五一假后，我准备同孩子再次进行交流，但谈话刚开始几分钟，我便决定终止谈话，因为我很快发现同一个自以为是的孩子进行这场交流，如果只用口头语言，实在是一件费时费力的事。接着，我将我写给王老师的案例和王老师的分析及其提供的干预措施原原本本地打印下来，根据孩子和孩子父亲的具体情况，用钢笔在某些地方作了注解。我再次将孩子叫到办公室，先将资料递给他，同时将我同王老师交流他的情况的动机及过程作了简单介绍。我还没介绍完，孩子眼睛好像瞟到了什么，张嘴辩解道："老师，我觉得根本没有要当什么霸王之类的想法。"我没有让他说完,将他手里的资料不经意的拿了过来,并让他先耐心地听我将话说完。我主要向他强调了四个意思:1. 他将来成为什么样的人,跟做他小学老师的我没多大关系,他的人生成功不会给我带来荣耀,他的人生失败不会给我带来生活影响,我完全可以维持现状直到我们师生缘分尽了的时候。我这样大费周折,只是作为一个老师,真诚地想帮帮他。2. 我比较具体地强调了王老师的权威之处。3. 心理学家就像医生一样,他发现我们的问题,往往是我们自己难于弄清楚的却又实实在在存在于我们身上的毛病。王老师同他和我之间没有一点利害关系,他这样费心也只是纯粹想帮助我和他。王老师的分析及建议,只供他参考。4. 先把这份资料拿回家,自己慢慢看看,认真想想,让爸爸妈妈也看看想想,再自主决定。今后我不会再专门找他谈话。

今天是谈话的第四天,在这几天中,我发现孩子真的变了。首先眼神变得沉静,没有以往的野性,待人处事也沉稳多了,几天来没发生一例他告别人或别人告他的案件。

王老师,你真是厉害!

【案例 21】

我这样教学生去"爱"

满脸通红的赵××从教室门外风风火火地闯进来,拉住我张口就说:"马老师,小文进男厕所了。"

所有在场的同学都惊呆了。

"怎么回事？跟老师好好说。"

"小文说她爱小逸，总是粘着小逸玩，小逸不愿意跟她玩，就逃到男厕所去了，结果小文就也追到男厕所去了。"

孩子们唧唧喳喳地讨论着："小亭也说爱小仪。"

"小扬也有喜欢的人。"

……

我突然意识到了问题的严重性，尽管只有三年级，但孩子们似乎过早地产生了"异性意识"，更为严重的是他们并不知道该如何地表述好感，也不知道该如何保持彼此的距离。

必须想办法正确引导才是。于是我冥思苦想……

第二天的班会，我捧了一大堆的棒棒糖微笑着走进了教室。

"猜猜老师为什么要给你们棒棒糖啊？"

"可能今天是老师的生日，你让我们分享快乐！"

"可能我们最近表现很好，所以老师要奖励我们。"

"可能我们这次考试成绩很棒！"

……

我猛地转身在黑板上重重写下一个"爱"字。

"我就是想表达我爱你们。"我解释道。

孩子们一片哗然，继而大声地笑了。

"谁不想得到老师的爱，请举手。"孩子们一震，纷纷摇头。

"老师的爱，大家都喜欢。那么谁不想得到同学的爱，请举手。"

又是片刻的安静，没有孩子举手。

"既然大家都希望得到同学对你的爱，为什么当别人说爱的时候，你还那么大惊小怪呢？谁爱谁，本来是一件很正常的事情呀！我们本来就是一个大家庭。在这个家庭里的每个人都是兄弟姐妹，我们要互帮互助，共同进步！假如有一天，谁不爱谁了，那么这才是有问题了。"

我动情地讲着，发现孩子们都那么专注地听着，前排的小逸还偷偷转身向小文微笑了。

班会结束，我送出了所有的棒棒糖，孩子们开心地欢呼起来。放学排队，我故意大声地说："把小手拉起来！"男生和女生于是手牵着手，高高兴兴地回家了。（晨倩）

【点评】

"爱"的诠释是一件很艰难的事情

向学生解释"爱"，即使是向小学低年级学生解释，也是一件比较艰难的事情，稍不留神就会把孩子弄糊涂了。

晨倩老师把爱解释成"谁爱谁，本来是一件很正常的事情呀！"这当然不能算错，但是按这样的逻辑推下去，学生之间动不动就说我爱你呀你爱我，女孩子追男孩子追进男厕所，岂不也成了"一件多么正常的事情"了吗？

爱，有同质的一面，也有异质的一面。

所有的爱都含有某种相同或类似的情感在其中，否则它们不可能用同一个"爱"字来表达。

但是有各种不同的爱，性质不同，表达方式也不同。社会对不同的爱之表达方式，有不同的规范。不遵守这些规范，就会造成混乱。对于个人，就叫"失态"或者"越轨"。比如教师也可以亲吻学生（小学生），但是其姿态与父母亲吻子女就有区别，与恋人们的深吻差别就更大了。

晨倩老师遇到的是什么问题？是学生互相随便说"我爱你"，是女孩子追男生追进男厕所。这都属于超越社会规范的东西。也就是说，学生尚不明晰这种爱与那种爱的区别，不大理解爱的异质性。

可是晨倩老师在解决问题的时候，却正好强调了另一个方面——爱的同质性。我想孩子们经过这样的教育以后，很可能是更糊涂了。

我猜晨倩老师的本意是要打破爱的神秘性。你们不是朦胧地意识到了男女之别了吗？我偏说你们没区别，你们互相爱和我们互相爱是一个东西，让你们回到幼儿心理状态，你们就"早恋"不成了。

愚以为这种办法偶尔用一用还行，不是长久之计，因为这是往后看而不是往前看。越来越意识到自己与异性的差别，对此好奇，这是必然趋势，阻挡不住，也掩盖不了的。所以教师最好还是引导学生往前看，促进他们成长。

我若是班主任，我会告诉孩子们，爱是人与人之间的一种美好的感情。但是，第一，爱与爱是不同的，要注意爱的表达方式。比如同学之间，就不可以随便说什么"我爱你"，但是对爸爸妈妈就可以，对老师也可以，不信你去问问你们的爸爸妈妈。第二，爱是不可以强迫的。你可以在心里喜欢别人，但是你不能要求人家必须喜欢你。否则就属于不尊重别人，而且证明你其实并不爱他。

这是在班上说的话。在下面，我要找那几个随便说"我爱你"的孩子谈，告诉他们此话很珍贵（尤其对异性同学），不可以乱说的。至于那个闯男厕所的女孩，实际上是犯了强加于人的错误，要单独教育她，但是不要说她品质不好，可能这孩子很自我中心，主要是任性，而不是思想复杂。以上意见，仅供晨倩老师和网友们参考。

2005.3.9

晨倩老师回复：

与晓春老师商榷。

有商榷的地方，才有研究的价值。我细细地品读了您的文字，感谢的同时，也以几笔拙言表达和完善我的观点。

首先对于您所提出的解决方案，我是持赞同态度的，但这可能更适合于高年级的解决方式，对于刚从二年级升上来的三年级孩子而言，我也认为是不妥的。爱是一个复杂的带有严肃性的词语，这是成人的思维。而事实上就以我平时接触孩子的经验来看，在孩子的心目中，爱其实就是喜欢。他们的心灵单纯得毫无瑕疵，而此刻，我非要去向他解释和区别爱和不爱的关系，重重地分析爱的深度，我以为是不妥当的。孩子幼小的心灵不应该过早地承受深沉，如果可以，童真和幼稚多保留一段时间又有什么错呢？

王晓春回复：

爱的表达方式不同，爱不可以强迫，这两点我以为二年级的学生是可以听明白的。这种话，不能等他们能彻底明白再说。（我们成人对这些话能"彻底"明白吗？）

"若把小孩当小孩，你比小孩还小孩。"这是陶行知先生的名言。总把学生当孩子，迁就他们的现状，看不到他们在飞速成长，甚至引导他们往后看，这才是真正的成人思维，成人的偏见。这种东西，表现在家庭中，就是溺爱和过度保护；表现在学校里，就是教师的教育滞后于学生的发展。这类现象普遍极了。

您会发现今日的孩子往往总是长不大，言谈行为常常显得非常幼稚；您还会发现今日的孩子老早老早就长大了，说出话来让大人吃了一惊又一惊。这两个极端其实原因相同——家长和教师的教育脱离学生实际。孩子们已经知道的事情，我们叠床架屋地唠叨；孩子们想知道的新问题，我们却没给他们答案。因此学生只要年级高一点，家长老师的话就都不爱听了。

在一定程度上把孩子当作成年人对待，平等地和他们说大人的话（当然得让他大致能明白意思），而不是"哄孩子"，这是非常重要的教育方式，能促进孩子社会化。为什么中国的孩子往往显得比外国的孩子幼稚？原因之一就是中国的家长和老师总是觉得他们小。在这样的氛围中，孩子会"倚小卖小"，动不动就撒娇，严重阻碍他们的成长。当学生拿自己当小孩的时候，他对自己的期望值，他的责任感，他的意志力，都可以名正言顺地降低，其后果可想而知。

愚以为晨倩老师的教育，就有此种倾向。这不是个方法问题，而是方向问题；不是个别问题，而是整个中国教育的弊端之一。所以我不得不再说几句。

2005.3.10

【案例22】

孩子的自私心理怎么克服？

有一天，我组织学生包饺子。十多个学生分为三个组，每个组自带炊具、包饺子用的材料。某些组缺少材料时基本上能互通有无。煮饺子用的是电饭煲，烧起来比较慢。一个组煮完之后，我见水是滚的，就将另一组的饺子倒进锅里。一会儿，电饭煲的小主人跑过来看她的电饭煲，一看锅里煮着饺子，气愤地说："我的电饭煲，别人不能用。"我说："是我倒进去煮的，这样可以不另外烧水，节省时间。"她说："烧烂了怎么办？妈妈要打我！"我很生气地说："烧烂了，我赔你。"她哭着吵了半天，这件事才告一段落。

平日教师教育孩子要讲礼貌，乘坐公共汽车不要抢座位，要给老、弱、病、残让座（当时我们单位有交通车进城，常坐车的老年人都反映学校的学生没有礼貌）。周末，父母都带着小孩儿进城。等车的时候，父母就给孩子交代说："一会儿你上车去占座位，妈妈待会儿上车。"车门开了，孩子们凭借个子小的优势，钻进车里，一会儿占了好几个座位，老年人怎么也坐不到。孩子的父母上车后，就挨着孩子坐下来。有几次我都在车上，但看到老师，他们仍然要抢占座位，也不会给老师让座。

有一个孩子住校，他平时洗衣服，抹完肥皂后，他都要用塑料口袋把肥皂裹得严严实实，放进自己的衣柜里。下次洗的时候再拿出来，抹完后又是同样的处理。他从来不买零食，每次都是要别人的零食来吃。他满口

都是钱。有一次我讲课时，顺便提到银子，他眼睛一亮，丝毫不亚于葛朗台临死前的表现。（酒醒何处）

【点评】

答酒醒老师

第一个例子，愚以为老师的做法欠妥。应该征求一下孩子的意见，再使用人家的锅。孩子不让用，恐怕也不好给戴上"自私"的帽子，毕竟是人家的私有财产。

如果这个孩子很痛快，随便让别人用，教师可能就会称赞她了。照我看来，这只是性格不同，或者处境不同，不可以轻易比较道德水平的高下。愚以为教师可以表扬后一种表现，但是对前一种表现，还是不批评为好。至于发脾气，则大可不必。

孩子想问题是很单纯的，也许她妈妈对孩子们不放心，临来之前有嘱咐："你要是把锅烧烂了，看我怎么收拾你！"果真如此，孩子为了保住自己的小屁股，拒绝别人使用自己家的锅，就完全可以理解，跟"自私"一点也不搭界。

第二个例子，明显是家长素质问题。但我以为最好也不扣"自私"的帽子，也许家长就没有好习惯，一直这样的，自己可能都不觉察。解决这个问题的办法是在家长会上，让校长或专家讲讲——告诉他们——这样做对您的孩子成长不利。估计家长会调整自己的行为的。

第三个例子，可能孩子家长就是个小气的人或者拜金主义者。社会上总会有这样一些人，自古以来就是这样的。我主张，只要他不更多侵害他人利益（跟别人要零食，别人可以不给嘛），就不要过多管他，正面进行教育，他能接受多少算多少。如果同学嘲笑他，还要适当进行保护。据我看这种现象也不是简单的"自私"两字所能解释的，也不一定是进行"大公无私"教育所能完全解决的，这里还有些个性和心理的因素，比较复杂。这样个性的人，也未必将来一定没有出息。世上没有完美的人。当追求完美会导致孩子整体状态恶化的时候，与其费力地和他的缺点搏斗，还不如以更主要精力发现他的长处并发扬之。那样无论对国家还是对他个人，都更有利。

教育不是为了把孩子弄得让老师满意，而是为了让他自身得到切实的发展。

2005.4.9

【案例23】

小女孩捡到了一角钱，交给老师……

小女孩捡到了一角钱，交给老师。老师说："你把它放在讲台上吧。"小女孩很虔诚地把一角钱小心翼翼地放在讲台上。第二天，小女孩又在教室门后发现了一角钱，她仍然小心地把它捡起来，交给老师。这次老师没有说话，接过钱顺手扔在讲台上。小女孩不解地看着老师，但没有说话。

第三天，小女孩在讲台下又发现了一角钱，依然执著地捡起来，又一次送到老师面前。这次老师发火了："你到底有完没完？"小女孩睁着一双泪汪汪的大眼睛看着老师，从此她再也没和这个老师说过一句话。后来，她捡到东西再也没有上交过，全部带回了自己家里……

【点评】

对自己，也要保持一份警惕

我想，如果这个女孩捡的是 100 元钱，这位老师大概会把孩子当成"拾金不昧"的样板到处宣扬了吧？

孩子的逻辑不同于成人的逻辑。

他们的价值观和我们不同。他们的心灵还没有染上多少铜臭，他们尚不工于算计，在他们眼中，一角钱的价值和 100 元的价值没有多大区别。对他们来说，拾金不昧本身才是最有价值的。这个小女孩不懂得，老师另有想法。对这位老师来说，是否拾金不昧倒不大重要，你拾了多少"金"，反而成了最重要的事情。老师另有一种价值观。

教育的逻辑有别于生活的逻辑。

在生活中，成年人轻视一角钱而重视 100 元钱，是完全可以理解的，没有什么错误，因为这时钱不过是钱而已。但在教育中，你就不能轻视一角钱，因为这时钱已经不只是钱，它背后有孩子的心灵，它承载着沉甸甸的教育使命。这位老师把生活中逻辑误用到教育中了，教育意识被冲淡，其结果是她给予了学生反面的教育。她本该很郑重地接下这一角钱，而且表扬孩子的。

我想这位老师一定没有觉察自己的严重失误，或许她还是个每日痛心疾首埋怨"如今学生素质低"的人。

这种无意中的负教育行为，我们还有多少？

作为教师，我们不能光盯着学生挑刺；我们对自己，也应该保持一份警惕。

2005.4.10

【案例24】

孩子，你尊重普通的劳动者吗？

这是我年后的第一堂思想品德课，内容是《尊重各行各业的劳动者》。播放歌曲，引入新课，学文明理，激情导行，最后是总结，整堂课完全达到了预期的目的。至少，从孩子们的回答和练习上，我能感受到孩子们的确明白了尊重各行各业的劳动者的重要性。

这时，我抬头向窗外看去，恰巧一个年轻的清洁工人从我的视线走过。在灿烂的阳光下，他吃力地拉着满满一车的垃圾，额头渗出滴滴汗水。

"孩子们，你们看看窗外那个清洁工人。请你们好好想想，然后谈谈自己真实的想法。"

王×先回答："老师，我感觉他很可怜。你看，人家都坐在大公司里上班，而他却要干这样的事情。"

李×说："我想他真没有用。因为我妈妈说，只有没有用的人才干这个。"

我们的值日班长说："老师，我的想法是我鄙视他。全身那么脏，那么臭，为什么不去做其他事情呢？"

"老师，我想给他钱。"

七嘴八舌的回答，让我猝不及防。我万万没有想到，这样一次绝好的教育机会，居然没有收到任何效果。

我提高了声音问："长大后愿意做清洁工的请举手。"教室里没有一点动静，只有36双乌溜溜的大眼睛望着我。

我又问："你们愿意去帮助他做事，或者愿意与他们亲近的也请举手。"又是"全军覆没"。我此时的心情，真是不知道用什么来形容。酸甜苦辣，五味俱全。我感觉自己的思想品德教育彻底失败了。

我能说什么呢？孩子们说得不对吗？哪个家长不是这样教育孩子们的："别去做清洁工，成天与垃圾打交道；也不能去拉黄包车，汗流满面地服侍别人；更不能去做建筑工人，那样晒黑了皮肤不说，还有生命危险……"孩子们就是在这样的声音中成长起来。他们的骨子里，就是不愿意去做这样的事情，鄙视从事这些职业的人们，那么又怎么能从心底升起对他们的尊重？（海岸）

人与身份

海岸老师把学校德育的软弱无力归咎于社会风气不尊重劳动者，当然是有道理的，但我以为不全面。

倒退几十年，我们整个社会是极其尊重劳动者的。那时候普通工人农民能成为国家领导人，市长去掏粪，上大学凭手上的老茧，大家都以穿补丁衣服为荣，自称"土包子"满脸骄傲，脚上有牛屎不簪鲜花和奖章……

那样好吗？如果好，为什么坚持不下去？

恐怕那样并不好，因为，那时候提高劳动者的地位，是以贬低"非劳动者"为代价的。比如教师，就成了"臭老九"。那时候在一般人的意识中，只承认工农兵为劳动者，其他人都是被瞧不起的（有权者例外）。

真所谓"三十年河东，三十年河西"，现在事情似乎又倒过来了。工人下岗，农民进城，他们中的许多人又被一般社会舆论看不起了。想当年孩子们巴不得自己的父亲是三代贫农，如今的孩子却巴不得自己老爸是大款了。

莫非提高某些人，就必须以贬低另一些人为代价吗？

要是这样，我们就会永远在一个怪圈里循环了。

之所以出现这样两个极端的摆动，单从教育角度说（社会原因比较复杂，此处且不论），愚以为一个基本的问题是   把人和他所从事的职业捆绑得太紧了。换句话说，我们在评价一个人的时候，其实看的不是这个

"人"，而只是他的职业和身份。

想当年我们尊重的是劳动者本身吗？不是，我们尊重的是他的身份。一个三代老贫农如果因为说错一句话忽然被打成"现行反革命"，我们立刻就和他"划清界限"了，还谈什么"尊重"？今日我们尊重的是某个大款吗？也不是。只要他突然破产，我们对他的尊重就会急剧缩水的。说穿了，我们尊重的是他的身份和钱财。

从表面上看，现在人们对劳动者的态度与"文革"期间相比，发生了天翻地覆的变化，其实细想起来，我们的思维方式前后是完全一致的，我们一直是根据人的身份来评价人。我们尊重的，始终不是"人"，而是他的身份。

我们的教育，从来就很少把大写的"人"从各种身份中抽出来。我们缺乏渗入灵魂的"人人生而平等"的意识。

其实我们为什么要尊重一个人？并不因为他是一个劳动者或者他不是一个劳动者，而仅仅因为他是一个"人"。所以我们不必把"劳动者"当作一个特殊群体来教育孩子们尊重他们，因为这样做本身就有某种怜悯的成分，难怪有的孩子们说他们可怜。劳动者需要尊重，就像每个人都有权得到尊重是一样的。犯人为什么也要尊重？因为他也是人，不是因为他犯了法，需要格外加以尊重。

照这样的逻辑推下去，我长大不想当清洁工，就不等于我不尊重清洁工。这完全是两码事，人与身份要分开。那么我怎样体现对清洁工的尊重呢？我对他们讲礼貌，我绝不给他们带来不快，我尊重他们的劳动（比如我不乱扔果皮）。如果他们需要我帮助，我会像帮助其他人一样帮助他们，比如我可以帮他扫地，而一点也不觉得难堪——总而言之，我看他和别人一样。这就是尊重。

如果某个清洁工身上不够卫生，我绝不会认为这是优点，不会把自己也弄脏以表示"实行三同"（革命年代就是这样要求的，有人甚至认为身上不长虱子就不革命），但是我也不会嘲笑或厌恶他，因为这只是他的一个缺点。我身上也有不少缺点，我难道愿意让人家嘲笑我吗？这就是尊重。这个清洁工如果明年突然发迹，成了百万富翁，我也不会因此向他多奉献一些尊重，也不会故意藐视他以显示自己清高。在我看来，他还是那个人。如此而已。

把身份剥离，才谈得上对人的尊重。

2005.3.17

【案例25】

"学校教育大批判"：一种浅薄的时尚

今天我看了《硕士博士也被考倒 这样的中学语文教育误人子弟》一文，终于压不住久积心头的火气了。

先就这篇文章说一下我的看法，再谈谈为什么我会发火。

坦率地讲，我不喜欢这篇文章。无聊。目前学校教育的确存在问题，而且很多。只要有初中以上文化，挑一些教育上的毛病根本不在话下，何须搬出所谓博士、硕士来加注脚呢？作者如果敢和我面对面地坐在一起聊一下你和孩子在家一天的所作所为，我至少可以指出你家教中的十个错误，你信吗？金无足赤。与其对别人指手画脚却又拿不出解决问题的办法，还不如把自己该做的做好。现在批评学校教育似乎成了一些文人墨客圈子里的时尚。盲目地追求"时尚"，只能说明自身的浅薄。

我心里的怒气早憋了不是一天两天。正像我上面讲的，目前批评学校教育似乎成了一种时尚，三教九流、闲杂人等，不管自己水平高低，都想抓住机会凑上来说两句。我不知道这些人到底为什么这样做。真正关心教育的，会在发表过议论后提出解决问题的办法—不管办法是否真的可行，我们可以确定，这样的人是真的在关心教育——我对他们的文章往往会反复阅读，至少它们可以启迪我的思维，这种文章是有价值的，写文章的人，也是有思想的。

而另外一些呢？除了抓住一两个偶然事件，或一些已经被批判过无数次的例子，然后竭尽其讽刺挖苦之能事，上蹿下跳，大放厥词，哗众取宠。这些人的文章或言论，除了显示其本人的浅薄无知、头脑空空以外，再没有其他作用。自从某位教师说："学习就是为了能挣大钱娶美女。"从而被全国各个大小媒体炒得沸沸扬扬开始，批评学校教育、争相出教师的丑、揭教师的短、把偶然当经常、以个别概全部……谁若能发现一件来自教师的"糗事"，就如获至宝般写成文章发表并被某些为多挣点广告费而死命想提高销量的三流报刊争相转载。从此无数双眼睛死盯着教师，一举一动不肯放过，心里暗叫："我盯着你，盯死你，常在河边走，还怕你不湿鞋？只要你们敢出错……"

会挑别人的毛病并不说明你素质高，只表明你心眼不够平和。鲁迅先生在他的某篇文章中说："一只狗如果只会汪汪叫并不能说明它就是只好狗。"我想很有道理。那些追求时尚的所谓文人不妨请人把这位大文豪的话写下来，裱在墙上时刻提醒一下自己。

如果那些指责学校教育的人，能把他们在家教育孩子的事情真实地拿到桌面上来，我们就可以清楚地知道：目前哪种教育更应该受到批判和改进。

曹植当年七步成诗，可谓才思敏捷。今天我们再把这首古诗拿出来，让分别在学校和家庭两条教育战线上忙碌的人们共同思考一下，我们该如何相处：煮豆燃豆萁，豆在釜中泣。本是同根生，相煎何太急！

同是为了美好的明天，何苦这样苦苦相逼呢？！

我欢迎提出问题并拿出解决办法的人，但如果再碰到这类借关心教育为名行讽刺挖苦之事、没有新意、人云亦云的文章，我仍然只会送它两个字：垃圾。

忍无可忍，无须再忍。（唐吉诃德）

【点评】

以开放的心态对待批评

唐先生这篇文章火气够大的。

火气大也没关系。只要其中有确凿的事实与合乎逻辑的分析，就可以从中得到一些有用的东西。

可惜唐先生这篇文章摆事实很少，观点也很有可商榷之处。

文中所举的惟一例子是：

自从某位教师说："学习就是为了能挣大钱娶美女。"从而被全国各个大小媒体炒得沸沸扬扬开始，批评学校教育、争相出教师的丑、揭教师的短、把偶然当经常、以个别概全部……

据我所见到的材料，事情并非如此。对于教育的批评早就有，几乎从来没停过。这位声称"挣大钱娶美女"的老师的观点确实遭到了很多人的反对，但是也得到了不少人的支持。好像后来学校不愿留他，却有一个单位把他聘走了。对于这位老师言论的是非曲直，我们姑且不论，但这显然是一场争论，而不是专门对这位老师的批判。传媒并非只披露一面之词。我和传媒打过一些交道，记者和编导们总是对我说，他们的任务是提供一个平台让大家讨论，他们不想给不同的学术观点做裁判。按我的见闻，在教育方面，他们言行还是比较一致的。前几天我看电视上宣传殷雪梅老师舍身救学生的事迹，力度很大，给人强烈的震撼。事实上如果我们大致估计一下，就会看出，传媒对教师的赞扬还是远远多于批评，而披露教育中的不良现象的时候，也总有事实为依据。把这些统统说成是"学校大批判"的"时尚"，愚以为证据不足。

唐先生自己承认，"目前学校教育的确存在问题，而且很多。"既然有问题，为什么不可以批评呢？唐先生说，批评的都是个别现象。那是当然，如果等它成了普遍现象，那就晚了，那就太可怕了。坏事刚露头时候的批评，是最有远见、最有价值的批评。比如现在学生自杀的现象确实比以前增加了。报道这种现象，有助于学校、家长、社会进行反思。有老师就说："这是个别现象，何必大惊小怪！"我回答："正因为是个别现象，人们才会大惊小怪。倘若一个学校每天都死人，有一个月，大家就麻木了，谁也不怪了。"那些遇事就大惊小怪的人，不管他怀着什么目的，都可能对我们有帮助，起码他提醒了我们，使我们更清醒，更小心。耳边老是颂歌，反而危险。

唐先生说："会挑别人的毛病并不说明你素质高。"不错。但是为什么大家不去挑纳米技术工程师的毛病呢？因为他不懂，他没有挑人家毛病的实力；还因为纳米的事与他的切身利益关系不大，他缺乏挑毛病的动力。教育就不同了。教育从某种意义上说，是一种"边界模糊的专业"，人人都可以探头进来看几眼，人人都有插嘴的能力。普通百姓说出一句话来，有时未必不如一个教育专家。更要紧的是，教育几乎涉及到每个人的切身利益。他为什么批评教育？是因为他希望自己的孩子更好，而显然不是因为他与教师前世有冤仇。所以，从一定的意义上可以说，教育成为经常的热门话题（几乎全世界都如此，并非中国的"时尚"），正说明大家对此的重视。谁也不会去认真地讨论自己不重视的事情，谁也不会感情激动地去讨论与自己无关的事情。唐先生为什么对别人批评教师如此敏感，如此愤怒？我想这可能与唐先生本人是教师，或者特别关注此种职业有关。那么同样道理，社会上许多人对教育如此不满，也是可以理解的。人的素养不同，批评的时候，语言自然有高下之分，文野之别。这不足为怪，也不值得生气的。

唐先生说："真正关心教育的，会在发表过议论后提出解决问题的办法。"这等于说，只要没有拿出解决办法，你的批评就不是真正关心教育。

愚以为这样说等于为批评设限，是不好的。比如我发现朋友脸色不好，提醒道："你的健康情况是否有问题？"我没有拿出解决办法，我只是发现了问题。难道我这不是对朋友的真关心？难道对他没有好处？

最有趣的是，唐先生用相当刻薄的语言把批评者骂一通之后，却又讲和道："本是同根生，相煎何太急！同是为了美好的明天，何苦这样苦苦相逼呢？！"这就可见，唐先生注意的重点并不是教育这件事情，而是批评者与被批评者的人际关系。我想，这恐怕是把重点放错了地方。我主张，遇到批评，不要过多考虑他的态度和动机，而重点看他的意见中有没有可取之处。有，则取之，没有，则置之。林子大了什么鸟都有嘛！

教育最可怕的敌人不是外来的批评（甚至攻击），而是教育自己的封闭和停滞不前。

其实目前批判教育并不是一种浅薄的时尚（当然，其中一定有浅薄的批评者。这是另一回事），拒绝批判倒是一种浅薄的时尚。这种东西在教育界很流行，教育网站上此类牢骚文章很多。

我希望我们教育者以开放的心态对待批评，从中学一点有用的东西。

2005.4.15

医生越老越香，教师越老越臭

最早听到这句话时，我还是学生，那是我上高二时一位政治老师无意中说的。那时，对这句话理解不深；现在，随着对教育了解的深入，发觉似乎确实是那么回事了。

一位教师年过五十还活跃在三尺讲台上已经相当不错了。如果教的学生还能考得很好简直令人敬佩了！放眼望去，在中学打天下的几乎都是青年人了，老教师由于各种原因似乎成了"鸡肋"了，只能回忆起过去的辉煌了。我是一个年轻人，但我知道这天也会向我走来的。

现在的名师几乎都是80年代，或者90年代出名的，而且绝大部分是语文教师。在目前激烈、紧张、悲壮的应试背景下，在"惟分数论英雄"的年代，我不知道还能不能出名师？过去的名师还能经受住现在这样密集的考试吗？

医生这个职业，白发是权威和经验的象征。教师呢？似乎成了"鸡肋"的象征。朋友，你羡慕做医生的吗？（阿林）

为什么"医生越老越香，教师越老越臭"？

阿林老师这个问题提得非常好，很有研究价值。这个问题搞清楚，关于教师素质的很多问题就都迎刃而解了。

为什么医生越老越香呢？因为人家凭的是专业技术，专业技术这种东西是越研究越深，经验越多越好，时间长了甚至会形成"一招鲜"的。年龄不会磨损它的价值，因为那是一种智慧，智慧是不容易随着体力的衰弱而减退的。

为什么教师老了就不行了呢？因为很多教师拼的是体力，他们在工作中很少研究，专业能力停滞不前。一旦体力不支，价值就立刻降低了。你没有专业技术，没有"一招鲜"，当然谁都可以替代你，年轻人体力比你强，能"全场紧逼"，能加班加点，当然就比老教师有优势了。很多没有技术的工人40多岁就退休了，不就是这个道理吗？

那为什么医生必须提高专业能力，而教师就可以拼体力呢？奥妙在于，医生对病人没有领导关系，而教师对学生有领导关系。

医生无法用权力控制病人而使病人康复，他只有依靠科学的力量，依靠自己的专业水平，而且病人是否康复，比较容易看清楚，作假困难。所以医生都倾向于老老实实的科学态度，病没有治好，他只好承认自己医术不高，进而继续努力提高，而不会埋怨病人素质低，得怪病难为医生。总之，医生工作的性质迫使他们不得不用科学的态度思考问题，不得不把专业水平看成自己的安身立命之本。

教师情况就另一样了。教师手中有权，这权力虽然不大，可是对于孩子是有威力的。教师可以用各种手段迫使学生照老师说的去做，而这常常比提高专业水平更有短期效果。所以你就会看到，教师的主要精力，其实都用来管学生了，而不是用来提高自身专业水平了。于是你就发现，很多教师与其说像专业技术人员，不如说更像一个"官"，他们主要靠手中权力而不是自身的真实的水平来工作。虽然得了不少奖状，其实能力没有多少提高。你没看见有些一辈子当官的人，离退休之后谁也不要吗？他们只会管人，离了下级，他的本事就全没了。很多老教师不值钱，也是如此。

我们的应试体制，我们教育部门的很多领导的工作作风，都是短视的，都有把教师当打工仔的倾向，鼓励教师卖力气，干好眼前的活，而不是切实提高自身专业能力。许多教师工作表面辛辛苦苦，甚至轰轰烈烈，其实含金量不高。等你体力不支的时候，当然换你没商量。

其实医生也不都是越老越值钱，庸医也是有的；教师也不是都越老越不值钱，晚霞满天的教师也大有人在。关键你年轻的时候头脑要清醒，不要为了眼前的蝇头小利而放弃了自身素质的提高。只要你真有别人无法替代的东西，你就永远有价值，甚至在你离开这个世界之后，你还能给后人以帮助。

所以我劝风华正茂的青年教师向医生学习，与科学亲近，少用权力，少搞短期行为，不做"教育官僚"，不做"教育打工仔"，做一个名副其实的专业技术人员。

2005.3.24

求学——就是老师求学生学嘛!

记得以前读书时是我们向老师求学,现在社会变了,变成老师去求学生来学!老师不能打学生,也不能骂学生,不然就是体罚或变相体罚。所以,老师们只能去求学生来学啦!(漫步在海滨)

【点评】

出路在哪里?

在漫步老师看来,要使学生学习,只有两种办法。

一种是用外力逼迫孩子学习,最好允许体罚。漫步老师对此种教学状态似乎比较向往,说起"不能打学生,也不能骂学生,不然就是体罚或变相体罚"来,有点惆怅和遗憾的样子。

不能用外力,怎么办呢?剩下的就只有求着学生学了。这第二种办法实属无奈。

不知漫步老师是否觉察,这两种教学状态实在是两个极端。在第一种状态下,教师像暴君,而在第二种状态下,教师则像奴才。师生位置颠倒过来了,两者的关系本质上却没有丝毫改变,都是一个"不平等"。教师求着学生学习,和家长给孩子当使唤丫头思路是一样的。这会破坏教师的威信，使以后的工作更加困难。

难道人与人的关系，非主即奴吗？

可见，如果一位教师缺乏现代人的民主意识和平等意识，他是永远找不到新型的教育方法的。

其实，除了"逼着孩子学"、"求着孩子学"之外，至少还有一种更重要的教学方式—"引导孩子学"。那就是，从孩子实际出发，设计一些情境，使孩子喜欢学习。这是完全可以做到的。当然，这需要教师有更高的专业素质，需要策划能力，光会照本宣科的老师做不到这一点。

如果教师不想转变自己的观念，不想加速提高自己的专业水平以跟上时代，不想超越自我而只想教育别人，那他就只能靠回忆安慰自己了。他会怀念当年教师"说话如圣旨"的日子，虽然他自己也知道，这种日子恐怕是一去不复返了。

最好还是向前看，倒退是没有出路的。

2005.4.24

【案例28】

我的文学感悟力都在语文教学中消磨殆尽了

我在师范时是公认的"才子"，发表文章不下二十篇（至少是市级刊物）'可是当了两年多语文老师，不进反退——除了刚工作两个月那段时间发表了三篇文章，至今再无一块"豆腐干"面市！

当然，我说的是散文。

不过，我一向是把我那些发表、获奖的论文当作垃圾的，于己无补，对人无益，却只能自欺欺人……

我的文学感悟力都在语文教学中消磨殆尽了——不教语文倒可能还好些！（米小七）

【点评】

拒绝僵化

米老师提出的问题很重要。

这绝不是一个简单的写得出写不出好文章的问题，不只是教师智力下降与否的问题，而是一个教师的工作性质问题，是教师的生存状态问题。

在现行体制下教书，需要的主要不是创造性，而是"卖力气干活"；需要的不是持续提高专业水平，而是在低水平上不断重复和加大力度；需要的主要不是智力，而是体力；需要的不是策划，而是执行；需要的不是自我评价，而是随时准备接受他人的检查和评比……

总之现行的教育体制和教师管理制度，主要作用是"磨损"教师，而不是提高他们。

中小学教师的"专业人员"称呼越来越名不副实了，他们很多人正在变成或者已经变成了"教育粗工"。换一个老师居然和换一个螺丝钉差不多，因为他们的工作方法很少个性，很少特色……

在这样的环境下工作，智商会逐年下降的，心理健康状况也会逐年下降的，主要的收获恐怕就是疲惫。

教语文课需要教师自己有文采吗？不需要。需要的是逼迫学生大量做题，你只要做个厉害工头就差不多了。

低创造性的劳动会使人的灵魂干涸，是很可怕的事情。很多老师刚工作的时候都有过米老师这样的感觉，后来他们习惯了，也就麻木了，他们却以为这是"成熟"了。呜呼！

我们当然要尽可能呼吁教育体制和教师管理制度的改革，但是不能等待这种改革。我们要随时警惕自己的麻木，要不断挑战自我，超越自我。千万不能只干领导布置的事情。要读书，要研究，要写文章，要保持自己的活力。要像米老师这样，拒绝僵化。

2005.4.20

【案例 29】

丁俊晖：打球有钱挣读书有啥用（摘要）

3 月 31 日下午，海淀体育馆西北角，一个看起来有点叛逆的少年向记者走过来。"我可以采访你吗？"记者问。"你得问我爸爸。"他回答。随后，他将他父亲的电话告诉了我。我送了一本最新出版的制作精美的《南方体育》给他⋯⋯这是记者第一次见到丁俊晖。

南方体育：你刚过完 18 岁生日，现在又拿了冠军，有什么特别的感觉吗？

丁俊晖：我很快乐。

南方体育：外界都说你除了台球就没有什么爱好了，是这样的吗？丁俊晖：也不是，我还喜欢乒乓球，还喜欢听音乐。另外，我还经常游泳。

南方体育：你只受过小学教育，你在英国能和外国人交流吗？

丁俊晖：我大概知道1000个左右的英文单词，简单的交流没什么问题。

南方体育：当年你父亲让你辍学打球，你觉得父亲当年为你做的选择对吗？

丁俊晖：没有什么对不对，关键是现在好、能赢球就行了。

南方体育：如果让你重新选择读书和打球，你选择哪个？

丁俊晖：当然是打球。

南方体育：为什么不愿意读书呢？

丁俊晖：读书有什么用？将来毕业了还不是要找工作？找不到工作就会待在家里让父母担心。我觉得人活着就是为了更好地生活，现在我打球有钱挣，挺好的。

南方体育：你父亲说你今年已经挣了2万多英镑，你现在一年能挣多少钱？

丁俊晖：这个说不准，成绩好奖金才高，所以我必须赢。（**李志刚**）

帮助学生实现自我

台球世界冠军丁俊晖对记者说："读书有什么用？将来毕业了还不是要找工作？找不到工作就会待在家里让父母担心。我觉得人活着就是为了更好地生活，现在我打球有钱挣，挺好的。"

几句大实话，招来了教师的一片唏嘘之声：

1. 读书有啥用，一句话说出了现在许多孩子和家长的心理。我们在祝贺丁俊晖的成就的同时，却不能不为这句话而感到心痛。

2. 是的，我家小子辍学当学徒（室内装修），第一月就是 40 元／天，可我们教了 20 多年书，每天还没有 40 元呢！

这是为什么？

我们急有何用？！

3. 实话！悲哀！

4. 不仅仅是悲哀！

我的初步印象是，某些老师犯了职业病。

教师是教书的，所以一听到有人说读书无用就过敏，就愤怒。即使只有很少数人这样想，这样说，也会触动教师的"核心利益"，要大发感慨的。

其实只要翻开我们的历史就可以发现，在我们中华民族，自从有了书籍，"读书无用论"就从来也没能成为主流意识。我们的主流意识正相反，是"万般皆下品，唯有读书高"（这几位网友对丁俊晖的惊人成就反应冷淡，而抓住他说的这几句不中听的话大发感慨，分明是"唯有读书高"的思想在作怪）。中国人因为读书而吃亏，从来都只是局部的、临时的现象。鲁迅批判孔乙己，不是反对读书，而是反对读死书，鲁迅自己就是酷爱读书的人。中华民族本质上是一个追求知识和文明的民族，我们对这一点应该有充分的信心。

那为什么有些老师只要一听到学生不想读书就有点神经质呢？

恐怕他们想的主要并不是读书问题，而是自己的工作问题。

恕我直言，这些愤怒者本人倒不一定是真正爱读书的人，中小学教师真正爱读书的人比例并不大。许多教师与其说是"爱读书的人"，不如说是"爱催促别人读书的人"。一个真正爱读书的人，他懂得读书的规律，他明白真正的读书是没有办法强迫的，所以他听说别人不爱读书，会比较宽容，不致愤怒。只有那些以迫使别人读书为己任的人，别人不读书他才会愤怒，因为这等于威胁，砸他的饭碗。

我不知道丁俊晖是什么时候辍学的。如果是在初中，那是错误的；如果是在高中，则没有什么不可以。这是他的一种选择。他这样做，无论对他自己，还是对于国家，都有好处。有何不可？恐怕很多中规中矩的读书者，将来倒未必有他这样的成绩。

那么他文化水平低，会不会影响他今后的发展呢？有可能，但这是他自己的事情，旁人不必过于操心。

那么，他如此坦率地说读书无用，有没有负面作用呢？我以为只要我们不激动，不会有多大负面作用。因为这是他个人意见，不是中央文件。有人可能担心学生模仿他。为什么学生会乱模仿呢？因为他们缺乏自知之明。为什么缺乏自知之明？因为他们每天关在屋子里挣扎于题海，没有机会在各种活动中碰钉子、进行比较，从而了解自己适合做什么。简单点说就是，你越想让他"两耳不闻窗外事"，一旦窗外有事，他越缺乏抵抗力。我若是班主任，班里学生要是想学丁俊晖，我就带他们去打几次台球。我敢保证绝大部分学生打完了就踏实了，他知道自己"没戏"。要是真发现某个学生有打台球的天分，我就鼓励他课余时间去参加台球培训班。何必大家都去挤独木桥？中国的另类学生不是太多了，而是太少了。

当你把学生看成一个个活人、不只是自己的"工作对象"的时候，你就不会对有些学生不爱读书过敏，不会千方百计把他纳入教师规定的窄而又窄的轨道，而会饶有兴趣地研究他，有针对性地帮助他。

要帮助学生实现自我、造福社会，而不是单纯拿他来完成教师的任务。

2005.4.5

第二部分　学生问题

【案例30】

怎样集中学生注意力？

面对着这群一年级的孩子，每天感受着他们的可爱，也深切地感受着他们的"可恨"。这不，上课铃声响起来，我整理好自己心情，心情愉快地站到教室门口，却仍有几个仍在若无其事地吵闹着。我静静地站在门口等了一会儿，希望他们能知道我的出现。结果失败的是我，等了几分钟，吵闹依旧。我无奈地站到讲台前，心里开始发毛。让我心情迅速变糟的还是那么几个不知好歹的小家伙。他们好像根本没有感到老师的存在。唉！今年的孩子，我总是哀叹他们的荣誉感似乎不是很强，老师表扬和批评某些小朋友对于那些调皮的孩子来说根本是不痛不痒。哪些朋友能传授一些能让小朋友迅速集中注意力的高招呢？急需支援啊！（黄玫瑰）

出点主意供黄玫瑰老师参考

不过还是得先分析情况和原因（这是科学的思维方式），否则所出的主意就又是"偏方"，而不是正经"处方"了。

孩子的注意力有两种：有意注意和无意注意。有意注意是主动的，收敛的；无意注意是被动的，散漫的。现在有不少孩子有意注意水平很低，东张西望，左顾右盼，不知道自己在干什么，不知自己想干什么，不知自己该干什么，一副"纯天然"的样子。他们的眼神是漂移的，动作是随意的，注意什么是随机的，行为是难以预测的，思维是混沌的，很像婴儿。有意注意不达到一定程度，就根本无法进入学习状态，也就是说，他们虽然坐在教室里，但并不是"学习者"。这是教师最头疼的。

这是心理发育滞留的表现，一般都是家庭教育失误（溺爱和放纵）造成的，与看电视过多也有关（看电视能强化无意注意）。

经验告诉我们：第一，提高孩子的有意注意水平绝非一日之功；第二，既然孩子有意注意水平太低，要让他听见教师讲什么，只好先借助无意注意了。

我的想法是，只要这种孩子在全班同学中比例不超过1/4，只要这些孩子还没有闹到讲不下课去的程度，就先不管他们，给多数人讲课。即使他们有些干扰，也不怕。新时代的教师必须学会在某种干扰中讲课，鸦雀无声的时代恐怕已经过去了。

经验告诉我们，由于儿童的从众心理在起作用，过一段时间，这些"不知好歹的小家伙"可能就会有所进步，慢慢地多数就跟上来了。这不可能立竿见影，教师必须耐心，而校长也不要逼老师犯错误。

如果这种孩子占的比例太大（说来可怕，可能这是发展趋势），教室宛如"猴山"，没办法得到安静，教师就只好调动学生的无意注意来吸引他们了。

无意注意的规律是：哪里声音大，哪里色彩鲜艳，哪个人动作怪异，什么事情新鲜好玩，好像电视画面那样有"冲击力"，他就会往哪里看。教师可以利用这个规律，发动同学做个游戏，说句吸引人的笑话，唱个歌，做个怪异的动作，甚至搞个小恶作剧，把学生的注意力先吸引过来。然后抓紧时间讲课。一旦多数学生注意力松懈，要赶快停止讲课，搞点课上游戏让学生放松，等待下一次机会。

有的老师面对这种情况，采用大发脾气、厉声呵斥的高压手段，有时也能奏效，小孩毕竟胆小。但是这对学生心灵有伤害，对教师自己的心理健康亦不利，而且会越来越不管事，陷入恶性循环。一旦孩子长大，翅膀硬了，就彻底失败了。

基本上能稳住大局就讲课，慢慢磨。可能这是比较明智的。

与此同时，教师必须指导这些孩子的家长，对孩子进行有梯度的管束，开展注意力训练。光靠教师，累死也解决不了问题。实际上这是家长把家庭教育的"不合格产品"送到了学校，教师虽然有责任帮助孩子和家长，但是不能承担家庭教育失误的全部后果，那是不公平的。

2004.9.17

该怎么帮助你，我的孩子？

课堂上，你很想参与，也很努力地参与。虽然你的每次发言都答不到点上，可大家耐心倾听后，仍为你的自信而叫好。读生字新词时，为了让你品尝成功的喜悦，在几人读过之后，老师让你也来读一回。可是，十个生词，你只会读三个，这三个还是多音字组的词。孩子，你知道吗？当时老师虽然还是对你读对三个词表扬你，可你注意到老师眼中一闪而过的失望了吗？

《拉萨的天空》，当全班小朋友几乎都已经背诵完毕的一个早读课，坐在讲台下的你，在全班的齐背声中，竟然还是与大家的步调极不一致。看着你费力地张嘴、闭嘴，费力地想跟上大家的节奏，孩子，老师真的有些无助，我应该怎么来帮助你？

单元测验中，你又一次没有合格。虽然老师已多么地手下留情。可是孩子，一题看拼音写词语，十个词语你只对了四个！

老师对你讲笨鸟先飞的故事，希望能触动你。可当老师讲得热血沸腾，看到的是你那一张有些茫然的脸。（顾盼）

【 点评 】

孩子为什么"一脸茫然"？

我打个比方。

比如我现在遇到了一件紧急的事情，需要用钱。我找了一个朋友，向他开口借 5000 元。

这位朋友对我说：

"你注意到我眼中的失望了吗？我们的同事，至少都有十几万的存款，时至今日，你还没有一定的储蓄。你怎么这样不努力呀？

"不对，我看你也挺努力的，起早贪黑。怎么就没有别人过得好呢！

"下面我给你讲讲笨鸟先飞的道理，希望对你有所启发……"

这时候，如果有旁观者向我看，他一定会发现"一张有些茫然的脸"。

因为在我需要具体帮助（借我钱）的时候，我得到的却是一堆"教育"，我如何不"茫然"？

我们的学生就常常有这样的命运。

当他们遇到问题，能力达不到（不是不努力），需要老师给他们出具体的主意的时候，老师给他们的，往往是人人都会的、老生常谈的空洞鼓励，甚至文不对题的批评。如此他们只能茫然。

再打个比方。一个孩子走到岔路口，正希望你告诉他该往哪里去的时候，你却对他说："加油啊，只要努力就有回报！只要功夫深，铁杵磨成针。不怕慢，就怕站……"他也只能"茫然"。

老师对他们失望，他们对老师更失望。

多给孩子几次机会，表扬孩子的进步，这当然也算帮助，但是这些并不能解决"怎么办"的问题。

在我看来最重要的是，研究一下这个孩子的思维特点和记忆特点。为什么别人能记住他记不住？必有原因。如果他也努力了，那可能就是他用别人的办法确实记不住，我得想办法帮他找到一种适合他的记忆方式。我不要空洞的鼓励，我干实事，我研究他的思路，我给他出具体的主意，一样一样试验……

这才是帮助。这才是真正具有专业技术含量的工作。这样孩子才不会"茫然"。

多给他几次机会呀，手下留情呀，恕我直言，这些都是不需要专业水平的东西，只要脾气好一点的人都能做到的。

孩子为什么茫然？

因为老师就茫然。

2005.4.2

【案例 32】

不写作业

前天，我带着学生下去做操，听见队伍里有人说话，回头一看，是来自重庆的学生小 S。我朝他做了个"嘘"的动作，他笑笑不讲了。做操时他又讲，我远远地朝他做了个"暂停"的动作。没想到，他就不高兴了，马马虎虎地做完了操，我找他说话他也不理我了。我当然不想放弃，就跟他苦口婆心地讲了一番（他始终不理我）。讲到他父母的辛苦时，他摇摇头表示不想听。昨天，我见了他，摸摸他的头，他抬起头来对我说："老师，我错了。但我想问个问题，你和大家是不是真的接受我？"我忙点头，但心中一片愕然与茫然。

前天，他的位子空着，学生们告诉我他说自己病了，但有老师说看见他背着书包出门的。我心里明白——肯定是他有哪样作业没完。我无法联系他的家长，他刚搬家，新家我不认识。真是让我心焦！昨天他来了，他说是病了。打开他的作业一看，乱七八糟！

王老师，现在我和他签订了一个"君子协定"，主要内容是他犯了错我不许发火，他自己作业等要及时完成，并要理解老师的教育等等。您说，会有用吗？（小非 2002）

【点评】

各想各的事情

小非老师，您发现没发现，您和这个孩子在"各想各的事情"。

您关心的是让他守纪律，完成作业，而他关心的是"你和大家是不是真的接受我？"

因为您只顾想自己感兴趣的事情，所以他说出这样的话来，您才会"愕然与茫然"。

因为他也只顾想自己感兴趣的事情，所以您只要管他多一点，他就

"不高兴"了——我估计他是把这理解成您"不接受"他了。

您可能会说："你守纪律，按时完成作业，我不就'接受'你了吗？"但这是"有前提条件"的"接受"，而孩子却希望您"无条件"地"接受"他。

孩子的要求或许有点过分，但您的要求或许对于这个孩子来说也有点过分。我看他好像是在完全没有什么规矩的家庭中长大的，他能做到现在这样，或许已经是很努力了。

所以这个孩子，只要适当降低要求，逐步推进，我以为他能进步。他想好。您跟他订的"君子协定"我感觉对他的要求还是急了一点，要是他做不到，双方都会灰心的。

您要非常肯定而诚恳地告诉他："我永远爱你。"

他需要这个"心灵根据地"，否则连安全感都没有，进步就更困难了。我疑心这是个在家中没有安全感的孩子。

以上意见很主观，仅供参考。

2004.11.4

【案例 33】

疯了——一个学生这么多的作业

今天于无意间打开了一个学生的书包，沉甸甸的。

里面除了今天上课要用到的书本外，还有很多很多是额外的练习。有《15分钟快乐训练》、《举一反三》、《江苏正卷》等等，共13本，而这孩子已经做到老师讲到的地方！

我问她："你用什么时间做呢？"她的回答是课间做，晚上做。玩的时间已经很少了，而且她没有不情愿的样子。我对她说："我可以和你父母商量一下，让你少做一部分。"想不到竟然被她拒绝了。

傍晚遇到她父亲，谈到此事，他说了一句话："不做她不会，做过了，她就会了！你说怎么办呢？"

我只有苦笑，这孩子哪里还有休息的时间，哪里还有阅读的时间？

（阿卓）

【点评】

莫浪费孩子的精力

阿卓老师发来帖子，希望我对这个问题发表一点意见。

阿卓老师说得对，确实是疯了。这是失去理智，是在埋"定时炸弹"。我不知这孩子几年级，这样搞下去，如果过几年她突然死活不学了，得了学校恐惧症，或者去泡网吧，而我一点也不吃惊。这种孩子我见多了。面对这样的"逆转"，家长和老师自然都会做"万分震惊、不可理解"状，他们应该明白，这颗炸伤他们的"定时炸弹"正是他们亲手埋下的。

短期行为，形象工程，此之谓也。

先不说这种做法违背素质教育精神，即使单纯为了应试，这也是很笨的。应试也可以搞得比较轻松的。如此"拼体力换质量"，是把体力劳动的规律用在脑力劳动上，"科技含量"太低了。

"不做她不会，做过了，她就会了！"孩子父亲这话经不起推敲。

事实上在多数情况下，学生是要先"会"，然后才能"做"出来，这位父亲弄反了。现在老师留的作业，基本上不是使学生学会新知识，而是使学生"复习"已经掌握的知识，作业起的主要作用是巩固记忆、熟练技巧，从本质上讲，"学习"的意味并不多。

这位父亲的观点必然导致一个结论：做题就比不做强，多做就比少做强。这正是"题海战术"的"理论依据"。许多教师都是这样说而且这样做的。

再往下推论，就会逻辑地得出一个大家不便说破的"真理"——只有加重学生负担，才能考得好成绩！

片面地强调"熟能生巧"，闭着眼睛不承认"多能生厌"；只看见了眼前收获的分数，没看见孩子浪费了多少精力在做无用功，剥夺了孩子的游戏权甚至休息权。这是符合人性的教育吗？

凡是错误的做法，都来源于错误的教育理念和错误的逻辑，不是偶然的。所以要改正错误，先要"刨根"。

"刨根"刨过了，作为家长，该怎么办呢？

如果这些额外作业不是老师留的，就尽量不要再做了。若孩子积极性很高，那就让孩子自己筛选一下，凡是熟悉的、做过多次的、比较有把握的题，就千万不要做了，因为那是浪费时间。腾出时间来玩、休息、看课外书。

我们也许暂时无法把孩子从应试教育中拯救出来，但是我们起码可以把孩子从"最笨拙的应试教育"中拯救出来。

2004.11.7

硬是不写作业（摘要）

数学老师向我反映杰没有完成作业。这样的情况已经不是第一次了，平常他是偶尔犯一次。临近考试，情况越来越严重。这不，围着我反映情况的老师就不止一个。

这是一个怎样的孩子呢？课堂上，思维敏捷，脑筋转得快，发言踊跃，作业字迹潦草；课下在与同学嬉戏时常有脏话，最突出特点的画面就是他不服气的样子。课上，同桌交换订正作业，只要看到同桌在自己的本子上画上一个错号，马上在同桌的本子上也来一个。受到批评了，总是脖子歪着，眼睛四处看着，有时嘴里还嘀咕着什么。

来到教室，我首先查看了他的语文作业，还好，不管如何他还是写了，尽管不大认真。可能是因为我是班主任的原因。我把他叫出了教室。"这个周末怎么过的？""没怎么……"他支支吾吾的。"为什么作业没有完成？"我直接切入主题问道。"不为什么！"我再也冷静不下来，随即拨通了他家里的电话，将他的妈妈请到了学校。

在上第一节的时候，他的妈妈赶来了。从他母亲口中得知他回家说最近要考试，所以学校没有作业。我想到了上周的作文他曾说因写得不认真被妈妈烧了一事，当场问了他的妈妈，得知又是一个骗局。

我了解到父母对孩子的学习都很重视。母亲有时上夜班，有时上白班，无论如何都替他检查作业，检查完再让他改。有时妈妈上夜班，他写完作业到奶奶家睡。一次，他的作业写得不认真。母亲检查之后，立即给他撕了，并在一旁监督他重写。他很不服气，但迫于无奈只好重写，但因写的潦草又被撕了。就这样，写了撕，撕了写，到最后是越写越不认真（他妈妈说他是故意的），整整用了一个新的语文作业本。另外，他经常和妈妈顶嘴，无论对错，他都听不进去。对他爸爸，他似乎还有些害怕。这位母亲也很无奈，只是一遍遍地说着："这孩子，真没有办法……老师，多帮帮忙……"因还有课，我只好送走他的母亲。我的心也越发地沉重起来，这样的一个孩子，该怎样办？求教王老师！（子言）

王晓春回复：

看了您提供的材料，我对这个孩子的问题已经有了一点猜测，但是很没有把握。

请问几个问题：

1. 孩子几年级？

2. 幼儿园时表现如何？

3. 家长的职业是什么？家庭经济情况怎样？

4. 孩子是谁带大的？家长教育思想是否一致？

5. 父母关系如何？

6. 孩子在哪一门课上表现最好？

7. 总体来看，他的作业是不会做，还是不愿做？

8. 孩子的爱好是什么？

谢谢！

2005.1.18

子言老师回复：

王老师，对于你提出的问题，有一些情况是我了解的，先答复如下：

1.孩子几年级？（小学五年级）

2.幼儿园时表现如何？（我们这里的孩子上过幼儿园，但是这里的幼儿园管理很不规范，似乎只是起到了看护孩子的作用）

3.家长的职业？家庭经济情况？（家庭经济条件还可以，父母都是工人，只有这一个孩子）

4.孩子是谁带大的？家长教育思想是否一致？（未知，待调查。）

5.父母关系如何？（未知）

6.孩子在哪一门课上表现最好？（他应该是在数学、自然课表现较突出。他挺聪明的，但在考试过程中很少能发挥出应有的水平，一是因为粗心、不在意，二是基础知识掌握不是很牢，例如语文的生字、英语的单词等。）

7.总体来看，他的作业是不会做，还是不愿做？（他的作业会做，而是懒得做，不愿意认真做）

8.孩子的爱好是什么？（需要进一步核实、调查）

别再给孩子创造说谎的机会了

恕我直言，子言老师对这个孩子的了解，尤其是对他家庭教育的了解，实在太粗糙了。班上孩子那么多，都做细致了解自然不大可能，但是像杰这样的孩子，应该属于班主任工作的重点，对他的情况，是要尽可能详细掌握。我发现子言所掌握的，几乎都是目之所及。教师缺乏了解孩子底细的意识，就没办法搞清孩子问题的真正原因。好像在医院治病，检查项目不全，无法确诊，当然就谈不到对症下药了。剩下的，就只是一般化管理。目前多数教师面对问题生都是这种办法。

请注意，孩子的所有问题，根子几乎都在家庭，特别是 6 岁以前的生活环境，对人的一生影响极大，不了解是绝对不行的。可是我发现许多老师对孩子的成长史并无兴趣，他们眼里只有现在的孩子，殊不知现在的孩子是由过去的孩子变来的。一切都不会是突然的。问题产生的背后几乎肯定有问题家长或问题教师。

子言老师提供的材料很不充分，让我锁定问题原因，我底气不足。初步的猜测是，这孩子的母亲可能是一位"挑错专家"、"批评专业户"，主观而暴躁，嘴不饶人，刀子嘴豆腐心。生活上溺爱孩子，学习上控制过紧，专门挑错。而且夫妻可能不合（导致孩子心里不宁静）。

孩子不写作业，一是因为懒惰（懒惰是家长惯的），二是因为没有效益（写了也出不了风头，永远挨说）。孩子想清楚了，写作业吃两个亏

（又费力又挨说），不写作业只吃一个亏（挨说而已，我照吃照喝，什么也不耽误），所以他就把精力都用来磨炼说谎的本领了。说谎比写作业省力，而且看着家长老师着急，也比较有趣，有某种"成就感"（我有本领让你们生气！）。

孩子到了这种程度，家长教师每检查一次他的作业，就等于给他提供了一次练习说谎的机会，这叫做"往孩子枪口上撞"，殊不明智。

我主张这么教育他：班主任把所有老师串联好，从此不再追查他的作业。只要他做了，交来，就认真判；他若没交，不再追问。班主任告诉家长，不要再逼他写作业，爱写不写。班主任找他谈话："写不写作业是你自己的事情。因为你的情况特殊，可以给你开辟'特区'，不再要求你必须完成作业，但是考试成绩如何，你自己要负责任。该留级要留级。"

这样，失去了对立面，他说谎的本领就用不上了，节约下来的精力，反而对完成作业有好处。我的经验，用这种办法，多数这类孩子交作业的情况反而会缓慢好转。注意有进步千万不要表扬，静观其变为好。

小学低年级孩子不适宜用此法。

然而现在放寒假了，怎么办？建议家长不要逼孩子完成假期作业，也不要参加补课班，但是也不能放任自流，最好参加个不以补课为主的冬令营，或者找个地方让孩子干活去。

2005.1.18

子言老师回复：

王老师，虚心接受你的批评，今天晚上我通过电话与孩子母亲取得了联系。为了了解更多的情况，我提前备课设计了一些问题，在交流的过程中做了简单的记录，现整理如下：

1. 孩子上幼儿园的情况。

孩子从五岁开始上幼儿园，七岁正式上小学。第一年的时候不愿意去，于是妈妈和奶奶就轮流看护，实际上他在幼儿园的学习时间只有两年多。

2. 孩子的生活情况。

母亲在"吃"上很随他，基本上是满足他的一切要求。"穿"的方面也是尽量满足。零花钱除了饭钱是父母主动给，其他时候有需要就要，但要说明理由。

现在孩子因为母亲上早班，所以时间上基本规律是一周在奶奶家睡，一周在自己家中。

3. 孩子作业的病史。

据孩子的母亲讲，从一年级就特别重视孩子的作业，基本上每天都要给他检查。那时孩子是先玩，最终在家长的催促下才写作业。写得不认真也是采用撕作业的方法，他每次都是不服气的表情，有时一边写一边嘴里还嘀咕着。因为作业，他也吃了不少苦头，基本上平均每周要挨三四次打。他母亲，和你分析的一样，是个脾气暴躁的人。父亲，一般不轻易出手，孩子也很怕他。在孩子3～7岁时，父亲经常出差，半个月至一个月才回来一次。挨打的原因一是因为作业，二是因为成绩下降。他爸爸的要求是会的不准错，而恰恰这孩子又喜欢马虎，所以免不了受皮肉之苦。现在因为孩子大了，再者"打"这个办法也没有解决得了什么问题，有时都"打灾了"（母亲的原话），今年就很少这样的情况了。

4. 孩子父母的关系以及教育方式。

父母两人经常会发生一些小矛盾，有时吃饭的时候就争吵起来。每当这个时候孩子一般是沉默，如果见事态严重就大吼一句"能不能不吵"之类的话。夫妻两人在教育孩子上意见是一致的，一般孩子发生问题后，母亲都会将情况告诉父亲，然后一块处理。

5. 孩子的爱好。

喜欢拆玩具玩，偶尔也会听歌（什么歌曲现在不详）。周末的时候，一般都是结伴出去玩。

王晓春回复：

家庭教育是学校教育的上游

子言老师的谦虚态度和探究精神令人感动。

有了子言老师提供的新材料，我们对这个孩子为什么不爱写作业，原因就更明晰了，解决的办法也就心里更有底了。

就是这样，为了解决某个问题，我们先要尽可能周全地了解情况，占有材料（否则根本无法研究，因为研究就是思考，而思考是需要有材料的，人的脑子不能空转），然后根据这些材料提出种种归因假设（假说），即初步诊断。有了诊断，就可以开药方试试了，于是采取措施对学生及其家长进行干预。再根据反馈回来的干预结果，调整假说，调整诊断，调整药方……如此巡回往复，认识不断深入，问题也就逐渐得到解决。

这就是个案研究法、行动研究法的基本思路和过程。

现在我们来看看，根据子言老师提供的新材料，我们的想法和做法需要做哪些调整。

如果说刚见到这个案例的时候，我们会对这个孩子如此不爱写作业有点奇怪，那么有了这些新材料，我们的想法就完全另一样了：处于这样的家庭环境，接受这样的家庭教育，孩子要是爱写作业，那倒是一件奇怪的事情了。

这个孩子的家长多年来都在坚持不懈地、齐心合力地破坏孩子写作业的心理基础，他们在迫使孩子厌学，虽然他们的主观愿望与此正相反。

这位母亲在吃穿方面看来是完全由着孩子的。奶奶呢？估计是有过之无不及。这种家庭教育的结果是孩子会很任性（我不想吃的就不吃，我不想穿的就不穿），而且意志薄弱（不能控制自己的感情，不需要控制自己的感情）。这两条迁移到学校来，就是厌学，因为写作业是艰苦的事情，需要意志，不能任性。

这还不算。这位母亲为了让孩子完成作业，采用的是完全错误的"催、逼、打"的策略。这只能使孩子迅速地认定写作业是一件倒霉的、可恨的事情。然而这位母亲实行如此策略已经多年，你可以想象，经过多年的无数次"战斗"，孩子对作业的仇恨该会到何种程度！写作业对这个孩子从来都是不愉快的体验，让他顺利完成作业，这可能吗？他要不逃避才怪。这是人的本能啊！

这位母亲，一方面用溺爱破坏孩子写作业的心理基础，另一方面又用粗暴的"催、逼、打"想让孩子立刻完成作业，这就好比左手放掉一辆小轿车的汽油，右手又猛推车子往前，嘴里喊"前进"。这简直是一种幽默。

麻烦的是，孩子父亲也不像一个明白人（指的是家庭教育方面，别的方面我们不论）。您听他提出的要求："会的不准错。"这合理吗？不但孩子，连成人都做不到这一点。而且事实上，越是会的东西，才越可能出错。不信你去问问交警，出车祸的，很少有"不会"开车的司机。其实对孩子的正确要求应该是"尽量少出错"，这位父亲外行了。

有这样外行的父母，坚持了如此长时间的错误做法，孩子不爱写作业，应该是顺理成章的，而且很难纠正。

在这种情况下，如果教师再不管三七二十一地"催、逼、罚"，恕我直言，我实在看不出教师作为教育者，比孩子父母高明多少。那不成了父母的"帮凶"了吗？

所以上次我开的药方是："班主任把所有老师串联好，从此不再追查他的作业。只要他做了，交来，就认真判；他若没交，不再追问。班主任告诉家长，不要再逼他写作业，爱写不写。"不是向孩子投降，而是主张暂时撤退，你攻不上去，再攻就是蛮干了。

这次我要说的是，要赶快跟家长谈，把他们的错误想法、做法一一指出，告诉他们，现在只有家校配合，首先减少孩子对作业的讨厌程度，再逐渐让他完成一点作业，慢慢增加，有点进步（比如他主动写了一点作业）就表扬。告诉家长，这不可能立竿见影，必须耐心。

家庭教育是学校教育的上游。上游不停地下着"厌学"的暴雨，教师在下游想凭自己的身躯堵住汹涌的"厌学"洪水，不亦难乎？恐怕惟有壮烈牺牲而已。

所以教师必须学会追根溯源，追根溯源就是研究、探究，就是科研。

所以教师必须学会指导家庭教育，帮助家长变成明白人。

这样才可能事半功倍。

可想而知，如果几年前就有人对杰的父母进行正确指导，事情绝不会闹到这步田地。

2005.1.20

【案例35】

惩罚的奖励

从开学到现在所布置的语文作业我都经过精心的设计，尽量体现趣味性、实践性。但每次检查作业时都发现学生孙××的作业少做，有时就不做，勉强做出来的作业也是涂涂改改，脏兮兮的，凡遇到练笔的作业都不会超过200字。开始，我发现一点闪光的地方就夸他。当"夸"的方式不起什么效果的时候又采取批评、说服、请家长……一直延续到昨天，他不做作业还是那个老样。

今天，检查学生作业，当查到孙××的时候，他的同桌告诉我："程老师，孙××的作业又是没做。"我要过孙××的作业本看了看，对他说："你已经不止一次地不做作业了。这样吧，程老师奖赏你三天不做作业，但对家长的解释权在我。"我发现他从没有如此紧张和着急。

下午，刚上班就发现我的桌上放着一张纸条，我展开一看："老师，当你叫我可以不写作业时，我感到了孤独。我回想了一下，我在以前不写作业光顾玩时，感到我并不快乐。在我一二年级时，我每天都早早地把作业写完了，觉得很快乐、开心，我那时还不知道作业做完后会很开心。我现在终于懂得了作业才是我真正的'朋友'。做完作业，我才能真正地快乐。老师，您再给我最后一次机会吧！孙××"我着着实实地被他感动了。（程善峰）

【点评】

不写作业的孩子并不快乐

在应试的压力之下，学生写作业时，很难快乐；但若不写，更不快乐。许多老师都有一种误解，以为人家写作业他不写作业，一定快乐，人家上学他不上学，他一定快乐。其实不是这么回事。当一个孩子变成异类的时候，他会感到孤独的。

但是如果你一味地加大检查和惩罚的力度，他反而难以体验不写作业的痛苦了，因为这时候他把精力都用来和老师作对了（逆反）。怠工啊，编瞎话啊，顶嘴啊，逃避啊，他忙着这些事情，没有工夫反思自己的处境。

程老师的高明之处在于，他把这孩子的不写作业合法化了。这等于老师"撤出战斗"，孩子"逆反"一下子失去了对象。这时候他的心才能沉下来，他才能比较冷静地反思自我，才能发现原来不写作业是一件痛苦的事情。

这种办法，对有一定反思精神的孩子，是有效的。

设计某种情境让学生自己教育自己，这是最重要的教育方法。相比较而言，那些只会每天和学生较劲的老师，就有点"匹夫之勇"的味道了。

2005.3.7

为什么她的字总是写不好？

王老师，我不知道您是谁，但从上面的帖子看，您是一个有着丰富经验的班主任！冒昧地请教。

我是小红的班主任，小红是与我搭班的数学老师的女儿，我与数学老师可以说是无话不谈的朋友。

小红头脑聪明，语文、数学成绩都在班上领先，其他各项活动也都不赖。

长期搅我头疼的问题是，小红的字写不好。说她不认真吧，他爸爸（也就是她的数学老师）管理很严格，她不敢不认真！有时批评她，她好像无动于衷的样子。找她长时间的聊天，她几乎不说话。我问急了，她才回一两句，也看不出她究竟在想什么。

还有，上三年级时，小红的朗读在班上很突出，现在好像平平了（现在是六年级）。

王老师，针对这样的学生，我可以怎么做？（二十四桥）

【点评】

答二十四桥老师

据我的经验，这么小的孩子写不好字，至少可能有以下几种原因：

1. 她别的科（如数学）学得好，老受表扬，字写得不好，老受批评，孩子本能地就会把更多的努力投入到能受表扬的地方，于是强项更强，弱项更弱。

2. 这个孩子手部的小肌肉群没有别的孩子发育得好，控制笔能力差，自然写字会稍差。长大一点就好了，现在逼迫无用而且有害。

3. 写字的时候心里不宁静。

4. 握笔姿势不对，字也写不好。这可以想办法纠正。

据此我给您的建议是：

1. 在一个月之内不提她写字的事情，不管她写得如何。作业交来，只论对错，不论字体。这是一个"过渡期"，为的是让她忘掉或淡化"写字"的苦恼，以便下一步教育。

2. 一个月之后，在她的作业上专找稍微好一点的字画圈，旁边写一个小的"好"字，其他写得不好的字不论。这样逐渐建立她的信心。

3. 建议家长绝口不再批评孩子的字，过一段时间之后（不要立刻这样做，以免孩子识破机关），孩子父亲可以在家练毛笔字。注意家长一定要装作是自己喜欢书法的样子，千万不要透漏让孩子也练书法的意图。孩子可能会好奇地看，这就中计了，逐渐地，她就可能产生对写字的兴趣。汉字本是很好看的，不愁孩子不喜欢。

4. 准备打持久战。用一两年的时间使孩子把字写好，就很不错了，决不要打算立竿见影，否则只能使孩子视写字为畏途，将来更不好办了。

5. 要想写得好，就不能写得多。要求她写得太多，她为了赶任务，字会写得更不好。现在很多孩子写字不好，原因之一是作业量太大——萝卜快了不洗泥。

6. 再说，孩子写字漂亮不漂亮，也不应该看成特别严重的事情。不要企图培养完美的孩子。

2004.11.4

【案例 37】

<h2 align="center">弄假成真法</h2>

班上有个差生，每次语文考试都在四五十分，虽然班主任多次找他谈心，要他树起信心，可效果并不理想。期中考试了，班主任在阅卷中发现他考了 55 分，便故意给他加了 10 分，而给了"65"分。分发试卷时，老师提高嗓门报了他的分数，并给予充分肯定："你们看，小建同学靠着自己的努力，终于闯过了及格关，大家为他鼓掌。"掌声过后，老师看那同学脸上出现了以往从未有过的兴奋，可当他拿起试卷一看，脸不觉又红了。老师见同桌想去看他的试卷，便匆匆叫大家收好试卷，又特地走到该生面前，轻轻拍了拍他的脑袋说："小建，好好努力！"打那以后，该生真像换了个人似的，全身心都投入到学习中去，成绩逐步提高。为什么能

如此呢？其重要原因就在于老师"评分"和"报分"中的"谎言"给了他极大的鼓励和促进，而当他知道老师评错并报错了分后，心中的秘密也一定不想公开，就必然告诫自己要积极努力。这样，"谎言"所形成的外在压力就转化成了他的内在动力。（zjq7802ll）

【点评】

"鸟笼"战术

有一个谚语说：你要想让谁养鸟，你就送他一个鸟笼。

我本来没有养鸟的想法，可是朋友送我一个鸟笼。我让它空着，似乎对不起朋友，再说我每天看见鸟笼，也等于不断地被提醒"买鸟吧，买鸟吧"。于是我真的买了一只鸟，放在笼子里了。

Zjq780211 老师给这位差生的 65 分，就是一个鸟笼。给学生这样一个鸟笼，等于告诉他：你该养一只鸟了，你已经具备了养鸟的条件。于是他就真的养了一只鸟（成绩提高）。心理学上把这叫做"正强化"。

Zjq780211 老师的这个做法比"赏识教育"，"棒，棒，你真棒"要具体形象。我相信那红红的 65 分一定会在这个学生的脑海中不断闪烁，推动他前进，而那空洞的"棒，棒，你真棒"，不久孩子就腻味了，甚至还会有反感："这不是讽刺我吗？"

这个 65 分妙就妙在它是暗中起作用的，弄假成真。保护了学生的自尊心，又刺激了学生的上进心。如果老师公开在班里宣布给他加分以资鼓励，恐怕就难有这样的效果。

但要这样做，教师非先把分数这东西看透不可。分数是什么？它不过是提高学生素质的一个工具而已。有很多老师给学生分数非常吝啬，能少给半分绝不多给。据说这是严格要求，生怕学生骄傲（您就不怕学生自卑吗？），我觉得这里可能有一种病态心理。有些教师是不是下意识地把分数看成自己的财产了？拿出一点就舍不得。

有趣的是，有些平日掌握分数十分吝啬的老师，到真正大考的时候反而可能十分慷慨，甚至不惜漏题白送学生分数。分数在他们那里，已经异化了。

我当然不认为 zjq780211 老师的这种"鸟笼战术"可以经常采用，但是多掌握几种战术，总比单打一好一些吧？此种办法使用几次，就可以总结出经验，什么孩子用这种办法灵，什么孩子用这种办法不灵。于是专业水平又提高了一步。

2005.4.6

【案例38】

我真的好无措

今天早上第一节数学口算测试。走到教室门口的时候我遇到了佳沂和她的妈妈。佳沂哭哭啼啼地哀求妈妈："妈妈，我疼，我疼。"我问："佳沂怎么了？"妈妈不好意思地讲："今天早上大便时，肛门有点撕裂，出血了。"我转向孩子问："佳沂，今天早上有口算测试，要不坚持一下，考完再回家？"佳沂没有作声，只是一个劲地拽着妈妈的衣襟哭着，"妈妈，我疼。"妈妈火了，"老师问你呢，能不能行？……走，背着书包进教室去，我不管你了！"妈妈要拽佳沂，可佳沂蹦高了，索性蹲在地上。我说："佳沂妈妈要不带孩子回家吧？"佳沂在一旁老是念叨："妈妈，我疼……"

佳沂妈妈告诉我，佳沂早晨在家还讲起第一节课要考口算的事。这周一也是妈妈送到教室的，佳沂说肚子不舒服，然后和我请假回家的。下午，姥姥把佳沂送到了教室，可这时的佳沂已像没事一样。姥姥说："老师，中午佳沂大便时还有血。上午她妈陪着去医院了，医生讲没事。""噢，没事就好。"我听着老人的解释，看着佳沂和同学们说说笑笑的样子，可我就是想不通，为什么早晨就迈不进教室这道坎呢？我心里有个疑问，"孩子是不是惧怕口算考试？"

请王老师帮我一把。（川雨可爱）

【点评】

当心孩子"倚病卖病"

我怀疑这孩子是"倚病卖病"。

她拿病说事，可能是要逃避考试。这样下去就可能变成"考试恐惧症"，再发展，则是"学校恐惧症"，那就成了边缘生了。

我先说眼前之计，再说长远之策。

了解清楚，这孩子是讨厌上学还是讨厌考试。

有些孩子是讨厌考试而喜欢上学的，因为学校有小朋友，在家呆着闷得慌。如果佳沂是这类孩子，你就告诉她："如果你参加考试，你可以像做练习一样写，交不交都行，我也不会向你家长告状（注意这是过渡措施），可是如果你为了躲避考试而不来上学，那就先别来了，在家呆几天吧。"此事事先要和家长"串通"好，取得家长支持。

如果这孩子在家呆得住，不上学更高兴，则此计不可用。那就得"串通"家长，让她在家里过得不舒服，而在班里开发点吸引她的东西，把她引到学校来，至于考试，只能让她先躲一躲。你不让她躲考试，她连上学都躲了，岂不更糟？此所谓不得已而求其次。既然没有"最好"的办法，只好采用"最不坏"的办法，先稳住她，再说下一步。这种情况千万急躁不得，动作稍猛一点，就把孩子挤回家去了。

下面说长远之策。

孩子倚病卖病，显然是家长闹的。孩子有点毛病，家长就了不得了，大惊小怪，超重点保护，倍献殷勤，该管的地方也不敢管了，不该放纵的地方也放纵了。孩子很聪明，她很快就会发现"有病"是一桩美差。"得病"大有经济效益，得病好，有病就有理，不得白不得。开始是以得病为借口，在家里捞诸多好处，逐渐迁移到学校，发现"有病"可以逃避考试，岂不美妙？所以这个孩子以后一定会抓住"病"不放，轻易不会让这个"病"治好的。

请把上述"卖病心理学"讲给家长听，告诉家长，以后孩子有病，行动上，当然该治一定要治，但是语言上一定要"大题小作"，要说"没关系，没什么大不了的"。绝不可以因为孩子有病做无原则的让步，否则将来孩子要价越来越高，家长麻烦可就大了。

家长这样坚持一年半载（短时间难以见效），才能改掉孩子"倚病卖病"的毛病。

这里，孩子的毛病主要出自家庭。教师其实是在"配合"家长做工作。家长如果继续娇惯孩子，强化她的坏习惯，却希望学校老师帮助改过来，那实在是幻想。这个道理，也请讲给家长听，不过话要说得委婉一点，否则家长会以为老师推卸责任。

2004.11.23

川雨可爱回复：

赞同王老师的"倚病卖病"的说法。

那天早晨的事情，说实在的我当时心里很气愤，我想在妈妈的跟前说说佳沂，但最终我还是压住了心中的怒气，让妈妈把孩子带回家了。

今天见了王老师的评析，真是讲到我的心坎了，谢谢您王老师！我要与佳沂妈妈好好谈谈，争取在孩子幼小的心灵深处留下一段快乐的回忆！

【案例39】

不哭，学校也是你的家

一大早，我到学校，还没到办公室，就有学生来报告——老师，扬×又在哭，拖着他妈妈不肯上学，要回家……

在走廊里就遇到了纠缠在一起的扬×和他妈妈，他妈妈一副很生气的样子，使劲地拽着扬×的手；而扬×呢，手紧紧揪住妈妈的衣服，就怕一个不留神妈妈就跑掉了。

"扬×，你怎么了？"

"我肚子痛，我想吐，我在发烧……"他边哭边说着自己的症状。他妈妈却说："老师，周六我带他做了详细的检查，什么问题都没有，只是不想来上学。……"边说边用手拍他的手，想让他松开衣服。

　　扬 × 哭声更大了。

　　我说："扬 × 妈妈，你也要上班的吧？你先去吧，孩子交给我，你放心好了。"我把他带到办公室。

　　去教室找了几位同学了解情况，原来扬 × 的这个"生病习惯"在幼儿园就有，幼儿园老师也经常批评他，因为他很笨……原来他是怕被我批评才"生病"的。

　　回到办公室，我问："你喜欢上学吗？"

　　他点点头，算是回答我的问题了。

　　"开学第一天你高兴吗？"

　　"开心的。"

　　"能告诉我原因吗？"

　　"我得到了两颗你的大五角星，我很高兴……"

　　我忽然意识到关键所在了：他不是幼儿园老师喜欢的那种孩子，没有班级中其余孩子那么好看，也并不机灵，还由于老是哭惹得老师很生气……进入小学第一天，他很安静乖巧地坐端正，我看到了，表扬他遵守纪律。后来，开始上课以后，他不是太跟得上，却也不落课，于是，在我表扬先进、补习后进的时候，都没有他。时间一长，他竟然以为我也像幼儿园老师一样不理他了，所以才有了今天的"生病"闹剧。这是我的疏忽。

　　"知道老师喜欢什么样的孩子吗？"

他抬头看着我。

"笑一笑，你就是老师喜欢的孩子！"

一秒钟，两秒钟……终于，他的脸上露出了羞涩的微笑。

"不哭了哦！现在进教室去早读，和小朋友比比，谁最认真，老师要把大五角星奖给他！"

扬 × 高兴地去教室早读了。（凌波无尘）

【点评】

学生为何想家？

学生"想家"，至少有两种可能。一种是对家庭太依赖了；另一种是对学校太害怕（或者厌恶）了，想家只是借口而已。其实这种孩子得的不是"恋家症"，而是"学校恐惧症"。当然，也可能这两种因素都有，不过一般说来，总有一个原因是主要的。

缺乏研究精神和反思意识的教师，遇到这种情况，往往会把责任完全推给家长。学生想家，与老师何干？他就忘记了一句古诗："但使主人能醉客，不知何处是他乡。"学校如果温暖，孩子的想家现象是比较容易克服的。

我们在这个小故事中，不但看到了凌波老师的一片爱心，而且看到了她的探究精神和反思意识。

【案例40】

五年级的孩子就想辍学

我是小学五年级的班主任，我班有一名女生，自幼被人抱养，性格有点古怪。不知什么原因，期中考试后，她就不再来学校上课，我去家访，她不肯见我，连人影也找不到。后来发现她躲起来了，叫她出来，怎么也不肯出来，她母亲想强拉她出来，可没用。我劝她别强拉了，并留下我的电话。

又过了一天，数学老师叫同学去找她来学校，她不来。同学们把她拖到学校，没想到她竟然要跳楼。这下可把大家吓坏了，书记、值日老师、数学老师都到她家去，做她的思想工作（那是中午，我还没上班）。最后，她写了个纸条，说她读不进书了，不想读，让我们给她点时间考虑，别去劝她来上学。我们只好先不理她。

过了两天，数学老师去家访，做了半天工作，一声不吭。接着这星期一，我又去她家，她在房间看电视，不肯开门。她妈妈说，天天在家看电视。我把这情况反映给副校长。下午他和我一起去家访，还是不肯开门，依然在看电视。

接着我又让同学去关心她，没有效果。我真急。可不知道该怎么办。望各位帮帮忙，给点建议。（小桥流水75）

她为什么不愿上学？

请注意我与小桥老师提问的方式不同。

小桥老师问"怎么办"，我问"为什么"。

搞不清孩子恐惧学校（也许是仇恨学校）的原因，却想劝她来上学，怎么能成功？即使成功了，也是蒙的，不能变成真正有用的经验。

这就好像你打算走进一座看不清门窗的房子，此时提出"怎么走进去"的问题是太急躁了，正确的问法应该："门在哪里？"

没摸清门在哪里就非要进，其结果当然就是撞墙。目前校方、老师、家长做的工作——家访、强拖进校、同学力劝，都属于撞墙的举动，非明智之举也，应该立即停止。当心激化矛盾，闹出其他事端，到时候就不是上学不上学的问题，而转化成其他问题了。

我的经验，当某个学生的问题硬是解决不了的时候，就别在原来思路上做傻事了。这时回过头来想想"我的思路对吗？我的办法能不能变变？"可能是最聪明的。

这女孩显然是一个边缘学生。现在对于她的问题，首先需要的是诊断，而不是治疗。

我的初步建议如下：

1. 至少一个月之内，学校谁也不要理她。不家访，不打电话，不派同学去询问。

2.教师通过家长间接了解她的情况，指导家长怎样对待她。这件事比较复杂，家长应该针对孩子个性说不同的话、采取不同的办法。我因为情况不清，无法出具体的主意。但是可以说一条基本原则——千万别跟孩子提上学的事，少说话，别唠叨。一定要劝家长忍住，这不容易。这方面我经验很多。你要想让她上学，就千万别提"上学"二字。

3.让她在家呆着，但不能让她太舒服。生活水平要悄悄下降，家长不要心疼。

4.在此期间，教师要向家长询问孩子以下情况，以便确诊。

·孩子养父母的职业，文化水平，各自怎样教育孩子。

·家庭环境，夫妻关系。

·孩子什么时候抱养的？她现在知道不知道自己不是父母亲生的？

·孩子的病史。

·平日父母对孩子的照顾、疼爱情况。

·孩子在幼儿园的表现和学习情况，与幼儿园老师关系。

·孩子五年级之前的在校表现，师生关系，同学关系，学习成绩。

·孩子的个性特点。

·孩子爱做什么梦？

·孩子爱好什么？特别不喜欢什么？特别害怕什么？

了解了这些基本情况，才可能对孩子的问题做出几种假设（现在连假设都无法假设）。

有了几种假设之后，才可以提出实验措施（开药方试试），然后根据治疗的情况反馈，不断调整教师的假设和治疗方案。

上面所说，实际就是"问题生"治疗的一般思路和程序。我们进行个案跟踪研究，大致也是这个程序，只不过还有"会诊"。

这条思路，供小桥老师参考。

2004.11.18

小桥流水75回复：

这是家访时她写的一封信。

黄老师，邱老师：

我对不起你们，没有当好班干部，我辜负了你们对我的一片好心，请不要来劝我去学校，好吗？请给我几天时间考虑好吗？我想去给人做事，但是爸爸妈妈不同意。我说过书我是打死也不读了。我也不可能回来读的。我想问一下我半期考考了多少分，请把分数告诉同学，让他们告诉我好吗？

祝

工作顺利！

身体健康！

秀秀

2004年11月9日

我把作文和她写的信摘抄出来是想让大家通过这了解她的情况，急盼得到大家的帮助。小桥先谢了。

王晓春回复：

　　小桥老师，我上面帖子谈到的应该了解的情况，希望能尽可能详细地告诉我。否则我无法做判断。

2004.11.18

小桥流水 75 回复：

　　王晓春老师，谢谢你！小桥现将她的情况反馈如下：

　　1.养父母无固定职业，靠帮人打工维持生活，文化水平不高，教育孩子很少用说服法。

　　2.养父母近几年来关系不好，家里有一个哥哥，母亲不管兄妹俩，常让他们自己煮饭吃，自己睡觉，自己照顾自己。

　　3.孩子是出生几个月时抱养的，她现在还和亲生父母有联系。有一次，她竟骗亲生父亲说她把别人的相机弄坏了，要赔钱，养父母不给钱。后来亲生父亲给了她十几元（因身上没钱了）。后来叫她表姐了解情况，才知这是骗局。

　　4.孩子无病史，但她亲外婆是因为突发神经病自杀的。

　　5.小时候深得养父疼爱，她上二年级时养父外出打工。母亲对其不是很关心。

　　6.小时候在农村学校读书，幼儿园情况不详。

　　7.孩子在二年级时，因父亲出外打工后转学到我校读书。刚转学时不愿来学校读书，后经老师几次动员后，能正常来校读书了，自此后无不来校读书现象。四年级时我教她，感觉她表现欲望比较强。在竞选班干部过程中竞选了劳动委员，这学期也一样，竞选了劳动委员，并能认真做好此工作。与同学之间能友好相处。自幼学习不错，现在学习也是中上。一般语文能考80分以上，90分较难，数学也能考80分以上，但这次半期考数学几道应用题没有做，只考了56分，语文考了80。在四年级曾发生过这样一件事，我班向阅览室借了图书，没料到收时发现少了两本。我让同学们互相检查，没有找到。后来我做了一些思想工作，再让他们自己看看书包，看有没有被谁塞进书包了。这时她自己拿出了书包，一本书从抽屉里掉出来。她主动交出后，我没有在班上揭穿她，事后和她谈了心。另一本书在我一直做思想工作的情况下，第二天也回到了讲台桌。我借机教育大家："人不贵无过，而贵于能改过。"相信这件事应该不会对她有什么影响。

8. 孩子个性特点：倔强。

9. 孩子爱做的梦是能与亲生父母一家人团聚。

10. 爱好不清楚，特别讨厌父母重男轻女。

以上是小桥能了解到的，还有一些我了解不到，急吩回复，小桥谢了。（昨晚和今天一直上不了网，直到晚上才行。）

对了，今天我又了解到，她与我校五年级的两位男生（比较调皮的学生）还有中学的一位女生结拜，她是四妹。经过了解，我发现那两位男生每天早、中、晚都会去她家看她。从他们嘴里得知，她想去打工，因为她有两个爸爸、两个妈妈。不来上学时的那个星期日，她和中学的那位女孩子到一位男同学家中玩，晚上九点才回家，父亲用皮带打了她。原来她并不是真不想读书，而是心烦。不知怎么的，我感觉到这位男生和她之间的关心是真诚的，我无法去指责他，虽然他是我年级出名的学生。我只是教育他们，还要注意学习，要把学习放首位。我知道我这样说其实没有起到一点作用。我想他们也许都缺少"爱"，才会如此关心吧。小桥再次请教了。还是我该怎么办？

王晓春回复：

很钦佩您对学生的爱心、负责精神和研究态度。

看了以上的材料，我觉得您这句话可能是说到点子上了："原来她并不是真不想读书，而是心烦。"

问题的关键是搞清，她"烦"的是什么？我初步猜测：

1.学习成绩下降，丢面子，信心下降，尤其害怕撤掉班干部（注意她的来信）。

2.也可能她做了什么坏事，怕学校知道处理她，索性走为上计。

3.也可能他们这个小团伙需要钱用，准备以不上学为手段，向家长要钱。

4.也可能是他们找到了什么"路子"，出去可以挣钱，又比学校自由，于是打算不念了。

（2、3、4三项都可能是同伴给出的主意。）

5.也可能是四位家长矛盾重重，孩子夹在中间，非常郁闷。这属于情绪问题。如果这个问题是主要的，那这孩子不但会辍学，而且会出走。

所以我上次给您的建议调整如下（就是要根据新掌握的情况不断调整自己的方法，这是所谓"行动研究法"—"质的研究"的一个重要特点）：

1.告诉她的父母，不要急着让她上学。否则可能中计，孩子甚至可能出走。请家长把现金和存款折收好。不要提上学的事，但要密切注意她的动态，尤其注意她和同伴的联系，把情况及时告诉老师。

2. 告诉她的四位家长，有事要互通消息，以免孩子两边骗。

3. 教师想办法了解那几个伙伴的情况（通过学校），如果发现其他几个伙伴也有动静（例如也有旷课情况），要各学校联合行动，看他们干什么去了。

4. 如果这孩子的伙伴多日（一周）没有什么动静，那就好办一些。教师可以找他们中的"老大"谈话，向他暗示，这孩子如果回学校上课，不会撤掉她的干部职务，一切照旧，而且可以想办法帮她补功课，帮她做家长工作不打她。

有的网友主张这孩子的工作从她父母入手，愚以为可能行不通。按现在所知道的情况，孩子家长恐怕指不上。经过指导，家长能少犯点错误，就不错了。主要靠学校。

谨供参考。

2004.11.20

小桥流水 75 回复：

摘录半期考作文，从中也许能看出她的特点。

暴怒无常的我

一天我在家里洗碗，但妈妈却一直唠唠叨叨地骂我，我觉得很烦，就拿起一个刚洗好的碗摔在地上变成小碎片。这时，妈妈却去拿来一根又大又粗的柴火，我看见了就知道她是拿来打我的，我就跑到门后面去拿来了一把刀。你知道那时我想干什么吗？我的邻居看见了以为我要拿去砍妈妈，就说："你发神经了吗？"但我不是拿来去砍妈妈的，妈妈也以为我要拿去砍她，就说："反了，反了，这个家反了。"我拿起柴火就砍，然后去山上砍了一根又长又粗的柴火固家。砍柴时不小心砍到了膝盖，妈妈看到了却毫不理会。那时我真的很生气，就跑去伯母家，路上流着血，到了伯母家，伯母才带我去医院止血。

还有一次，暑假里我来到伯母家，在伯母家吃过午饭才回家。回到家里，我一直叫妈妈开门，但她却一直不开。这时我很生气，就用力推门，但妈妈还是不开门，我只好又去伯母家，伯母叫我在她家吃饭。过了将近十多天才回家，但妈妈却毫无反应。那时妈妈还是不肯开门，只好到柴房去拿起刀来砍。那时我妈妈才开门给我进去，没想到妈妈说："出去不要回来。"我真的很生气，只好出去了，还带了些换洗的衣服。又过了好几天伯母才送我回来，那时我妈妈什么话都不说。

这就是我的不幸福之家，我从小就没有真正地得到过母爱。

因为我有一个不幸福的家，我的脾气才一直暴怒无常。

王晓春补记：从这篇作文看起来，这孩子的家庭气氛实在算不上正常。在这样的家庭中长大，孩子很难没有心理问题。而指导这种家长，可能比教育孩子还要困难；可是不指导家长，单靠学校又很难解决问题，因为根子在家庭。这孩子先是不爱家庭，后是不爱学校，最后变成边缘学生了。

2005.3.28 补记

她把一组同学的作业全部扔了

小美是这学期刚转来的，她开朗活泼，对老师彬彬有礼，课堂上反应敏捷，和老师积极配合，给我留下了不错的第一印象。开学没多久，班里的一名学生生病住院了，同学们凑钱买了礼物想去看望，她竟然带来了一只精美的果篮。在孩子们眼里，这无疑是份大礼。同学对她都刮目相看，在作文中纷纷称赞她关心同学。

可是，没过多久，班里发生了一些怪事。学生的数学、语文练习册频频丢失。有一组学生早上把作业本交在组长桌上，等组长检查时，却发现整组练习册都不翼而飞。我和数学老师立即让学生寻找，可是一无所获。

学生议论纷纷。我决定让舆论的力量来转化这名犯错的孩子。班队活动课上，我先让一名学习上有困难的孩子读了自己的作文："……我的练习册接连少了两次。第一次，父母都认为是我自己不小心，我作业完不成，难过得吃不下饭，也睡不好觉。妈妈转了好几个新华书店才买到了新的练习册。第二次，可就没那么幸运了。爸爸妈妈找遍了全市的新华书店也没买到，最后只好借同学的复印……"接着，其他一些少了练习册的孩子也纷纷说出自己的心里话，并且真心希望犯错的同学能及时改正，不要再给他人添麻烦了。最后，我对全班学生说："千学万学学做真人，我们到学校来不光学习知识，更重要的是要学会如何做一个诚实善良的人。希望做了错事的同学能勇敢地改正——把东西悄悄地还给同学。"

一天，两天……练习册不再丢失，可是我所希望看到的一幕也没有发生。难道这种教育方法早已过时了吗？我只能苦笑。

　　几天后的一个早晨，小婷的家长神色紧张地到学校来找我。原来，他们早晨去买菜时发现放在票夹中的六十余元钱不见了，恰巧隔天晚上小美去过她家，于是怀疑是小美拿了钱。

　　我找来小美，她很快坦白了一切。原来，她因为作业没完成，怕受到老师批评，于是把一组同学的作业全部扔了。可是，看到情同手足的同学为此要抄题目、复印，还要受到家长的责备，心里十分内疚，想自己买好练习册送给同学，可是又没那么多钱。于是，在同学家玩时便趁大人不注意，拿走了钱包里的钱。

　　这真是因小失大！

　　我说："其实这是很多学生都会犯的小错误，如果你当时能诚实地承认错误，就没有必要犯其他错误去弥补、掩盖了。"

　　晚上，我送她回家，顺便了解了她的家庭教育情况。她父亲常年不在家，母亲工作又繁忙，她父母管教孩子的观念就是：不允许孩子犯错。一有错必定会遭到母亲严厉的打骂。造成了孩子"犯错后不敢承认——再次犯错"的恶性循环。(**魔法蛋糕**)

是简单的"因小失大"吗？

这个孩子的行为方式是，犯更大的错误来掩盖原来较小的错误。

这种现象在孩子和成人中，都不新鲜。

但是多数孩子都知道下限。

我们很少见到学生为了掩盖自己没完成作业而扔掉很多同学的作业本的。

我们更少见到有同学为了给同学买作业本而偷同学家钱的。

我不知道这孩子几年级。按道理，她应该懂得扔别人作业本、偷东西和没有完成作业是性质完全不同的事情。事实上很少有同学不懂得这一点的。

她现在居然不懂。这恐怕不是"因小失大"几个字所能解释的。

至少有两种可能。一种是，这孩子思维方式有较大问题（即俗话所说的"二百五"）；另一种是，她是一个没有规则意识和法制意识的、十分自我中心的孩子，这很危险。

无论她属于上述情况的哪一种，愚以为教师都应该做比较严肃的处理，起码应该让她赔偿同学的本子而且公开道歉，否则对无辜同学不公平，也不利于本人改正错误。至于偷钱的事，倒可以不公开。然后还应该做进一步的心理疏导工作。

注意，宽容并不是说孩子犯了错承认就完了。

2004.11.16

【案例 42】

遇到这种学生，你怎么办？

英语课时，一个男生自己桌上放着透明胶不用，却拿着同桌的透明胶"尽情"地粘《新苗报》上的内容。他的同桌要用透明胶，让他还，他不肯。

于是我拿过他手里的透明胶，还给它的主人，并告诉他："自己有，就没有必要向人家借。人家要用时，应该先还给人家。"

他眼睛盯着我。打开抽屉，拿出一个一元钱硬币，"丢"给他的同桌，又夺回那透明胶，接着干。

我再次夺回他手中的透明胶，并将那一元钱还给他，且告诉他："别以为你想要的用金钱都可以买得到！要经过人家同意才可以，不能这么霸道！"

他理好书包，起身走出教室。

十分钟后，他又回到了教室，回到了自己的座位，放下书包，再次起身走出教室，走向厕所。等到下课铃声响，他回来了。

在之前我的英语课堂上，他公然将英语书和活动手册以及一切有关英语的本子一张张撕掉！

遇到这样的学生，我们做教师的该怎么办？（缘分）

【点评】

我若遇到这样的学生……

这个案例很精彩。

我来说说我遇到这种情况会怎样想，怎样做，供缘分老师参考。

如果这个学生一贯不喜欢上我的英语课（看来是这样），则他"用透明胶'尽情'地粘《新苗报》上的内容"我会暂时不管，装作没看见。因为他整体上厌恶这门课，我靠一堂课上让他注意听讲是很难做到的。要另想办法课下去解决，课上跟他较劲是浪费时间。

自己的透明胶不用，偏偏用别人的。这就有趣了。至少有两种可能：一种是，同桌的透明胶确实有更好的功能，比自己的强；另一种是，成心欺负人，或者成心气老师。

无论哪一种情况，教师都不要轻易出手主持正义。要是我，起码我要询问一下："我不明白，你也有透明胶，为什么非要用他的？"

他总得为自己的行为说出一个理由吧？这样下一步棋就好走了。这叫做：不往学生枪口上撞，不激化矛盾，不给某些学生表现自己"强横"的机会。

他可能这样回答吗？"我就不愿用自己的，我偏用别人的！"可能性很小。若真的是这样，我就不理他，继续讲课了。他会严重失去群众，而且没有理由再闹下去了。同桌还想用透明胶怎么办？我从另一个同学那里借一卷透明胶给那位同桌就是了。这是很厉害的一招棋，这等于对全班同学说："我们不和他一般见识。"我的经验，无论多么强悍的学生，你这样对待他，他都会有点尴尬，有所收敛的。

如果他回答说："他的透明胶比我的好用。"我就说："那你就用吧。"然后对同桌说："我先从别人那里给你借一卷用，行吗？"

我把这位捣乱分子"干"在那里，让他想发威而找不到借口。如此，后面的矛盾激化场面就不会出现了。

课下我再找他谈。

恐怕这孩子有心理问题，应该彻底了解他的家庭情况和成长史，了解他与家长、教师、同学的关系，找到问题症结，再加以引导。

如果这个学生真的是想和老师捣乱，缘分老师的处理方法是正中其下怀，上当了。

总而言之，遇到这种学生，我首先把他看成是一个有趣的研究课题，而不是个麻烦。

恕我直言（缘分老师已经让这个学生气得够呛，我还说下面的话，有点残酷，不过还是说实话较好）：缘分先生扮演的角色基本上是一个管理者，主持正义者，甚至越俎代庖者，而不是研究者和引导者。

遇到"麻烦制造者"，没有一种好奇的、研究的心态，就会连续犯错误，使自己陷于被动。有了研究心态，它就会冲淡你的道德义愤，你就会比较平静，而这种平静，反而是最能"镇"住对方的。"捣乱分子"不怕你生气，他巴不得你生气呢！他不怕你斥责他，也不怕你"管"他"罚"他，就怕你泰然自若地研究他。

谨供参考。

2004.6.25

【案例43】

班里有个可爱的小魔女

巧是个很聪明很可爱的女孩，圆圆的脸蛋，大大的眼睛，修长的身材，而且跳的舞蹈非常专业。所有老师都很喜欢这个一点即透的女孩子。她惟一的遗憾就是学习成绩不突出，糟糕的是她喜欢上课讲话，做小动作；光自己玩也罢了，总要拖同桌一起说，一起玩！也真是奇怪，不管是谁（成绩优秀的、成绩不优秀的）成为她的同桌后，都会被她感染，上课不听讲，作业不认真，反正她所有的坏习惯都会传染给她的同桌。因而，四年来，她的同桌真如走马灯似的换了一个又一个，可效果总是让我摇头。记得二年级时，我让她和班里的小"博士"巍同桌，巍是个知识面很广，平时除了读书不知道其他事的男孩子，上课非常认真，学习态度很好。我自认为他是个非常有定力的人，不会受人影响。可自和她同桌后，他变得不爱学习了，作业应付了事。后来巍的奶奶来告诉我，巧常欺负他，把橡皮擦下的橡皮泥扔到他的耳朵里，有时故意找他的麻烦，而巍却好性情总是纵容她。于是我把巧排到了体育委员栋的身边。栋是我们所有任课老师眼里的好孩子，所以我也放心地把巧交给了栋，心想通过栋潜移默化的作用改化这个小魔女（说真的，她真有一股魔性，所有男孩子都不由被她所左右）。可是我引以为傲的栋，居然也跟着她说话做小动作。后来实在没法，我就把她换到讲台前入座，效果出奇的好。可这也不是长久之计，一则她长得比较高；二则让她坐在前面，别人肯定会问她，她会难为情，伤了她的自尊心。于是学期初，我让她坐在成绩一般的君的旁边，那是个不爱与女孩子打交道的男孩子，起先一段日子似乎效果初显，可是好景不长，她的老毛病一点没改，真是晕！可能我过于关注她了，对她的要求无意之中就高了。求助王老师！（晓风呼咚）

【点评】

答晓风吓咚老师

晓风老师本想让小魔女"近朱者赤"，结果您派去的"榜样"却纷纷被"近墨者黑"了。有趣！

我初步印象，这孩子有可能将来是搞文艺的材料，精力充沛，开朗可人。那就不必非要她成为尖子生。

麻烦的是她要扰乱纪律。怎么办呢？

1. 只要不闹得太大，就不要理她。您说得对，您关注太多了。我怀疑影响纪律已经成为她吸引您眼球的一种手段了。

2. 安排点工作和活动，发泄她的精力，给她出风头的机会。

3. 不要让她和男生同桌。找一个个子大又厉害的女生（能镇住她的）和她同桌。

2004.12.23

我家有只小蜗牛

小雨点做事情总是磨磨蹭蹭，说她是蜗牛一点都不夸张。早上起床一般要叫上七八遍，有时候还真要发脾气，她才慢慢吞吞地爬起来。穿衣服——穿鞋子——刷牙——洗脸还要磨蹭，吃饭的时候也磨蹭。一个早上磨蹭多次，常常惹他老爹生气（都是老公送小雨点上学的）。中午放学别人都回家了，她还在路上磨蹭，常常都是12点后才磨蹭回家。吃午饭的时候，又是磨蹭，边吃饭边讨价还价，有时候还跟表弟吵架。下午放学常常也是最迟回家的，吃晚饭的时候，第一个吃饭，最后一个吃完。晚上做作业更是令人气愤，大人在讲话，她就边听边做，效率非常低，半个小时可以完成的，有时候要两个小时才可以完成，特别是写日记的时候；如果我呆在她身边，她就不想动脑思考。

第二单元的数学才考86分。错误的题目不是因为糊涂而是因为不肯动脑筋。这个孩子有一个缺点就是没有上进心。从一年级开始，每次考试不理想，我们都没有责怪过她，而是鼓励她。但是，就因为这样，她总觉得爸爸妈妈不会"骂"，所以无所谓。

我这个人，有一个优点就是很有上进心。不管做什么事情，都很努力，总希望自己能做得更好一些，很遗憾的是，小雨点不学妈妈！

像小雨点这样的情况，作为家长，除了反思自己的行为，我们还应该做些什么？（扬扬）

给扬杨老师的建议

1. 从此再也不说小雨点"磨蹭"，不骂她"蜗牛"，不批评她"慢"，不催促她"快点"。我们的经验，越说越磨蹭，因为说多了，她会形成"自我确认"，即承认自己是个"蜗牛"。于是她就会觉得自己"反正我是老慢"，慢也就是应该的了。那就更不好办了。

2. 嘴里不说她慢，但是在行动上，却要想办法使她快一点是一点。比如她早上起床慢，我什么话也不说，一把把她拽起来（别打她）。这是最有效的教育方法，但是要求家长不能心软。不要迷信"嘴"，不要迷信"说服"。优秀家长主要不靠"嘴"教育孩子。靠的是情境，靠的是行动。

3. 改变一下思路。不要老注意她"慢"的地方，而要研究她"快"的时候。我的经验，蜗牛们都有动作麻利的时候。这时候家长一定要认真分析，是什么样的情境、什么样的动机使她动作快起来的。这很重要。搞清这一点，家长就可以创造类似的情境，使孩子逐渐快起来。要把孩子当成"科研"对象，而不只是"管理"对象。

4. 要让孩子承担磨蹭的责任。比如孩子吃饭慢，你可以事先跟孩子约定（商量，征得孩子本人同意）吃一顿饭的时间，一旦孩子超出这个时间，家长二话不说就撤掉碗筷，而且把零食都收起来。这是在告诉孩子：吃饭慢就得挨饿。家长不要心疼。放心，孩子不会饿坏的。现在的孩子只有撑着的，没有饿着的。

5. 不要奢望孩子一下改掉所有缺点。先拣最好改的"磨蹭点"帮孩子改正，有了成绩就表扬，其他磨蹭现象装没看见，改了这个再说下一个。这才是聪明家长。眉毛胡子一把抓，只能使孩子灰心，家长愤怒。

6. 不要奢望孩子短时期改变磨蹭的毛病。要准备打"持久战"，要有极大的耐心。

感觉扬扬老师家庭教育有较大毛病。无法当面询问，不敢乱说。

供扬扬老师参考。

2004.11.9

扬扬老师回复：

谢谢王老师指教！

其实在没有写这个个案之前，我也常常自责是家庭教育造成的。

第一，当时不应该让她提前入学。

第二，入学的第一年，不应该中午寄放在朋友家。

第三，因为我房子还没有装修好，都是在家里吃饭，到学校睡觉（家就在学校边）。

第四，我对学生有足够的耐心，而对小雨点没有！

第五，我自己也会磨蹭！

……

所以，我决定装修房子了，再过两个月，就可以搬进新房。这样，小雨点就有自己的书房。过了今年，带完了初三毕业班，明年我不做老班了，这样时间精力足够，就不会急，就有耐心。当然，要改进的事情还很多，有待进步。

【案例45】

坏事大总结

阳，是我的课代表。他是一个自理能力特别强的男孩。从一年级起就在学校里吃小饭桌，自己很会照顾自己。据说他的作业父母从来也不看，家长对孩子的教育方式就是放任自流式。他们都是80年代的大学生，那时候父母没有怎么管他们，他们照样很出色，现在在当地很有名的大学里当老师。相信自己的儿子一样可以很优秀。

阳善解人意。他总是会早早地给收拾好作业，每天交作业的情况，他都会很细致地给我弄清楚。有这样的一个课代表，我还是很得意的。

就是这样的一个我心目中的可爱的男孩，也有不可爱的一面。

请看他写给我的《坏事大总结》：

1. 在军训的时候我在统的水壶里放了一个棋给我的PPA，统一喝连连叫苦，便断定是我放的。我死活不承认。

2. 我在上完体育课后上楼去喝水，晨也跟上了。我一想便知道他怕我动他东西，他总是这样，把我看成小偷一样。我一气之下便趁他不注意，在他书包里拿出他的铅笔盒便跑。他当时没有发现，我便把铅笔盒放在他床底下。我想中午应该可以发现，没想到他没有找到。我心虚了，因为我拿来只是解恨，一般拿来后又会故意给他。所以到下午走的时候给了他暗示，没想到两个星期过去了，他还没有找到。

3. 因为晨总是用疑惑的目光看着我，我很不自在。我一气之下又把他的车拿走了，放到我们院子外面，可是第二天又想还给他，便趁他不注意，又给他放进了书包里。

4. 有一次，统不和我玩。我想让他们和我玩，可是他们就是不愿意和我玩。我一气之下又拿了统的铅笔盒。这下他们和我玩了。玩的是跑步游戏，我跑他追，这样我就还给他了。

5. 老师发下来了虫子药，我要捉弄一下统，便把他的虫子药放到他的桌子洞上边，用一个东西别住。他果然没有发现，就一直和我吵。我本来想还给他，可是他又是告父母又是告老师，我一看事情闹大了，我还给他，大家肯定都知道了。我便一直隐藏起来。有一天，他终于发现了。我便说："你还说是我！"好像自己受了委屈似的。

6. 我想捉弄晨，把他的尺子给拿走了，他也发现了。我就又还给了他。

7. 我看棋总说我是什么什么（不好听的话），我一气之下便打了他一下，他便和我说，我们不是朋友了，我一气之下，便把他的一枝笔拿走了。可是本想还给他，后来我也不知道放哪里去了。

8. 上辅导课的时候，我偷偷把晨的乘车卡拿出来，放到我口袋里。后来看他急的那个样子，我很高兴，就把乘车卡放到了教室里的垃圾箱了。

9. 军训的时候，我又捉弄晨20余次，真笑死我了。

……以上现象我认为很不好，可是我也没有办法啊，谁让他们都不和我玩呢，真是的。不过也有我的不对，我有时候也随便捉弄人，可那都只是少数，一般都有人气我的。不过我也知道这种手段不好，以后一定改！

透过上面的案例，我想请教：学生在师长面前和在师长背后表现出完

全的两面性，而且这种两面性往往在所谓好孩子身上更突出。应该怎样培养这样的好孩子做一个好人？（清澈小舟）

【点评】

三种可能性

这个孩子的问题，我初步看法，有三种可能。

1. 不过淘气和恶作剧而已，并非什么问题。

我不知道这孩子的年龄。年龄越小，这种可能性越大。如果是这样，随着年龄的增长，这些毛病就会逐渐消失。

教师若基本认定属于这类问题，那就不必小题大做，更不可批评孩子"两面派，品德不好，不是好孩子"等等。那就属于扣帽子了，有害无益。他既然已经承认错误，告诉他以后不要这样就是了。但是一定要让他负责任，分别向所有人道歉，并且如数赔偿人家东西。引导他把精力多用在正事上，也是个办法。

2. 心理问题。

这个孩子的表现，从心理角度分析，自我中心，孤独感，攻击性，控制欲，虐待倾向，都能沾边，但是都不严重。

如果属于心理问题，教师也不要跟他讲很多孰是孰非的道理，而要帮他找到"情结"。解开这个情结，教给他一些发泄、转移、升华的方法，才能解决心理问题。心理问题光靠"加强管理"是解决不了的，但是道歉和赔偿不可缺，因为他损害了别人的利益。

这个孩子一生气，往往用"拿别人东西"的方式来"解恨"。他为什么不用别的方式？必有缘故。我很想知道这孩子身材是否高大，口语表达能力如何，尤其想知道他父母一般用什么办法惩罚他。我的经验，孩子常常用父母惩罚他的办法惩罚小伙伴。

3. 品德问题。

这是比较严重的。自私，两面派，睚眦必报，欺软怕硬，有意把自己的快乐建筑在别人的痛苦上面，都是品德问题。

如果是品德问题，教师处理起来，出手就要稍重一些。那就可能要让这个孩子在小范围内（被他欺负的几个同学）当众道歉而且赔偿损失。要通知家长。要背后做有关同学的工作，以后对他加小心，甚至安排"线人"，以便他今后再"作案"时能顺利"破案"。

凡属品德问题，教师一定要让学生"搬起石头砸自己的脚"，才有助于他改正。空讲很多大道理是没有多大用处的，品德有问题的孩子，只要能占便宜，下回他还照样干。

所以，班主任遇到难题，首要的任务是了解情况，进行分析，锁定问题性质，然后才可以根据性质进行干预。万不可上来就"管"，那样容易"下错药"。

问题是，怎样锁定性质呢？像这位"阳"同学，他的问题性质到底是三种中的哪一种？或者还有另外的可能？

我现在也拿不准，因为材料不足。我只能提出这几种假设。当然，我还可以谈点鉴别的思路供网友参考。

可以看目的。就现在掌握的材料，他拿别人东西的目的似乎不是为了占有，可见他并非贪心。这不大像是品德问题。但是如果他有计划有步骤地打击某几个人，企图让别人因麻烦而退步，抬高自己的地位，那就是品德问题了。

可以看对象。如果他总是咬住几个人捉弄，对另外的人则采用讨好的办法，那有可能是品德问题，若跟谁都闹，那大概不是品德问题。

可以看情境。如果他多在别人不和他玩的时候生气，其他情况下脾气并不错，那就可能是有孤独感，像心理问题。

鉴定心理问题的最好办法是询问孩子的童年经历，最初记忆和梦境，这是比较准确的。

还有一种"火力侦察法"。即当问题性质不清楚的时候，先按轻的处理，且看孩子如何动作。要是我，我就先按淘气处理。他若很痛快地答应道歉和赔偿，那很可能就是淘气和恶作剧；若很勉强很不情愿，那应该考虑是第二类或第三类问题。

总而言之，作为教育者，遇到问题（除了紧急事件），最要紧的是进行调查和逻辑思考，而不是急着问"怎么办"。诊断先于治疗。

2004.12.4

清澈小舟老师回复：

谢谢王老师，阳12岁了，男孩，父母几乎不管孩子，捉弄的几个人都是班里和他比较亲密的人：朋友、邻居、同桌。同桌棋已经不堪忍受调位了，邻居晨被他捉弄成了精神病了。

我认为他心理不健康，他至今认为这些都是小事情，他妈妈知道后狠狠揍了他一顿，但是第二天他又拿了晨的钱……

昨天中午，终于有学生把阳抓了个正着，他正在拿统和晨的东西的时候，被胡看到。

为了引导他说实话，我和他开始了平心静气的谈话。他开始很嘴硬，说不是他干的，直到我把一桩桩事情提出来，他才一件件承认。

于是，写出了上面的《坏事大总结》。

因为昨天下午我答应带孩子们到多媒体教室看电影《城南旧事》，阳为了能够按时去看，速度极快地就完成了他的总结。而后很坦然地认为，这不是什么大事情。

今天我们继续谈，他由昨天认为是"小事一桩"，变成今天的"我做的事情，说大不大，说小不小"了，看来认识有一点变化了。

我问这样做的目的是什么。他不说话，我说是像小偷一样，目的就是得到别人的钱物，然后据为己有吗？他说不是。他家庭条件很好，并不缺少这些东西，主要是报复。

那报复同学什么呢？他说同学不和他玩，他就这样做了。

现在再来分析，阳的心理出现了问题，疑心、焦虑，怀疑别人对自己不信任，用拿别人的东西引起他人的注意。

他妈妈无论如何也想不到儿子成了这个样子，最后我们达成协议，一周内把欠别人的东西还清，给以真诚的道歉，请求同学的谅解。

阳走出了办公室，他的妈妈有些无可奈何地望着我，一个劲地问："他怎么会这样呢？"

"因为，你的孩子很孤独。"阳的妈妈似乎不理解我的话。

因为今天中午午饭的时候，整日背着书包躲避阳的晨又来找我了，说打饭的空当，晨书包里准备交红十字会费的一元钱又不翼而飞，而阳得意洋洋地说："我今天挣了一元钱。"

王晓春补记：

要解决这个孩子的问题，恐怕光关心是不够的，他太不尊重他人了，应该让他尝点苦头。我怀疑他的父母在家中常常表现出一种身份优越感，影响了孩子，以至他拿别人开心不当回事。他的同学对于他的捉弄只有逃避和告状两种办法，我觉得这不行。应该把这些受害者都召集到一起，商量两件事。第一，侦察他的行动，让他每次"作案"都被抓住。第二，也想办法藏他的东西，而且是他最心爱的足以让他动心的东西，以其人之道还治其人之身。

2005.3.29

【案例46】

一个难对付的小学一年级学生

他有一个看起来将近60岁的父亲，是个文盲。可能因为没有母亲，父亲很溺爱他，每天早上送到教室还要帮他整书包。孩子很骄气成绩也很差，上课自顾自不算还要欺负同学。下课或集会排队时经常和别的孩子打架。打起来还很凶。我对他父亲说严格要求他的儿子，他只会说："我打过他，他不听。"

我试着鼓励他及他的一丁点的小进步，可是见效很少。无论我如何讲道理给他听好像都没用，我说他时他一直歪着脖子低着头，说完他一转身继续做他的"事"。

有一天我看他很想举班牌，就说如果他表现好的话第二天就让他举，结果第二天他的表现仍然很差，没有丝毫进步。于是我叫别人举，等我一转身，他就和别人抢班牌，说那是他举的。后来他天天抢，我于是让他举了一次，还因此希望他进步。可是结果不尽然。他经常欺负同学，上课的反应也很差。爱做小动作或去影响别人。

我真不知有什么好的方法，可以改变他，有时想我们这个班如果没了他该多好啊。

昨天，我又差点被他气炸。书读了 8 天了，可是还是连 a、o、e 都还不会读。我利用空课教了他一节课，收效甚微，他只会乱读。叫别的小朋友教教他，结果却打起来了。

我想放弃他了，放弃他的话太没责任心，可是不放弃又能怎样，实在太忙，一个班又有 54 个学生，顾不过来呀。(爱在夕元)

【点评】

给爱在夕元提几条建议

1. 第一任务是指导他的家长减少溺爱。要详细询问孩子在家里如何对待家长，搞清家长在哪些问题上过分迁就了孩子，然后择其重要的或者容易改正的一两点，要求家长改正。要给家长支招，而不是一般提要求。做到之后，再提新的建议。这种家长的主要问题是心软，或者以为孩子小不懂事，长大就好了。如果老师把溺爱的可怕后果跟他讲清楚，举具体的例子，一般他的溺爱会有所收敛，这就是对教师的很大支持。指导家庭教育是治本。

2. 询问家长、询问孩子、询问同学，加上教师自己认真观察，一定要发现这个孩子最喜欢什么，最害怕什么。此项信息意义重大。知道他喜欢什么，有助于师生情感交流，知道他害怕什么，可以在关键时刻制止他胡闹（但要注意不可把孩子吓坏）。

3. 我的经验，这种孩子往往有语言障碍。他们不能顺利运用语言表达自己的意思，心里又着急，就只好用肢体语言，在他人看来，就是攻击性了。这种孩子如果让他多朗读点东西（最好是课外的，他感兴趣的），一句一句地教他说话（在什么情境应该说什么样的话），他的攻击性就会逐渐减少。

4. 对这种孩子，既不可放弃，也不必过分关注。只要他不闹到无法讲课，不闹到小伙伴告状的程度，就不要管他。我的经验，少管一点不但可以减轻教师负担，而且他自己也容易进步。老师盯得太紧，他就会集中精力用来和老师"作战"，实际上反而会影响他的进步。任何生物体都能够"自组织"，孩子自己会成长的，我们对学生应该信任。

5. 不要希望这种孩子很快进步。要用大尺度衡量他。只要纵观他的表.现，这一个月比前一个月强，就是很大的成绩。千万不可用今天与昨天比，本周与上周比，用那样的小尺度，只能增加教师的焦虑。

6. 工作重点不放在他犯错之后，而放在出事之前。多做预防工作，可以减少不少麻烦。这种孩子的攻击性和其他违反纪律现象都是有规律可循的，优秀教师可以准确预测他们什么时候会出问题。

以上意见，谨供爱在夕元参考。

2004.9.12

爱在夕元老师回复：

我有点退却了。

真被他气炸了。这几天一直耐心教他，可他到现在在学校态度还是很差，家庭作业还是不做，题目到现在还是乱做一通，连几加几等于二都不知，加号减号一直搞不清，看图列式那么简单的题目已经没有一个人做错了，可他还是不知，仿佛是看不懂题意，那些题目我都给他仔仔细细地讲了好几十遍了。和他家长（文盲）无法沟通，老父亲每天就会和我说他儿子被谁欺负，对他的学习却不闻不问，我和他说，却总是说不到一块。孰不知在班级里他儿子总用伤害别人身体来代表与人沟通，虽然我也知道这不能完全怪他，可能是他的语言表达能力太差，导致他用另一种方式。可是我真的教了他好多遍让他管住自己的手，不要犯错，可他好像跟没听似的。我累了。我真的累了，花了那么多时间在他身上一点起色也没有。

我想退却了。

王晓春回复：

您太着急了。

您想同时解决这个孩子的攻击性问题和学习问题，据我的经验，这是不可能的。我建议您先以主要精力缓解他的攻击性问题（这件事影响面大），学习问题点到为止。要等待。

您之所以搞得这样累，除了着急之外，还因为您做了很多无用功。无用功是最令人疲惫的，因为它不但耗费体力，还累心，造成焦虑。

您完全没有必要给他讲几十遍。一般说来，同样的办法讲三遍不明白，就决不要再重复了。或者换办法，或者暂停，研究研究再说。您心中可能有一个潜在的理论假设：重复次数越多，学生明白的可能性就越大。这个理论假设是没有科学依据的。很多老师都在沿着这条思路工作，拼体力，科技含量低。

孩子攻击性问题如何解决？您先要找到他攻击的原因，仔细分析他在什么时间、什么情况下、对什么人特别容易发起攻击。请了解一下他的家长是否打他，他小时候是否受过攻击，是否经常攻击别人（例如保姆、家长）。谁把他带大的，他的成长史，病史，父母关系，都要了解。很多攻击性强的孩子都是由于语言障碍。对这种孩子，"让他管住自己的手"是说空话，没有用的。要一句一句教他对话，教他在一定的情境中说特定的话。这样，他就用不着拿肢体语言表达自己的意思了。请注意，改变不会太快，但这样做他不会反感，因为你在帮他，而不是在教训他。

您的问题首先是精力分配的问题。应该用主要精力调查了解和分析问题（诊断），而不是解决问题（治疗）。您正好弄反了，当然事倍功半。

还有，您不必天天盯着这个孩子，您的主要精力，还是应该照顾大多数，这也是个精力分配问题。经验告诉我们，当你死盯着一个孩子的时候，你就等于引导他每天死盯着你（作用力和反作用力相等），他反而没有时间反思自我了，于是很难进步。他的精力也分配错了。

可惜我无法了解这孩子的具体情况。这种案例是很有趣的，很有研究价值。以上意见，谨供参考。

2004.9.28

【案例47】

正在走向边缘的女孩

尊敬的王老师：

我有一个田野考察中发现的小学二年级个案，想请教您。

这个女孩一直是我们这个学院住宿区里的小"霸王"。性格有点像男孩，喜欢爬树、翻筋斗等。每天回家都是脏兮兮的，衣服撕破了也是常事。她原本很自信，觉得自己很漂亮、很干净，有点瞧不起学院里一些外来务工人员的孩子；加上自己个子、力气等条件不错，经常把瘦弱、胆小的我儿子追得满院跑，揪他的耳朵等等。进入小学一年级，居然天壤之别，她在班级里目前处境非常可怜，没有女生愿意跟她玩，笑话她皮肤黑，嫌她脏。加上几次考试她的成绩一直处于比较后的位置，信心大受打击，上课从来不举手发言不说，老师一问到她学习上的事，孩子的眼神里满是惊恐。上学期结束时我们一些妈妈在一起聚会，交流孩子的情况，她的妈妈非常焦虑，谈到激动时都流下了眼泪，感到孩子这一年活得非常憋屈。我们发现她已经形成了双重的性格特征，一进学校就缩头缩脑，孤独而自闭，一回到家所在的大院，马上就活了，成天爬在高高的操场裁判台上，在一群比她小点的孩子中呼风唤雨。这几天，她又开始揪我儿子，我绝不是心疼儿子，而是好奇：自从上学期我儿子在班上当选副班长后，她就再没欺负过他，尽管两人从实力、体格上依然悬殊很大。

我经常想，这个孩子的未来会怎样？现在班上最被孤立的两个孩子，一男一女，那个男孩成绩还可以，只不过是性格比较缠人，不受男孩们喜欢，但至少老师是疼爱的。这个女孩相比之下更惨，尽管班主任也一直想尽办法帮助她，和她家人沟通了也不少，但我感到我们一直没能找到她性情大变的真正原因。难道一句"黑屋子"（同学给她取的绰号）就真能把孩子的信心彻底摧毁？如果是学习问题，似乎也不完全能解释，她父母对学习的要求并不高。据母亲讲从来没因为考不好而怪她或打她，在外地工作的父亲更是宽容之至，只要她能考到70分就开心了。而且班上另有一个女生成绩更差，一直是倒数的，却不见被人歧视，活得开开心心的啊！

今天，两个被孤立的孩子又遇到了新问题，同桌都不愿意和他们坐，老师临时把他俩调到了一起。刚才男孩的妈妈就打电话给我，说孩子在家大哭，觉得很没面子。不知这个女孩心里怎么想，原来她可一直是跟班上最好的学生——班长坐的，班长之所以接受，是因为老师要求他做表率，一直挺愿意帮助她的。我也算是一个专业教育理论工作者，又跟踪这个班级一年多，深入班级，在教师和家长之间穿梭，自我感觉发挥了一定的作用，却真的不知该怎样帮助这个孩子。

男孩母亲已经有了调班甚至转学的打算，女孩母亲的态度暂时不知。事态将怎样发展，我会一直关注。（王欣如）

【点评】

答王欣如老师

感谢您提供的案例。

希望再您多提供点背景资料，特别是这个女孩的家庭情况，她的成长史。

就现有的材料，我先说点看法。

这孩子的父母，可能有以下两个较大失误：

1. 可能比较轻视学前知识教育。

学前知识教育，做得太多太猛，会埋下后来厌学的定时炸弹，但是过于轻视，孩子上学又会吃眼前亏，因为许多老师只看眼前成绩，不会鉴别学生的后劲。这就是中国的现实。

这小姑娘学龄前是靠体力维持自己的优越感的，而一上学，却发现在学校最重要的是智力优势。所以您的孩子（体力不强智力强）腾飞之日，就是小姑娘跌落之时。这种跌落，对孩子常常是致命的。她肯定要往家里逃，因为那里是她的天堂，那里有她的辉煌。

2. 没有帮孩子正确认识自我。

孩子对自己评价太低和太高都是危险的。这孩子卫生状况看来不佳，可她竟然以为自己干净，如此不准确的自我认识实在是家长的失误。我们不要贬低孩子，但是也不可无原则地肯定她，否则会造成她虚假的"自我形象"，一旦被同龄人拆穿，打击也是致命的。所谓"赏识教育"的危险就在这里。

学校老师的态度我没搞清楚。小学一年级的孩子，好恶一般是跟着老师走的。或许这位老师在心里不喜欢这个孩子？她嘴里不说，学生看得明白，于是孩子被孤立了。

但也许这孩子确实有些地方招多数孩子反感。据我的经验，肮脏，说谎，小气，不会说话，身上有味，甚至贫穷，都可能使孩子孤立。如果班里有一两个有影响的学生特别看不上她，也会鼓动同学不理她的。我很想知道同学背后说她什么，这很重要。"黑屋子"这个外号也值得研究，谁给起的，什么来由，应该搞清楚。外号属于"亚文化"，是重要的研究材料。

请转告这个小姑娘的家长，一定要顶住。不管别人如何说你的孩子不好，你不要跟着说。在孩子面前不要说泄气话（当然也不可作夸张式的表扬），否则孩子有可能崩溃。

当务之急是：帮孩子搞卫生，帮孩子找朋友，给孩子请家教（把功课搞上去，哪怕只有一门也好），和老师联系，找机会（例如运动会）让她出点风头。

如果这孩子智力并不差，按我的经验，只要顶住不崩溃，一两年后，她就起来了。如果她智力也不行，那得想别的法子。

必要时，应该转学，保护孩子心理要紧。但现在该不该转，我还不敢说。

2004.10.27

王欣如老师回复：

谢谢王老师的精彩分析。我中午还和班主任一起聊这个孩子，她也看了您的回复，感到很有道理，并提供了一些其他信息。我一并在下面描述：

女孩家庭在学院里的地位一般，爷爷是本院退休职工，奶奶是孩子正读书的学校的退休教师，爸爸在外地工作，不常回来，妈妈在一个书市工作，每两天中有一天回来很晚。家庭的总体文化素养在我看来不是太高，包括她那曾当过小学教师的奶奶，听说退休后热衷于打麻将，加上孩子也确实不听话，所以很少进行课外辅导。在院子里的一帮孩子中，她算比上不足，比下有余，不如高校教师家的孩子有人管、有事做，又比外来民工子弟穿着漂亮一点，有一定的优越感。现在和她玩得较多的孩子大多是校园里的弱势儿童，大操场上任由孩子玩到天黑不喊的，教工子弟可能就她一个吧。习惯差、爱欺负同伴，可能是她得不到真正朋友的首要原因。

我们一直不能理解她的脏和乱。她母亲看上去是比较考究的人，从背影看近乎少女，直发飘飘的，住在校园里，环境又相对干净，洗澡等都很方便。班主任猜测女孩家庭内部可能有重大矛盾，至少婆媳之间是不够和睦，在照顾孩子起居问题上有相互推诿现象。这一点我们一直没好意思向她妈妈点破，好像她妈妈对这个问题的自我评价也不太准确，没觉得自己孩子有点脏。个中的问题，至少我这个外人是不好插嘴的，只好好奇下去了。

给女孩取绰号的是班上另一个值得单独研究的个案：一个非常精灵古怪的小女孩，成绩不好，习惯差，但由于聪明伶俐、能言善辩，在女生中享有很高的号召力，许多不良舆论都是从这个小家伙嘴里炮制出来的。而这个女孩最难管教的地方在于她父母笃信基督教，坚决按所谓西方的教养方式来娇宠女儿，不管孩子犯什么样的错误，都认为是撒旦附身，反而对老师、家长来一番传教，大家都很受不了，只好闭口不语。班主任和其他家长现在都在等待着这个女孩跟家长出国，原本计划暑假就走的，一直拖到现在还没走成。我们也知道，不该对这个孩子听之任之，也不敢想象到另一种文化里，这些中国人不能容忍的行为是否就不成问题。反正，这个孩子在班上一天，"黑屋子"的日子就不可能好过。即使老师为起绰号一事在班上严肃教育过，女生们的抱团与排斥还是没有根本缓解。客观地讲，黑女孩的长相细看要比那个起绰号的孩子好看，可班上的审美风气似乎已经形成——一白遮千丑。我在演出前帮孩子化妆时就强烈地感受到这一点，一个皮肤白如雪的小女生受到了大家的欣羡，尽管她长得很一般，很瘦小！

要说智力，这个黑孩子可能真有困难，不一定是弱智，但接受能力确实不行。数学老师受她奶奶所托，曾每天留下给她补课，做完作业再回家，一段时间下来，效果不明显。像这种情形，我估计转学也无法解决，因为在这所学校，她到底还是享受了比较好的待遇，教师们碍于她奶奶的缘故，一直很照顾她，没有受到多少"差生"的歧视（相比于其他差生而言，也许老师的无意流露还是不可避免）。

最近孩子有一些好转，我的感觉是她又开始揪人耳朵了，班主任的感觉是她在语文课上经鼓励也偶尔举手发言了。今天下午的班会课上，经我的建议，班主任在班级岗位大调整中，专门给她安排了一个岗位——眼保健操检查员（爱眼卫士），因为我曾观察到她担任纪律检查员（每周三）检查眼保健操时，样子特别神气，也敢在大家头上点点拨拨的。不知这个每天都能神气五分钟的岗位能否给她多一点信心，我们会继续观察。

运动会看来是不行了，女孩虽然过去体力上有优势，那只是相对而言的，班上有的是身强力壮的小伙和个子高出同伴半个头的女孩。她在学校里不仅丧失了智力优势，体力上的优势也基本没有。除了敢揪揪我儿子这样一个最老实的男孩，她真的也找不到发泄的对象了。所以，每当我儿子告状时，我总是安慰他，没事，揪一下有什么？呵呵，我挺不容易吧！

不早了，再次谢谢王老师的指点。有可能的话我愿意把这儿作为一个阵地，多提供一些现实中的困惑，多听听内行的声音。只怕过多地打搅您呢！晚安！

王晓春回复：

您提供的材料给我一种感觉：这孩子之所以受孤立，学生"亚文化"起了相当作用。

"亚文化"构成了另一个"江湖"。

请看铁皮鼓老师对这个"江湖"的描绘：

这个江湖里有自己的语言，这语言来自于港台警匪片里的黑话，来自于电视连续剧里的台词，来自于街头巷尾的脏语，来自于武侠、言情小说里的对白。这个江湖里有自己的领袖，通常由肌肉、人民币或者脸蛋决定，而它的影响力却要远远超过老师。这个江湖里有自己的刑罚，有自己处理问题的方式，有专门从中调节纠纷的掮客。

有可能这个班就存在这样一个"小江湖"，您说的那位"精灵古怪的小女孩"，可能就是江湖"老大"，而这位"黑屋子"，就是"不识时务"的"受气包"。

如果真的是这样，那么要解决这个黑孩子的问题光靠一般的教育方式就不够了（虽然教师在班里的公开教育亦不可或缺）。班主任最好想办法走进这个"江湖"，搞清他们的价值观、他们的语言和行动方式、成员之间的关系，然后采用特殊手段，改变这个黑孩子的处境。具体办法我现在无法说清，那必须随机应变，而且作为教师，因为身份关系，还不能采用"出圈"的办法。其实如果教师把底细摸清楚，告诉家长，家长只要稍微聪明一点，就知道该怎么办了。

我当班主任时，多次见到有的孩子成为很多孩子的"笑料"和"出气筒"。他们看起来很可怜，但是老师怎么给他撑腰也不行，因为你只能在"正规"场合给他撑腰，而一回到"民间"，老师不在，他又成了倒霉鬼。我曾经很头疼这种事情，现在看来，可能就是我的思路不对，我想通过"官方"渠道解决所有"民间"问题，可能是行不通的。我的武器不够用。

这是一个非常有趣味的研究课题，如果有人能深入进去，积攒大批案例，梳理思考，或可写出一本《受气包心理学》。我们的教育研究，泛泛而谈的东西太多了，专题研究太少了。

2004.11.4

王欣如老师回复：

对了，这几天，"黑屋子"居然和给她取绰号的女孩打成了一片，天天跟着人家屁股后面玩。听一位家长讲，有一天居然在教室里给小女孩当马骑，还乐颠颠的。我听了以后特别不是滋味，不知道这种交往能给她带来什么，真的能给她换来自尊吗？

王晓春回复：

这个黑女孩是在给那个"大姐大"拍马屁。这是黑女孩的一种自我保护方式。她在找保护伞。我投靠你，你还欺负我吗？

这个黑女孩其实并没有真正意义上的进步，但是在"提高生存能力"方面，也可以说她"进步"了。她在"社会化"。她自己可能感觉比过去好了，能喘口气了。不知这一招是家长教的，还是她"无师自通"的。

这看起来很可怜，甚至让人反胃，但是，如果教师和家长不能具体地教给这个黑女孩几招"有尊严地保护自己"的方法，就暂时不要去否定她的这种出卖尊严的方法。否则她又会回到被欺负、被孤立的境地，那是她不堪忍受的。

许多成年人的"权威人格"，就是从小在这样的环境中形成的。

解决这个问题有两个办法。一个是摧毁"大姐大"的专制和霸道，二是教给被"压迫"的孩子们适当的斗争方式，保护自己的尊严。这两件事做起来都不容易。教师运用自己的权力和权威，在公开场合把"大姐大"压下去不难，但是一到了"民间"情境，又该是"大姐大"的天下了。不着急解决，先研究清楚他们的关系再说。

2004.11.8

一个内向女孩

桐是一位文静，内向，极不善言谈的女孩子。刚接触时，她的说话声音小得可怜，眼睛不敢正视自己的老师。课上，更是沉默寡言。学习成绩平平，写作业时不够专注，总是落在后面。本人对老师的鼓励和表扬不是很在意，积极进取心不强。

听孩子的妈妈说，她以前胆子还可以。自从上了二年级后，变成了现在这样。她很喜欢看书，写作还可以，但她缺乏自信心。

我很关注她，但几经尝试后，收效甚微，我该怎样做？（yysxy）

王晓春回复：

感谢您的信任。

仅依据您提供的这些材料，我还不敢判断孩子问题的性质。

能问几个问题吗？

1.孩子谁带大的？父母的职业和文化程度？孩子上过幼儿园吗？那时表现如何？

2.是否生过病（较重的病）？

3.各门课学习成绩如何？

4.孩子在家是否比在学校胆大？

5.孩子在什么样的情境中、在什么人面前显得最开放活泼？

6. 她爱看什么书？爱看电视吗？在家如果给她自由支配的时间，她会干什么？

7. 一二年级之间，这孩子在家里或在学校遇到过什么刺激她的事情？

2004.12.8

yysxy 老师回复：

感谢王老师。

一、孩子是父母亲自带大的，只是一周后回老家住过三个月，以后长期与父母生活至今。父亲是公务员，母亲是教师，文化程度均为大学。

二、没有生过大病。

三、各科成绩一直是中上等。

四、孩子在家确实胆大，包括在学校以外其他地方也是如此。

五、孩子在妈妈、爷爷、奶奶面前，在她自己的朋友，还有她喜欢的阿姨、叔叔面前都很活跃，并且很会逗着玩。

六、她爱看漫画、童话、神话和校园小说作品。这个孩子看书比较早，一周岁有了自己选的第一本童话《羊妈妈和七只小山羊》，一直翻看保存到现在。两岁半时听妈妈读《丑小鸭》的故事，为丑小鸭的悲惨遭遇泪流满面。由听故事到自己阅读，读书习惯一直保留至今。

同时，爱看电视。尤其爱看动画片，对探索自然奥秘、宇宙探险也很感兴趣，特别爱看 HEBTV-3 的《探索时代》。

在家自由支配时间很多，大部分时间是看感兴趣的新书、旧书，自己也画一些漫画，设计一些自认为时尚美丽的服装。有时候玩玩具，给玩具也弄一些服装造型（她妈妈从同事家要了一些碎布，让她玩）。这些全玩遍了，还有时间的话，会看看电视。无论什么电视剧，一看就着迷，所以一般不让她看电视剧。

七、一二年级之间，也没发生过什么大事刺激她。

这孩子在家里是敢作敢当，有些任性，什么事非得说出个是非曲直不罢休，不懂宽容、忍让。但在对待爷爷、妈妈时，尤其是爷爷，特别体贴、明理。

【点评】

这可能是特点而非缺点

从您介绍的情况来看，这孩子沉默和说话声音小可能是她的特点。

我要是您，她上课不举手，我就不叫她，她说话声音小，我就凑近听。然后什么也不说。

这种孩子，可能更喜欢生活在自己的世界里。我的经验，他们不一定比那些每天哇啦哇啦的孩子浅薄。

其实将来有没有出息，也与爱不爱说话、说话声音大小无关。

多数教师都认为学生上课不积极发言属于缺点，我认为不一定。爱迪生、爱因斯坦小时候都是上课很不爱发言的人。

您最好打听一下孩子的家庭教育风格。我担心孩子的母亲在家里犯了"职业病"，每日批评教训孩子，那会降低孩子自信的。要是有这种情况，您可以和家长谈谈，但不必跟孩子提此事。

创造一些条件让她表现自我，她若不积极我也不着急，下次再来。

轻度干预＋等待，可能是比较妥当的办法。

2004.12.17

【案例49】

是什么使我们的学生如此脆弱？

今天，我刚上班，就听说隔壁班的一位学生，在昨天晚上，一个人跑到校外的药店里买了一瓶安眠药（约80粒），一口气吞下，而后就晕倒在地。幸亏被同学发现，及时报告给老师，才没有发生意外。

这名学生，成绩一直很差，为人活泼好动，经常违反纪律。前不久还曾经借请假之名溜到校外逃课打桌球。班主任发现后，曾经严厉地教育了他一番。事发当日他又有严重违纪行为。可能是害怕老师的批评，他才有了这样的举动。

据悉，该学生的一名同班同学一个月以前也曾吞药自杀。

我不禁要问，是什么使我们的学生如此脆弱？是学校？是老师？是家长？还是教育制度？

面对如此脆弱的学生，我们又该如何对他们教育？对他们的违纪行为当作视而不见吗？（高楼）

【点评】

学生脆弱的原因

现在有些孩子确实令人震惊。我去云南讲课，昆明的同志告诉我，有两个男孩，双胞胎，十岁左右，跑到书店偷拿了一张游戏光盘，被店主发现，打电话通知孩子母亲。母亲来了，带孩子回家，一路责骂不止。两个孩子一声不吭，飞快跑进家门，把门反锁上，立刻从七楼窗子跳下去了。等母亲明白过来，哥俩已经变成了两具尸体。

遇到这种情况，局外人往往百思不得其解："生在蜜罐里，为这么点小事就不活着了，太不值了，太可惜了。至于吗？"

这是很外行的评论。要知道，人想不想活着不决定于别人对他生活质量的评估，而决定于他自己的感受。生在蜜罐里，那是你的看法，他自己的感觉不是这样。

孩子为什么会轻生或者有轻生的意向呢？

我感觉常见的原因有以下几个：

1. 长期生活无乐趣。

很少有因为一时糊涂而自杀的孩子。自杀的孩子在此之前一定有相当长的时间活得不快乐，活得没意思，活得没质量。这是自杀的必不可少的心理基础。据调查，有不少学生都感觉活着没意思。他们当然不可能都去自杀，但是他们已经具备了自杀的可能性。与活得健康快乐的学生相比，他们是"带菌者"，只是还没有发病。

可见，若发现孩子总是郁郁寡欢，心灰意冷，或得过且过，一定要小心。

在应试教育的重压下，孩子要快乐不容易，这个问题应该重点注意。

2. 挫折落差太大。

两个人都觉得活着没意思，其中一个从来都被家长捧着，一个手指也不敢碰，另一个却不时受到家长责骂，偶尔还打几下。现在他们都受到了班里恶少年的严重欺负，哪个自杀的可能性大？前一个。因为他家庭内外的环境落差大。

或许在旁人看来，前者受的欺负还没有后者受的欺负严重，但是他本人的感觉却是超出他忍受的极限。于是他不活了。所以，自杀不自杀决定于他本人的感觉，而不是别人的感觉。为什么很多孩子自杀前，家长教师事先竟然毫无觉察呢？因为你不了解他本人的感受，你是在用你的标准看他的生活。

可见，成人必须走进孩子孩子的心，解读他的感受。

3. 任性。

两个孩子情况差不多，受到的挫折也差不多，为什么有的走上绝路，有的就挺过来了呢？可能前者比较任性。过分任性的孩子，在情绪冲动起来的时候，会失去理智的，什么事都做得出来。所以一个不任性的孩子，比较柔韧的孩子，自杀的可能性要小得多。

可见，家长决不能放纵孩子，事事由着他，什么都顺他的心，惯得任性之极，那是很危险的。

4. 社会化障碍。

很多自杀的孩子遇到的困境其实并不难解决，完全没有必要绝望，可是在他们的感觉中，已经无路可走了，只有用自杀来逃避。这里还有一个重要的原因——他无能。一个大学生从小在装空调的屋子里长大，上了大学没有空调，连续几天睡不着觉，一怒之下就跳楼自杀了。我想这除了他的性格弱点之外，还有一个重要原因，就是他没有独立解决问题的能力，甚至没有自己想想办法的习惯。他只能在家当少爷，出了门就像"失了网的蜘蛛"（鲁迅语）。这是一种社会化障碍。大概从小他所有生活中的困难都是由他父母代替解决的。

可见，对孩子的生活学习，家长、教师绝不可包办代替。包办代替是培养无能者的办法。

现在的学生确实惹不起。今日当老师，处理问题必须估计孩子的个性和承受能力，绝不可以莽撞。同时还应该对家长进行指导。家庭如果不能培养孩子良好的性格，学校教育的负担就太沉重了。

2005.4.13

【案例50】

我班的两个问题生

一个学生真的不想学，又老是影响别的同学。家长也拿他没办法，只是要求我关照，意思是在校呆二年不犯错就行了。我真的只有苦笑。另一个学生智力好，但是心理却停在小学水平。如老师问他问题，他答不来就说，不知道，会答时，就抢着回答。多次谈说无效，但看到他天真的样子，不知怎么办好，只有等他慢慢长大吗？（hgy001001）

【点评】

答 hgy001001 老师

第一个孩子，建议您不要想尽办法迫使他学习，因为那样他就会想尽办法"不学习"，不但适得其反，而且双方都活得累。您最好和他商量商量，上课干点其他的什么，既能对自己有好处，又不至因为闲得没事而扰乱纪律。这种办法我把它称之为"开辟特区"。您真的这样做了以后，说不定会发现他慢慢地反而有点学习的意思了。您试试看。

第二个孩子可能是家里溺爱和过度保护造成的。家长管得太多了，孩子就没必要长大了。请指导家长。

2004.12.5

hgy001001 老师回复：

谢谢王晓春老师的点评。

我再把第一个问题生说全面点吧，或许对您帮我分析有益，先谢谢您了。

第一个学生名字叫吴×，聪明，就是不爱学习。小学时，曾经在家偷过钱在外度过十多天。家人工作忙，没多少时间管他，而且他家里人基本都是文盲，教育子女也成问题。他家旁边环境也不大好，全是不爱学习的在校问题生。

开学之初，我让他担纪律委员，结果他带头玩。搞得很多同学对他有意见，结果，在一次民主选举中落选。当然，我知道他肯定会落选的。

过了一个星期。他英语单词不能按时背完，英语老师体罚了他，就是打手心。他气得在日记上说，狗急了要跳墙，说他要是真的逼急了要打老师。我问他为什么背不来，他只是哭着说："我就是背不来。"一下课就全忘记了。实际上，他的心思全在课外。除了上我的语文课，他倒是很认真，听写、背诵、回答都很积极，但是一考试，什么都不会。哎，他的心思不知飞到哪去了？

后来他又说在最后面坐，看不到黑板才导致他成绩下降。如果我不去管他，他就认为我不是他的班主任，甚至说你走你的路，我走我的路。他坐到哪儿都影响别人，我很为难呀，于是就鼓动他写保证书，在班会上让大家决定他的位置。同学决定给他个机会，于是他高兴地在靠最里面的第一排第一位座下。这几天，他好像安稳了，对我也很感激。但不出三天，老毛病又来了，同学、老师对他都有意见。此时正好有个学生转学走了，我就让他顶他的位置。不料，他又经常和前面的女生打架，没法子，再让他坐在最后面。哎，坏事又发生了，考试抄，下课脱男同学的裤子，然后和这个同学在外面单打，同学们都在围观。我气得骂道，不听我的话就别念了。没想到，他就一甩书跑走了，我就叫学生把他的课桌椅抬走了。不料，到晚自习时，他就自己抬着桌椅在班上老实地坐着。后来我才知道是他父亲叫他来上课的，我不在时他自作主张地把桌椅抬到课堂中的。

王晓春回复：

其实这个孩子情况还不是很严重。您看他还愿意到学校来，还有学习的愿望，这说明他可能和社会上的不良分子联系还不密切。他的父亲把他送回学校，我估计也就是为了防止他变得更坏，学校毕竟是比较干净的地方。

孩子变成这样的主要原因看来是没有家教，不成孩子样，毛病太多。已经上中学了，要从头纠正这些毛病，不大可能，您恐怕也没有这么多精力。这种孩子本该上特殊学校（注意，是特殊学校，不是工读学校），由专家来教的，无奈我国没有这样的学校，可就真难为您了。

您还有什么勉强能用的办法呢？

1. 您最好和他商量商量，上课干点其他的什么，既能对自己有好处，又不至因为闲得没事而扰乱纪律。这种办法我称之为"开辟特区"。其他同学会谅解的。

这是我第一次回复时给您出的主意。

2. 可以用停课和赶回家来吓唬他，但此法不可常用。

3. 您安排他做纪律委员不妥，但是可以拿一些很具体的事情让他去办，分散他的精力，省得他闲得发慌。

4. 我怀疑这孩子的记忆方式与别人不同。您如果有时间，可以和他聊一聊，问他对什么事情、用什么方法（听、读、说、写、画、动手、讨论）记得最清楚，或许能帮他找到一条学习进步的路。

5. 尽量少动用全班舆论来压他。告诉同学不要管他、不要看他就是了。

6. 如果他有点进步，您千万不要提高对他的期望值；如果他没有进步，您应该觉得这很正常。您的心态越平和，他越有希望进步。

7. 如果这孩子严重影响您班级评比的分数，您可以鼓动家长向学校提出申请，拿他特殊对待：他犯了错，不扣或少扣班级的分数。如果任课老师也都认为他实在特殊，估计领导也会考虑这个问题的。即使此事得不到领导批准，起码您也用这种方式表白了自己的苦衷，给领导留下了印象，领导就不至于轻易认定您工作能力差了。

2004.12.6

【案例51】

我也给你来个昵称？

刚才在教室时，园园说宇××总爱给她取绰号，一会儿叫她"汤圆"，一会儿叫她"瘦猴"。旁边的凡凡也大声疾呼，说今天就听宇叫盼为"小蚂蚁"，还叫浩为"耗子"。真是头痛！宇的这个坏毛病说了他好多次，仍不见改，而且有愈演愈烈之势，看来得采取一些办法了！我就说："好，那小朋友晚上就再加个作业，晚上回去想想宇××的特点，明天我们也给他来几个绰号。"转念一想，哦，不好，我这不和他们同流合污吗？我就又说："要不改叫昵称吧！我们给他来几个可爱的昵称。要求：符合其特性，能彰显其个性，诙谐幽默不能含贬义成分！"这下，教室里可热闹了！看他们一个个冥思苦想的样子，真比课堂里想问题的气氛好多了！不

知明天他们会取出几个别有新意的昵称？有意思！心里还有份担心，取昵称对他们会造成什么影响？（晓风吓咚）

【点评】

怎样对待外号

外号属于学生"亚文化"，有利有弊。

我主张，老师对这种事最好不要过问，也就是说，我们不要轻易介入"亚文化"。

但是如果有学生因外号问题受到伤害，提出申诉，老师就必须过问。

不过，老师也就过问到能保护有关学生，制止过分的孩子，就行了。晓风老师本打算采用"以子之矛，攻子之盾"的方法对付宇，后来又发动同学往"昵称"方向下功夫。我觉得如果不得已（止不住那个宇），这两种办法其实都是可以用的，缺点是震动面都有点大。这种事，最好在小范围内解决。不过扩大一点也没什么了不起，一般这是不会形成持续性热潮的。

晓风老师既然已经发动了，那就索性做一次类似游戏的活动好了。热闹热闹也好。

晓风老师招多，思想活跃。

2004.12.8

晓风叮咚回复：

王老师，你客气了！

我只是没办法中想到的办法！不过昨天试了一下，好像还管用。到早上为止，宇没再叫他人的昵称了，也没随意地给他们取绰号了！我也知道有时绰号也反映了学生的创新能力，他能从他人的一点一滴中感受他的与众不同，并给他冠以名称，也是一种才能的体现。所以对于绰号，我只强调不可针对他人的弱点进行攻击，善意的昵称还是可行的（当然不能说出来，不然教室真成了动物园或什么了）！想我们学生时代不也这样被人一路取过来的！

每次在无意中做的事经你一点评，就有了许多感悟！再次谢谢王老师！

【案例 52】

五年级女生的"情书"！

下面是同学转给我的，学生 AA 给 BB 的"情书"：

林 BB：

你好！

你知道，我心上人还有 CC，我想让你帮我一个忙，把 CC 离开我，虽然他还没有写信跟我说喜不喜欢我，但万一他喜欢我，我要怎么回答他，你能把他离开我吗？请速回信。

既然你真的想爱我的话，你敢不敢对我的面说：你爱我吗，如果是我，我敢，请回信。

我想问你几个问题。希望你回答。不出问题不要离开我，好吗？

①你不是说只有等待DD，没有死心吗？怎么现在不等待了？如果是为了我，你这个问题就直说是为了我？

②我这样爱你，会不会对不起CC，只要你说不会对不起CC，你想真心地爱我，我才会对你说："我爱你"三个字。请回信。

③你现在除了我，你心里还有没有别的心上人，请老实地回答我。

④你这两天有没有事瞒着我，请老实回答我。

⑤你会不会除了我还会去喜欢别人，老实地回答我。

⑥假如DD现在想爱你，你接不接受，而且要怎样对她说，老实地回答。

我还希望6个问题，你能老老实实地回答我，让我的心全部都在想你。

以下我的外号：

①踏山雪②自由自在③凤莺④幽女侠……

希望你的外号也能告诉我。

只要你不变心，我只爱你，我林AA说到做到。不后悔。

祝：

永远快乐开心，万事如意。

学习进步，永远美好。

自由自在（写）

（逸风学士）

【点评】

寡情的"情书"

众多老师在看到学生情书的时候，首先是震惊，然后就问"怎么办"。他们想的是如何维护班级安定团结的大好局面，以保证学生集中精力学习。这条思路是可以理解的，但这是"行政管理"的思路，不是教师的专业思路，不是教育的思路，不是研究的思路。

我若见到这样宝贵的"文献"，我首先把它看成研究的资料。我要通过这些情书研究一下孩子们在想什么，他们怎么想，他们的情感和思维方式什么样，然后才谈得到采取什么措施教育他们。

此即"诊断意识"。

我们以这封林同学的情书为例。

我在这封情书中搜寻了半天，也没有找到多少"情"。情书本应该是很有激情的，很灿烂的，可是我在这里看到的是像购物一样的选择、占有，"坦白从宽"式的审问，广告一样的"宣布"——基本色调是灰色的。这位林同学最关心的事情是：

1. 你是不是只"爱"我一个人。

2. 落实了这一点，作为回报，我才可以只"爱"你一个人。

3. 我已经向你大声"发布"了"爱"，你也必须大声"发布"。

最有趣的是：林同学居然请对方帮忙"把 CC 离开我"（此句语法有问题，但意思能懂）。

他是我的"心上人"，你把他弄走了，我就归你了。

这里还有一点真情吗？

所以我常说，许多学生中间发生事情并不是"恋爱"，称之为"恋爱"是"过奖"了。可能称之为"乱爱"都有点夸张，这不过是人际争夺战而已。

我们搞不清一个孩子为什么会爱另一个人，从这封"情书"来看，孩子自己也搞不清，甚至不想搞清。爱情就是抢人，抢到手就是胜利。每个人都不止有一个"心上人"，然后就互相争夺，因为大家都知道对方不可靠，所以"情书"的主题就是要对"心上人"进行确认，进行锁定，排除"第三者"、"第四者"、"第五者"，然后独占之。

只有对"自我"、对"爱情"毫无自信的人，才会有这样的心态。

所以，对某些专家强调当务之急是加强性知识教育的看法，我是有不同意见的。

我以为更迫切的任务是加强爱情观的教育。

孩子们固然缺乏性知识，但是更缺乏正确的爱情观。

想主要依靠性知识教育和安全套来对抗学生的"早恋"，是一种"技术主义"的迷误。

老一代人当年在性知识方面显然少于今日青少年，为什么"性罪错"反而较少？我想除了社会比较封闭以外，可能他们考虑感情问题反而多一点，爱情观更严肃一点。

今天的孩子也是这个道理。你会发现，那些特别珍惜感情的孩子，是不会"乱爱"的。

所以，面对林同学这样寡情的"情书"，我首先忧虑的不是"影响学习"，而是孩子们的感情为何如此浅薄，他们为何如此廉价地"拍卖"自己，他们为什么这样缺乏自尊和自信。

　　我当然不会公布这种信，我甚至可能连家长都不告诉（有些家长，你告诉他，他只会把事情搞得更不可收拾）。我可能会私下找几个同学调查一下他们的爱情观，然后我组织学生讨论"什么是真情"，"你为什么会喜欢另一个人"，"什么样的人值得你喜欢"这类问题。

　　我相信，当大多数"心旌动摇"的孩子都懂得珍惜自己感情的时候，班上"乱爱"的浮躁就会消退，孩子们的精力自然就会转移到正经事情上来，这才是治本的办法。

2004.11.15

【案例53】

小学生早恋

王老师：

　　你好！我是第一次教小学毕业班，今天在批改孩子们的日记时看到这么一则日记，我该怎么办呀？下面就是那篇日记的一部分，我把它写下来，请你给我出出主意。

　　　周老师，我发现我们班的同学"成熟"得太早了，一会说这
　　个那个了，一会说那个那个了。今天上午放学的时候，小丽说：

"小杨，你喜欢小张，为什么不当面给小张说，只敢在背地里说呀？"小杨听后很尴尬，不知道该说什么好。这也就算了，但是中午的时候，小杨却对我说，他喜欢小张，不是同学之间的那种喜欢而是男女之间那种喜欢。周老师，他怎么会这样呀？

　　当我看到这篇日记的时候，我真的不知道该怎么办好。王老师，我该怎么办呀？（梅子 11）

【点评】

答梅子老师

　　我要是您，我就对这个同学说："这种事不新鲜。你不要管他们，也不要跟着他们乱说就是了。"

　　其实这完全是正常现象，只要不闹大，教师最好装作不知道。

　　遇到"不知怎么办"的事情，只要不紧急，那就"什么也不办"，反倒是明智的做法。

　　教师千万不要以为"只要我发现的事情，就一定要管"，才是负责任。学生中的许多事情，老师管不过来，而且有的管了反而有害，不信我们想想自己小时候，有多少事瞒着老师，不也都解决了吗？

　　学生自己能成长，教师必须有这样的信念。

　　所以，有时"不管"倒是最好的"管"法。

2005.1.14

第三部分　师生关系

【案例 54】

礼　物

李××过来凑到我身边说："施老师，明天我要送你一件礼物。"我笑眯眯地看着他："是不是知道明天是老师的节日？"还没等他回答，旁边一个正在读书给我听的陈××突然插进来对我说："老师，明天我写一页漂亮的字给你。"我一愣，他怎么会想到这一点呢？这对于一个刚上学的孩子来说能想到这一点真是让我感到惊讶。许多读了几年的孩子都不懂自己勤奋的学习表现是送给老师的最好礼物。我高兴地对他说："好啊，老师明天看你的字！"一句简单的话，却让我高兴了半天。（黄玫瑰）

送礼的几种类型

学生送老师礼物，从他们心态的角度，可以分为以下几种类型：

1. 自我型的。就是说，把自己喜欢的东西送给老师。他心中的逻辑是：我喜欢的东西，老师一定也喜欢。多数孩子是这样的，尤其是小学低年级的孩子。这种送礼方式天真烂漫，感情色彩浓厚。

2. 社会型的。就是说，送给符合老师身份、适合老师需要的礼物，不管我自己喜欢不喜欢。这种送礼方式是现实主义的、社会化的，增加了理智，淡化了感情。

3. 互动型的。就是说，我送的礼物，既是我自己喜欢的，又是老师需要和喜欢的。既有个性，又社会化，有浪漫主义，也有现实主义。陈××小朋友要送给黄玫瑰老师的"一页漂亮的字"，就是这种礼物。难怪黄玫瑰老师"高兴了半天"。

我若是黄玫瑰老师，就会在教师节之后对同学们说："谢谢大家送给我礼物。你们的礼物都非常好。我特别喜欢陈××同学送我的礼物——一页漂亮的字（展示给大家看）。什么是最好的礼物？就是你们自己。你们的进步是给我的最好的礼物。"

许多教师经常抱怨学生不懂老师的心。其实这是很正常的，老师不也常常不懂学生的心吗？理解是一种生活的艺术，需要学习。要互相理解，就要加强沟通。像陈××同学送礼物这样的事情，就是一个沟通的好契机。抓住每一个这样的契机，就可以让学生更多地理解教师的苦心。不要抱怨，要积极争取学生的理解，同时要更积极地去理解学生。只有理解才能换回理解。

2004.9.18

【案例55】

爱，需要回报吗？

6月24日毕业考试，23日下午第三节是我的最后一节课了。连日的紧张复习，孩子们都累了。今天，我想让孩子们轻松一下：玩击鼓传花的游戏，花传到谁的手里谁就发表一下毕业感言，想说什么就说什么，在欢声笑语中度过这最后一节课，也给孩子们的小学生活画上一个美丽的句号。

也许是孩子们还没能从紧张的情绪中解脱出来，也许是五年级的孩子对这个简单的游戏已经失去了兴趣，不屑一顾，反正游戏玩得没精打采，感言说得索然无味，尴尬之余，我只好草草收兵。

看着孩子们木然的神情，我禁不住给他们讲了下面的事情。

6月21日下午，据说是本市十几年来最大的一场雨了，从中午一直下到了傍晚，校门口接孩子的车和人排成了长长的队伍。还有几个孩子没被接走，下班了，班主任冯老师依旧耐心地在教室等着。大约两个小时后，孩子们终于全被家长接走了。而没带任何雨具的冯老师，冒着大雨，在路口等了15分钟才打到车，到家已经快8点了。那么多家长和孩子没有一个人问过她，也没有人说要捎她回家（很多家长是开车或打车来接孩子的）。

我激动地对学生们说："冯老师对你们可以说无微不至，王×（单亲）的爸爸出差，冯老师怕他害怕接到家中去住，一住就是一个星期；成绩不好的同学，冯老师每天都要面对面地进行辅导；赵×家里困难，父母不想让赵×继续读书，冯老师多次做工作，至今还为赵×垫付着120元学杂费和书本费；咱班有几个同学离家远中午不回家悄悄地去网吧玩游戏，为了让你们能告别网吧，冯老师特意每天中午不回家组织你们做有益的游戏，一陪就是半个月！就是这样的一位老师，对她的所作所为我常常感动不已，她也是我学习的榜样，可是同学们你们看到了吗？感动了吗？一想到冯老师因为淋雨而发高烧我就特别难过，我知道你们还小，老师和家长都知道学习对你们很重要，可是，懂得感激、尊重为自己你付出的人，这是人首先必须具备的感情啊！"

这时孙×举手，我请他发言："张老师，您的意思就是让我们在毕业前给您和冯老师买点纪念品表示我们的感激吗？"同学们一阵哄笑，我愣住了！这就是与我朝夕相处两年的孩子们吗？！我真是无地自容！正好下课铃声响了，我仓促结束了我的感言："感情永远是任何东西都代替不了的，我相信你们都会明白的。"我几乎是逃出教室，我不想让孩子们看到我无能的泪水！

当我回到办公室时，才发现了徐××这个平时极调皮的男孩子竟然追我到办公室，他说："老师，你别伤心，同学们都很讨厌孙×的。"那一刻，我的感觉真的就像垂死的人终于抓住了一棵救命的稻草。我百思不得其解，问题出在哪里呢？冯老师和我对学生不可谓不爱，为什么换来的是学生的冷漠和误解，这是我们班的特殊现象吗？

于是，7月12日毕业典礼时我特意留意了所有毕业班级。没有看到我想象中依依不舍的情景，甚至各班都有一部分孩子根本就没来。当我把我的疑问和老师们交流时，老师们也都有同感。一个老师说："过去，学生争先恐后地给老师让座、互相让座；现在，学生心安理得地坐着，不用给老师让座，甚至老师过来了，把头扭向一边。这就是现实。"

亲爱的朋友，爱，需要回报吗？您认为呢？（追寻）

【点评】

为什么孩子们缺乏感恩心态？

本文通篇说的都是教师的感觉，教师的感慨，教师的无奈。

我想知道的是，孩子们面临毕业是什么感觉？小学五年的学生生活，给他们留下了多少快乐？如果他们没有感到教师的爱，那他们都感到了些什么？

经验告诉我们，如果教师对学生的"爱"最后都要落实为孩子的考试分数，学生对这种爱肯定是冷漠的；如果"爱"变成一种威压，我爱你，所以你不能让我失望，学生对这种"爱"，是要躲避的。而很多教师对学生的"爱"，恰恰就是这样的。"爱"已经量化了，指标化了。我们不是已经把考试分数看成"回报"了吗？我们恐怕就不能只责备孩子们心目中的"爱"变味了，我们作为教育者的"师爱"说不定也已经变味了。

所以那位孙 × 同学的可恨发言，也是合乎逻辑的。他把爱物质化了，这当然很不高尚，但是分数化与物质化，不过五十步笑百步而已。

从"追寻"老师的叙述看来，这最后一课的气氛开头就并不怎么好（我甚至怀疑这个学校整体的师生关系情况并不算好，否则不会这样的），"游戏玩得没精打采，感言说得索然无味"。在这种情况下，任课教师还要为学生的班主任"评功摆好"，这等于一场道德训诫，学生的感觉可想而知。要分别了尚且如此，平时上课会如何？可能教训更多吧？孩子经过多次这样的教训，难免要"木然"的，不"逆反"就已经不错了。如果"追寻"老师所说的班主任老师对学生的"爱"，学生都没记住，他们却记住了另外一些发生在师生之间的事情，那可就没有办法了，记忆是没有办法强迫的，感情是没有办法"布置"的。

以上是作为教育者的反思，因为材料太少，只能是猜测性的。

我发现很多教师碰到学生不顺自己的心，都只是埋怨学生素质低，我想这对自身进步没有什么好处。有不少优秀教师与学生关系甚佳，毕业时难舍难分，多年后还有来往，那也是独生子女，为什么不"木然"？其中自有缘故，值得认真思考。

不过我们也不能光说老师，如今的孩子们确实缺乏感恩意识，对他们来说，别人的付出都是应该的。

有人说这是自私。我说这是习惯。这是家庭教育的失误造成的。

一方面，很多独生子女的家长从来只是无微不至地伺候孩子，而没有让孩子为家长做点什么，孩子们已经习惯了享受服务，于是就完全没有回报的意识了。回报意识是在回报的行动中才能形成的，不安排这样的情境，孩子就很难自发产生回报意识，所以现在不是子女孝顺父母，而是父母"孝顺"子女了。在汽车上不给老师让座，正是平时坐车时孩子坐着、家长"立侍"的重演。

另一方面，在学习问题上，却完全是另一种局面。家长往往不顾一切地要求孩子用考试分数回报家长的"爱"，实现家长的伟大战略部署。如果我上学是为了完成家长交给的任务，为家长"打工"，一旦取得好成绩，我会感恩吗？不会。我顶多有一种如释重负的轻松感—总算把活给你们干完了。如果我得不到好成绩，就会每天挨骂，那我当然更不会感恩了。总之，我们总是对那些平等地、真诚地帮助过我们的人才会感恩，我们是不会感谢那些拿我们当工具实现他们目标的人的。对不对？

所以，教师要培养学生健康的感恩心态，除了搞好自己的工作之外，还要指导家庭教育，端正家长的教育观念。学生的一切问题，根子都在家庭。不会指导家庭教育的老师，以后日子会越来越不好过的。

2004.9.8

【案例 56】

梦岂能修改

口语交际课上，教师让学生说梦。一调皮的学生主动上讲台与同学们交流，他乐呵呵地讲到自己与班长在梦中换脑袋后的情景。自己成了一个绝顶聪明的好学生，门门功课都稳拿第一，同学们非常崇拜他。班长一下子成了大笨蛋，而且越来越笨，以至于把课本当面包，把钞票当纸头送给人家。这位同学将自己讲得不可一世，而将班长丑化得一无是处。其风趣幽默竟赢得了同学们的喝彩，教师感到吃惊。教师于是准备借机教育学生。

在教师的引导下，大部分学生觉得这个梦做得不好。教师于是就鼓励学生将梦进行修改，最后以"全班都换上了班长的大脑，成了远近闻名的'天才'班"而结束。

看了这个案例后，有的说这就叫因势利导，教师能从细小之中见大意，教育的敏锐度可见一斑。有的说这就是教师的机智，教育真的离不开教师的睿智。有的说孩子们的思想确实是大问题，太多的孩子在竞争中形成了不健康的心态，压低别人去抬高自己，等等。他们都觉得教师将梦改得好，改出了水平，改出了艺术。

我觉得，改梦，正是我们教师的教条主义在作怪。教师想的是如何更好地为我们的班级管理和所谓的德育教育服务，而忽视了学生是一个活生生的人。我们是园丁，只要是没按我们的要求长出的枝桠都要修整，甚至剪掉。我们在安排学生的思想，甚至是梦。这种做法完全没有尊重学生的感情与体验，堂而皇之地剥夺了学生的思想的自由，甚至是潜意识的做梦的自由！

把梦修改了，学生日后该怎么去做梦？那学生在做梦之前，都会犹豫，我的梦该不该做，因为做的梦不合老师和大家的意，他们会给我修改的！把梦都修改了，学生日后该怎么去说话？那学生在说话之前，就会考虑，我的话该怎么说，因为如果说的不能让教师和同学们满意，他们总是要给我修改的！这样的教育就让孩子们学会了撒谎，学会了欺骗。他们在想，梦都能改，还有什么不能改的？

修改的是一个不经意的梦，伤害的却是学生那一颗稚嫩的心！（云中逸客）

【点评】

教师的观念决定教师的行为

云中逸客老师的文章很精彩。

确实，连人家的梦都要修改，说明我们的教育强桿蛮横到了何种程度！这使我想起了"文革"中的"灵魂深处爆发革命"。

教育当然要深入学生的灵魂，但绝不是这么个深入法。这明明是打算强行闯入学生的灵魂，擅自任命自己为学生灵魂的指挥官，指挥人家的灵魂，甚至要代替人家的灵魂。更严重的是，教师还想通过"全班都换上了班长的大脑"的梦境修改稿，"统一"孩子们的灵魂。这太可怕了。教师的理想梦比那个调皮学生的梦更荒诞，更危险！学生幼稚，想入非非尚可原谅，教师怎么可以这样创作"非科学幻想"的小说呢？

梦是不可以修改的，但梦是可以解释的，可以研究的。梦是心中所想，梦是人们灵魂的窗口，人们在梦中往往会看到更真实的自我。通过释梦来诊断人的心理问题，是心理学非常重要的手段。这位老师不知学没学过心理学，我感觉他似乎完全没有研究学生这个梦的意识和愿望。他听学生这个梦不顺耳，觉得"影响不好"，于是下令把它改造成老师自己喜欢的样子，就是这样简单。云中逸客老师说这是"教条主义"，不错，我看还可以说成"官僚主义"和"灌输主义"。这是很典型的教师自我中心思维方式——你的梦必须合我的心意，让我满意。

学生这个梦反映出来的心态其实挺复杂的。对于班长，他又羡慕，又嫉妒，又有点恨。他不是想自己另换一个聪明的脑袋，而是想把自己不聪明（是否真不聪明还有待论证）的脑袋换给班长，把班长聪明的脑袋换给自己。也就是说，他想自己风光风光，而让班长尝尝受压抑的滋味。我们从这里既可以看出孩子的上进心，又可以看出他的畸形的竞争心态。而这种心态，正是我们教育的失误造成的。请注意："这位同学将自己讲得不可一世，而将班长丑化得一无是处。其风趣幽默竟赢得了同学们的喝彩"，说明他在一定程度上说出了很多人的心里话，说明他的观点有市场，说明大家对他的才能有所肯定。

如果组织大家讨论，各自发表自己的意见，本可以使所有人（包括老师本人）都有收获的。可以改变师生"仅以分数论英雄"的观念，可以增强学生的自信心，可以纠正恶性竞争的行为，可以缓和同学之间的矛盾，可以反思教师的旧观念。现在老师这么急于"一锤定音"，结果是把大好的引导机会错过了。可惜！

这个案例非常鲜明地告诉我们：教师自身的观念，他的认识水平，决定了他的教育行为是什么样子的。

2005.5.23

老师难以回答的三个问题

问题 1：我不喜欢你上的课，我怎么办？

也许每一个老师都会给学生一个直接或间接的回答，但这些答案对学生也许没有什么效用！

问题 2：我上课经常走神，我怎么办？

流行的答案："集中注意力"——若能集中注意力，也就没有这个问题。

问题 3：老师，你做学生时成绩好吗？（**易谷**）

【点评】

我来答答试试

问题 1：我不喜欢你上的课，我怎么办？

答：我很遗憾。以后我一定努力提高自己的教学水平，争取让你喜欢我的课。可是我不敢保证准能做到这一点，因为喜欢与否是双方的事情。我要提醒你注意的是，人活在世界上，不能只干自己喜欢的事情，不然你没法生存。有些事情，你不喜欢它，它可喜欢你，你躲不开它，所以最好还是面对它。要知道，不喜欢的事情，认真做也能做得好的。比如我就不喜欢判作业，可是我也做得不错。当然，你也可以选择暂时躲开你不喜欢的事情，不过它会像一个幽灵一样跟着你，经常让你心烦意乱。请注意，你不喜欢这门课，这首先是你的麻烦，而不是老师的麻烦。

问题2：我上课经常走神，我怎么办？

答：请你仔细体察一下，你一般上第几节课走神，在哪门课上走神，上哪个老师的课爱走神，在什么情境下爱走神，和谁同桌爱走神，一般走神多长时间，走神的时候脑子里想的是什么，你在什么情况下就能控制自己不走神……把这些都细致地想清楚了，你自己就知道该怎么办了。我没有办法管你脑子里发生的事情，在那里，你是彻底的主人，走神不走神最终决定于你自己。好自为之。

问题3：老师，你做学生时成绩好吗?

此问题如实回答就是了。

这个问题其实对许多教师有警醒作用。现在的中小学教师当年多数不是一流学生。如果您自己当年并不是高分生，那您对高分生之外的学生就该多一份同情，少一点歧视，否则您就是"好了疮疤忘了疼"。

2005.4.28

【案例58】

学生对我出言不逊

施××笑嘻嘻地走进办公室，手中拿着语文课本。我微笑着问他："施××，是否想到老师这儿来背课文？""废话！"施小雨的脸上是得意的笑容。我怔住了。参加作文比赛的四位学生不知所措地先望了一眼施××，然后不约而同地将目光聚焦于我。对面正在批改作业的同事也被惊了一下，办公室变得那么安静。

我很想当场发作，将施××劈头盖脸地批评一通，挽回自己的面子，但我终于忍住了。因为我想到或许他不是故意的，是长期说话不注意分寸的自然流露；另外，他是在我询问他"是否想到老师这儿来背课文"的时候说的这句话，或许是因为他对背出课文充满了自信，是得意忘形所致。于是，我又一次微笑着对他说："你要背课文，请你等老师辅导完这几位同学的作文再进来，好吗？等背完课文，老师还想与你探讨一下你刚才说的'废话'是什么意思，请你先想好了。"

辅导完学生作文，施××来到我面前背课文。果然，他已经将课文背得滚瓜烂熟。看来，我刚才不急于批评他是对的。我在他的课本上打上了一个大大的"优"，他脸上有了自豪的笑容。施××不好意思地说："我知道自己错了，是因为说这话我已经习惯了。我想，老师听了这话心里一定是非常不好受的。"我趁热打铁："我们从小就要学会与人谈话讲文明，特别是与老师或长辈说话的时候更要有分寸，这样，你才能受到别人的欢迎。"他心悦诚服地点着头："老师，我知道了，以后，我一定要把不文明的口头禅给改了。"我摸着他的脑袋说："懂了就好，回家吧。"他开心地一摆手："柳老师再见！"（柳永忠）

好脾气与思维方式

柳老师这件事处理得相当漂亮。举重若轻，化"敌"为友，谈笑之间，驱散满天乌云。

要总结经验，人们一定会说，柳老师好脾气，心理健康，有涵养，爱学生，所以能够如此。

这么说当然不错。

然而我以为，我们不应忽略一个重要的维度——思维方式。

柳老师之所以如此处理问题，与他的思维方式大有关系。

当学生对他出言不逊的时候，他在想什么？他往哪个方向想？

他是这样想的：

我想到施××随口说我的问话是"废话"，或许他不是故意的，是长期说话不注意分寸的自然流露；另外，他是在我询问他"是否想到老师这儿来背课文"的时候说的这句话，或许是因为他对背出课文充满了自信，是得意忘形所致。

正是有了这样的估计（设想、假说），柳老师才不着急发作。

如果柳老师认定（作出结论）施××这个学生是"成心捣乱，向老师挑衅"，那他下一步别无选择，只有批评。发脾气不过是情感强烈的一种批评方式而已。

我们知道，人都是先做了结论才会发脾气的。在没有得出结论之前，人们总是倾向于探究，而不是发作。

柳老师的这个案例告诉我们，遇事不忙做结论，换位思考一下，估计几种可能，您就不容易发脾气了。

可见，良好的心态，良好的涵养，是以正确的思维方式为前提的。没有正确的思维方式，就不会有"好脾气"。

想得开，心态才能平和。

2004.11.5

【案例59】

学生在课堂上有没有不读书的权利?

我在一年级上课，有的同学常常在上新课之前就把课文背熟了，我就告诉他们，会背的就不读了，会读的也可以不读，不会读的跟我读。结果有三分之二的同学都获得了自由（我一般是用比较有感情的朗读吸引他们跟我读的）。问题来了，有一位和我关系比较好的同学，她还不会读，她歪着嘴说："我不读，我不喜欢读。"我不知道为什么，我就说："那你就先不读吧。"我的学生有权利不读他们不喜欢的书吗？有权利不听老师的话吗？我的学生有时会得到我的许可，在课堂上做他们喜欢的事。比如在语义课上画画，在语文课上做数学题目（我的随笔中有记录）。但不是常常这样，我一般是很专制地要求学生按我的要求做。但我发现，当一位学生对某样东西感兴趣的时候，他们是那样专心致志。如果是教学内容以外的东西，我常常禁止不住。即使禁止了，他们也是满脸的遗憾，不会对我的课产生兴趣了。（磨剑29）

【点评】

学生没有不读书的权利

学生有没有不读书的权利？在战略上，教师必须对学生说："你没有这个权利。因为所谓义务教育，就是强制教育，不读书不学习是犯法的。"在这个意义上可以说，教师有权迫使学生学习，这是在实现社会和国家的意志，在完成家长的嘱托。

但是各位老师千万注意，战略上应该强制决不等于战术上应该强制，正相反，战略上的强制反而必须靠战术上的尽可能灵活、尽可能自愿来保证。这就像战略上的持久战要想取胜，恰好需要战术上的速决战一样。这是毛泽东在抗日战争时期的一个重要军事思想。所以磨剑老师在课上对学生的种种灵活处理，都是很好的。这种处理照顾了学生的具体情况和心理特点，使他们爱学，至少是不厌学，恰恰保证了战略上非学不可的目标。

在教育教学中，让步、撤退、照顾、宽容，甚至暂时的迁就，都是不可避免的。毛泽东有一句名言："世界上没有直路，要准备走曲折的路。"干什么事情都是如此。可是我们现在有些校长和教师却一味地主张严格要求，不做任何妥协。这非常幼稚。这和战场上只准进攻不准撤退的将领一样，属于缺乏基本的军事常识。要知道，完全不准撤退的结果就是败退。我们的教育不也是这样吗？严呀，严呀，严到最后，学生豁出去了，和你玩命了，学校吓坏了，连处分都不敢处分了。这叫什么？这就叫败退，叫投降，这是先前一步不肯后撤的必然结果。

不过还要注意，灵活也有个限度，正像撤退有一定的限度一样。没有限度的撤退本身就是败退。像那位和磨剑老师关系比较好的同学，居然偏着嘴说："我不读，我不喜欢读。"这是不行的。我要是磨剑老师，我会回答："对不起，这不是你喜欢不喜欢的问题，这是你必须做的事情。如果你现在心情不好，你可以先不读，但是你早晚要读，就像我每天不管喜欢不喜欢都要上班一样。"可以照顾孩子的特点，但不可以纵容孩子的任性。

要特殊照顾可以，必须有正当的理由。张口就说"我不愿意"，这不是正当理由，这属于不讲道理，必须顶住。该软的地方一定要软，该硬的地方一定要硬。

现在很多人在争论班主任该硬还是该软的问题，这种争论没抓住要领。愚以为现在最大的问题既不是太硬了，也不是太软了，而是在该软的地方乱硬，而在该硬的地方又胡软——没有分析，没有章法，打的是糊涂仗。

2005.5.13

【**案例60**】

她为什么对我这种态度？

第一次走进班级，见到她一个人在教室安安静静地看书，短短的头发，我还以为她是个男孩子，我走过去，轻轻问她："你在看什么书啊？"她好像没有搭理。一个女孩子跑过来对我说："老师，你以为她是男生吧，她是个女生。"

后来不知道为什么，她总是躲避我。记得有一次公开课，我请她起来读书，她就是不站起来，同学们给她掌声鼓励，她还是不站，只好请别的同学来读。还有一次语文默写，她默完后把本子放在桌面上，我轻轻走过去想看一下，没想到她迅速把本子塞到抽屉里去了。

有的时候她和几个女孩子在外面聊天，我走过去，她就迅速地走开了。后来听说，她还策划给原来的语文老师写信，请她回来教他们。

我困惑啊，她怎么会这样呢？

其实我挺喜欢她的，语文成绩相当棒，字迹很工整，每次作业都很认真，每天的日记也写得相当认真。

她到底是一个什么样子的孩子呢？（叶蝶）

【**点评**】

具体情况具体分析

请观察一下她对其他老师的态度，如果和对您的态度差不多，那可能是性格比较怪异的孩子，只有遇到"知音"老师，才会表示亲近。她原来的老师是她的"知音"，而您不是，当然对您要冷淡一点了。

知音是可遇不可求的，非想要变成别人的知音也并不明智，所以，要是这种情况，您和她保持最一般的师生关系就是，没必要非"沟通"不可。沟通是双方自愿的事情。

如果她对其他老师态度不是这样，那有以下几种可能：

1. 她对原来老师的印象太好了，想用对您的冷淡来表达自己对原来老师的忠诚和思念。这有点可笑，可是小孩子有时会这样的。这不要急，过一段时间就会好的。

2. 她对您第一印象不好。这是人之常情，每个老师都无法让所有学生看第一眼就喜欢自己，不管您有多大的魅力。此事只好听其自然。教师有教育学生的任务，却没有讨好每个学生的职责。

3. 她听人说过您的坏话。这也不着急，慢慢打听，遇到合适的机会向她解释一下即可。

4. 她特别重视您的这门课，然而对您的讲课方式不适应，很生气，于是您就成了出气筒了。可以征求一下她对您讲课的意见，有合理之处，采纳就是，若属于个性化要求，能照顾就照顾，不能照顾跟她说一声"抱歉"就是了。您不是为她一个人服务的。

总之，这个孩子又不捣乱，您大可不必焦虑，从容应对就是。

2005.2.29

那一瞬间的优生与差生

去办公室的路上，碰见了我以前当班主任时教过的两个学生。左边一个学生是当时班里的优生，我很喜欢他，与他感情很好，右边一个学生是当时班里的差生，每次我们面对面都是我在教育他。现在他们俩同时向我走来，我向他们展开习惯性的微笑。差生看见我毫不犹豫地举起手向我行礼，微笑着对我说："老师早！"优生却是有点尴尬的一顿，然后横了差生一眼，最后面无表情、目不斜视地和差生一起与我擦肩而过。我停下脚步，转身看着他俩离去的背影。优生在对差生说什么，差生似乎有点不服拔高声音说了句："我怎么知道啦？"我转过身继续向办公室走去，脸上有点笑不出来了，心里很不是个滋味。

那个场面实在与我预设的那个场面差太多了。我预设中的场面应该是优生与差生同时向我走来，优生想到了昔日我们之间的感情，有礼貌地对我微笑并向我行礼打招呼，差生因为昔日被我批评得太多，应该对我不予理会或敷衍了事地行一下礼。所以虽然我的微笑是面对他俩的，但我的目光是倾向于优生的，只是我没想到我遇到的竟是这样一种场面。那一瞬间的优生与差生颠覆了我一直以来对优生和差生的印象。（项项）

好学生为什么反而对老师态度冷淡？

这类事情很多老师都遇到过：离开老师以后，好学生反而对老师冷淡，差生对老师却充满热情。

其实，学生的表现出乎教师意料，正是教师提高自身专业水平的契机。学生的表现若总在教师的意料之中，总能让老师满意，这虽然很爽，却并不能给教师带来自我超越的感觉，不能进一步提高教师的专业能力。没有挑战就没有超越。

神仙无所不知，无所不能，所以在我看来，神仙的生活是最没劲的。那不就是无穷无尽的自我重复吗？恐怖。

未知是人类最好的朋友，未知能提神醒脑，振奋精神，提高生活质量。

一位地质学家，本来预测某处必有石油，打井一看，没有。于是可能他所有的知识、理论、经验都被动摇了，而这种动摇正是新的理论假说的催生剂。倘若一切如愿，他的理论就只能停留在原来水平，不过得到一点眼前的实惠而已。

但他是科学家，科学家在实践中碰钉子的时候，习惯于怀疑和改进自己的理论，这是他们的思维方式。教师就不行了，教师在实践中碰了钉子，多数人却不习惯反思自我，而只会埋怨孩子和家长。

于是你就明白为什么很多教师的专业素质长期得不到提高了——他们缺乏科学家那种科学态度，反思精神。

项项老师具有反思精神。他遇到好学生出乎意料的表现，不是埋怨学生"没良心"、"白眼狼"，而是分析自己的失误，这就能提高自身水平了。优秀教师就是这样炼成的。

我也遇到过这种事，我也反思过这种事，下面我说说自己的体会。

好学生为什么反而对老师态度冷淡？

1. 可能是我们的期望值太高了。

要是一个中等生或差生毕业后见老师不理，可能我们就不至震惊了吧？我们对他们的期望值本来就不高。好学生是老师的心尖子，老师就以为自己在学生心中位置也如何如何重要。这可能只是一厢情愿。经验告诉我们，不要想得这么美。路遥才知马力，日久才见人心。

2. 有些好学生是善于表演的。

也就是说，当我们是他的"顶头上司"的时候，我们所看到的他的表现，不一定出自他的真心。他可能很瞧不起我，但是在我面前做崇敬状；他可能很烦我，但是在我面前做亲热状。这样他可以得到某些实际利益呀。在社会上，这是很常见的事情。孩子生活在社会中，有些又受到世故家长的点拨，这样做是完全可能的。在这种孩子眼里，教师不过是一个临时使用的梯子，用完了自然就不理你了。

遇到这种情况，没必要生气，但是要仔细想想，为什么此人的真面目我当初没看出来。他可以没品行，我不能没眼睛。

3. 好学生常常把成绩归功于自己。

好学生取得的成绩，确实主要归功于他自己。但是孩子毕竟是孩子，他们思考问题是比较容易走极端的。一旦过分夸大了自己的功劳（这与他们经常受表扬和吹捧有关），就可能抹杀老师的贡献。或者有的教师总是在学生面前强调"没有我，你哪有今天……"，这句话造成孩子的逆反心理，他也会抹杀教师的贡献。

这就可见，我们平日不可把好学生捧得太高，也不必在他们面前摆教师的功劳苦劳。做我们该做的事情，以平常心对待之，最好。

4. 有些好学生反而比差生更爱记仇。

好学生经常得到的是表扬，所以偶尔受一次批评，印象更深，可能铭记不忘。再说好学生更好面子，脸皮薄，批评若让他们下不来台，是容易记仇的。差生情况正相反，挨批评是家常便饭，脸皮有足够的厚度承受批评，倒是偶尔受一次表扬，喜出望外，反而容易产生感激之情。

这就可见，我们平日对好学生和差生，应该一碗水端平，以免好学生产生虚荣心，老虎屁股摸不得。

总而言之，不管您遇到多么不可思议的事情，都请您注意，它没什么不可思议的。我们之所以觉得它不可思议，只是因为自己无知。

不断变无知为有知，同时扩大自己的无知，这就是生活。

2005.4.22

总困惑我的一个问题，恳求帮助

一个问题，每当我想到总会感到很痛苦，可我又不懂怎样摆脱，所以想在这里求助。

教过我的很多老师们过去都对我很好，给了我很多帮助，有几位甚至可说是我的救命恩人，我很是感激他们。

可是自从我成绩下降，感到惭愧后，我就再也没去拜访过他们，因为我感到无地自容，我对不起他们过去的帮助，见到他们我不懂说什么，我怕他们看见我失败、无能而表现出的态度。

所以遇见他们时，我连抬头同他们打招呼的勇气也没有。有时远远见到他们，我就不自觉地远离了，只是想避免那些尴尬。但过后看他们时，常发现他们的表情很不好。或许他们看出了我故意远离他们了吧？他们会不会认为我是那种忘恩负义的人而后悔当初帮了我呢？

别说见到他们恨我，就是看到他们因为我而不开心，我也会非常难过、痛苦。他们会知道吗？他们对我的恩情我是永记于心的，只要我一有能力，我会报恩的。我绝非无情忘恩冷血之人。到我成绩好起来了，我会恢复对他们的一切热情的。但不知到那时，他们对我的态度、看法，还会像以前那样吗？

恳请各位读者给我点意见。（小小斌）

答小小斌同学

我明白，你是因为羞愧而躲避老师，而老师却可能误以为你"眼高了"或者"忘恩负义"了。这种误会，在校园里是常常发生的。

你何必躲着老师呢？打个招呼有何不可？

我想，在学习上只要你尽力了，就没什么可羞愧的；如果你还没有尽力，再努力一点就是了。

请你注意，任何人对你有恩，都不等于从此你必须让他满意。如果是那样，对人施恩不就成了控制他人的手段了吗？

很多父母就是这样要求孩子的——我对你这样好，你就必须让我满意。这是一种封建落后的观念，需要改变。

你的老师可能并不是这样想的，他们大概看你不理睬他们，有些不快。这是人之常情，请你理解。

你就是你，你应该走自己的路，而不要太在意别人的脸色。没有必要躲避老师。如果某位老师发现你学习成绩下降就对你态度不好了，这是他的观念陈旧，你不要太在意。

老师们教你半天，不是为了把你变成一个考试机器。未来，你找到自己的路，把潜能全部发挥出来，实现自我，奉献社会，这就是对老师最大的报答。

2005.4.11

第四部分　教师与家长关系

我用什么时间指导家长？

"新时代的教师，不会具体地指导家庭教育，不算合格教师。"

是要这样做，不过中学教师每周大约有 16 节课，若是班主任，还有很多杂事，可以说用心的教师每一天都是没有时间的。一个班 70 人，每天指导一个学生的家长，就得用两三个月，这就是半个学期。指导一次有没有用？作用应该不是很大，除非能与家长保持一段时间的联系。况且家长的观念也不一定改变，这样教师会累死在工作上。

还有从教育学、心理学的角度看，小孩上学前的家庭教育是整个家庭教育甚至是整个教育中最重要的教育。为什么总是对此放弃，而不停地要求我们教师补窟窿？补窟窿的本领再好，也比不上原来就一路良好发展来得好。

为什么我们不能较好地从根做起？当然我们也不要放弃补现在的窟窿，救得一个是一个。（zhongjianl）

【点评】

指导家庭教育，教师义不容辞

zhongjianl 老师的问题提得很好，这明明是教师的实际情况和真实想法。像这样的问题，我们是不能回避的。

其实严格地说，指导家庭教育并非教师的"本职工作"。教育教学一摊工作就已经够忙的（zhongjianl 老师的班级 70 多人。好恐怖！难为您了），何苦还要把工作的触角伸到人家家里去？

这实属无奈之举。

按目前我国国情，从整体水平上看，最适合具体指导家庭教育的人还是教师，因为家长总体上对教育的理解水平，尚未达到无需教师指导的程度，虽然这种情况正在改变，大城市变得还很快。

现在，关于家庭教育的书籍和电视节目铺天盖地，家庭教育专家层出不穷，有时你都不知他们从哪里冒出来的。可是，家长支着耳朵听的，还是班主任的话，因为班主任在一定程度上掌握着孩子的命运。我经常给家长讲课，我发现凡是学校组织的报告，家长都到得很齐，被学校管得笔管条直的。其他系统组织的就不行了，社区组织的课，有时应该到的人只能到一半。这就说明，还是学校有威力。国情如此。可见，由教师指导家庭教育，效率是比较高的。

更重要的是，教师躲不开家庭教育。指导家长，不是你愿意不愿意的问题，甚至不是你做没做的问题，而是你怎么做得更好的问题。

比如我是个医生，一个病人说他胃疼。我查了半天，也没看出他的胃有什么器质性的毛病，详细一打听，原来病人情绪非常不好。为什么情绪不好呢？夫妻老吵架。于是我就劝病人搞好夫妻关系，出了点主意。我是内科医生，有职责管人家家里的事情吗？没有。可是我这样做是很自然的，病人是欢迎的。我简直是不得不这样做，这叫顺理成章。

在医生那里，这种事或许是偶尔才有的，而在教师这里，这种事就太多了。你身不由己地就会闯到孩子的家庭中去，因为教育和家庭的关系太密切了。你教育孩子，没办法把家长排除。你发现孩子的问题，只要刨根问底，必定追到家庭教育上去，躲也躲不开。我个人当过多年班主任，我研究家庭教育，就是这样不知不觉走进来的。从某种意义上可以说，我是为了帮助自己而帮助别人的。因为你不从家庭教育这个根子上改变，简直休想改变学生，或者你费了很大力气，不过使他暂时在你面前有所收敛而已。这种工作方法，事倍功半，效率低。其实拒绝指导家庭教育的老师并没省下力气，恐怕正相反，他们会更劳累。穷于应付，疲于奔命，被动之极。

教师躲不开家庭教育，所以，他不"指导"家庭教育，就必定会"指挥"家庭教育，把家长变成自己的"助教"。很多老师都是这样做的，而这恰恰是最不明智的，因为这就使家长忘记了自己的"本职工作"，忽视了孩子的性格培养，忽视了非智力因素的教育，最后孩子的毛病还是要迁移到学校和学习中来，倒霉的还是教师。我也经常接触一线教师，我从他们的叙述中发现，他们的绝大部分精力都是费在教学以外的工作上，是在给家庭教育"补课"，教师累就累在这里。这太狼狈了。指导家庭教育的思路是：与其教师单枪匹马"补课"，不如指导家长和老师一起"补课"，这样效果显然会更好一些。

zhongjianl 老师说："补窟窿的本领再好，也比不上原来就一路良好发展来得好。"说得对。所以家庭教育指导，最好赶在早期。可惜中国的家长在孩子小时候只知道逼孩子多学东西，赶快考第一，很少反思自身教育。什么时候他们才开始发现自己需要提高呢？孩子失控了，学习成绩一落千丈了，离家出走了，甚至打爹骂娘了，这才想起找专业人员来。我接待的很多家长，都是孩子闹得实在不像话了，才来找我，好比疾病到了晚期才上医院一样。其实很多问题，如果家长早点听从指导，根本就不会发生的。你看，这就是现实。这里还有"家丑不可外扬"的问题。家庭教育在很大程度上是私人的事情，人家不自愿，你不能强行指导，可是等他自愿的时候，你指导的难度就太大了。家庭教育性质如此，家长素质如此，你想提前指导，做不到的。当然，这种状况也正在改变，家长中"明白人"正在增加。

有些老师幻想着，家长要是个个素质很高，孩子个个像样，那老师该多么省心呀！我劝他们最好把主要精力放在提高自身素养上，否则，家长素质提高之日，就是他们下岗之时。我看现在有些老师之所以还能教下去，恰恰因为多数家长是外行。家长素质低，成全了不少老师。家长一旦成为明白人，这种教师的日子就更难过了，他们那些违反教育规律的做法就会受到家长众口一词的抨击。

说到这里，可能有人会问："你能谈点指导家庭教育的办法吗？教师哪儿来的时间？"

我主张家长会开成"专题指导"型的。班主任少说那些应试主义的话，给家长讲讲如何培养孩子良好性格是正经。要少说空话，多支招。如果拿不出招数来，那就不是没时间的问题，而是教师的专业素质问题了。其实平时给家长打一个电话，也可以指导的。很多老师打电话就是告状，其实也没少费时间，但是并无什么指导，这显然也不是时间问题。至于专门的个案跟踪指导，那确实比较费时间，但是需要进行如此指导的孩子也不多，无非就是几个典型人物，大部分学生分类指导就可以了。一个学期搞两三个人，总可以吧？也就够了。

总之，我的印象是：教师不能很好指导家庭教育，主要不是因为缺少时间，而是因为缺少必要的知识和能力，做了大量无用功。所以教师需要进行家庭教育指导的培训。

2005.3.27

少年弑母：断掉的链条叫人性

陆小娅

又一个16岁少年杀死了自己的妈妈，而且是一个"考进重点大学没问题"的"尖子生"！（见《中国青年报》6月7日第5版《走进一个"尖子生"的悲剧世界》）

记者在采访了那个少年、少年的父亲和老师之后，提出了一个沉重的问题：在他一步步走向犯罪的漫长过程中，究竟是哪一根链条断了？

是的，究竟是哪根链条断了？

读这篇报道时，我觉得最耐人寻味的是这位少年的父亲的一句话："家里从来没有亏待过他，每天早晨都保证他有两个鸡蛋，三天两头有肉吃，他妈变着花样给他做好吃的，他怎么就这样没有人性！"

一个孩子杀死了自己的妈妈，当然是人性的沦丧。但是，做父母的把孩子当成光宗耀祖的工具，是否符合人性？孩子做不出奥赛数学题就一顿打骂，是否符合人性？孩子离家出走回来就把胳膊打断，还让孩子吞烟丝，是否符合人性？

这个学业优秀的少年是被老师喜爱的，但在报道中我看不出，除了学习外，他还得到过老师哪些关心。我不知道，当他打着绷带出现在学校时，是否有老师关心、过问、干预过此事？除了让孩子写不再出走的保证书外，有没有老师愿意花时间听听他内心的痛苦？如果都没有过，那么在学校里，这个孩子不也是一部学习的机器，而不是被当作有血有肉有情感的人吗？

一切都非人化、工具化了！

这根断掉的链条不是别的，恰恰正是人性。

什么是"人性"？人性不仅仅是不自相残杀（那是最基本的），人性还意味着把人当成"人"来对待。

所谓当成"人"，就不能仅仅满足孩子的生理需要，比如每天早上两个鸡蛋，更要了解和满足孩子的心理需要，这包括安全、爱、尊重、归属感等等；所谓当成"人"，就是视孩子为独立的生命个体，允许他有自己的理想、愿望，允许他有自己的活动空间，允许他不完美，允许他犯错误，而不是把孩子作为自己或家族扬名的工具；所谓当成"人"，就是在学习之外，也关心孩子成长的所有方面，分享他的喜悦，分担他的烦恼。

我很赞成彭泗清博士的一个提法：中小学生的主要任务不是"学习"，而是"成长"。"成长"不仅包括智力的发展、学业的提高，还包括身体、心理和道德的健康，包括精神的丰富和人格的完善。当我们把学习上升到至高无上的位置，以成绩作为衡量一切的标准时，实际上就把孩子、把教育非人化了，这同样是人性的丧失。

人性链条的断裂一定会造成恶果，因为人毕竟不是机器。当一个人的内在需要长期不能得到满足，内心的情感长期不能释放时，郁积起来的能量便可能用破坏性的方式来释放：要么把攻击的矛头指向自己，比如自杀、自残；要么把攻击的矛头指向他人，给他人和社会带来危害。

在我看来，"以人为本"不是哲学家的抽象概念和管理学的空洞口号。我们每一个人，不管是为人父母，还是从事什么工作，都要"把自己当人"，也"把他人当人"。没有对人的尊重、对人的关怀，这个社会再富裕也无法走向真正的文明。（《中国青年报》2002.6.13）

人性的链条为何断掉？

陆小娅这篇文章认为，出现这样的事情是由于家长和孩子人性的链条都断掉了。这当然有道理。

但是文章没有回答，为什么他们的人性链条会断掉？

陆先生说，做父母的把孩子当成光宗耀祖的工具，不符合人性。说得对。但是中国自古以来家长几乎都是这样的，换句话说，那时候人性的链条也常常是断着的。为什么那时候孩子不杀死家长？

陆先生说："人毕竟不是机器。当一个人的内在需要长期不能得到满足，内心的情感长期不能释放时，郁积起来的能量便可能用破坏性的方式来释放。"说得对。可是在封建社会家长制的统治之下，孩子的内在需要一般都很难得到满足。为什么那时候孩子不杀死家长？

这里一定还有其他因素在起作用。

我思考过这个问题。我觉得光谈人性链条是不够的，至少还有以下两个原因是应该考虑进去。

1. 空前激烈的竞争。

这恐怕是历史上从未有过的。如今就业的压力如此之大，足以把家长逼疯。家长为了孩子的前途，不顾一切地逼孩子学习，孩子就可能崩溃。

2. 家长威信严重降低。

现在的家长有求于孩子，可怜巴巴地乞求孩子好好学习，像使唤丫头一样伺候孩子，早早地就丧失了做家长的尊严。你会经常见到孩子们像斥责仆人一样斥责父母，像支使下人一样支使父母，而他们的父母居然大气不敢出，甚至居然认为这是"民主"！孩子们不再尊敬父母了，他们就什么事都干得出来了。

一个孩子只要还懂得尊敬父母，懂得孝顺，则他怎么发泄也不会对父母施暴，他不会越过做人的底线。只有平时就瞧不起父母，拿父母不当回事的人，才可能在冲动之下杀死父母。我们民族传统美德的丧失，是造成这种悲剧的重要原因。

因此，愚以为面对这类事件，光指出这是"人性扭曲"是不够的。

我们无法取消竞争，但是可以帮助家长适当淡化它，正确对待它。经验证明，家长如果不走火入魔，孩子是不会轻易崩溃的。

再有，必须教育家长在孩子面前保持自己的尊严和权威，绝不可以把"民主"理解成目无长辈，肆无忌惮。传媒不应该片面地指责家长和教师，不应该把孩子的责任推得一干二净，好像他们完全是受害者，永远是受害者。要知道一个受害者完全可能同时是一个害人者。要教育孩子，不要讨好孩子。

我曾经拒绝过一个中央电视台的谈话节目。有一个十七八岁的男孩子不上学，每日在家海吃海喝，疯狂上网。电视台编导找到了他，他就开始控诉母亲的"罪行"，比如小时候打过他等等。总之照他一说，他现在之所以如此，完全是受了父母的害。那位编导比较年轻，上了这孩子的当（这种孩子在外人面前往往装得通情达理，一副清白无辜的样子，回家则变成另一个人，蛮横至极），打电话给我，说这个孩子完全是一个好孩子，一切责任都在他母亲不民主，不能和孩子沟通，不尊重孩子的感情。编导让我做嘉宾，批评这孩子的家庭教育。我说，请你允许我跟他母亲谈谈。我和孩子母亲通话后，发现孩子说的许多话都不真实，而且他在家里砸家具，打骂母亲，简直是一个混球，超出了为人子女的底线。我相信他母亲一定有很多失误，但是作为子女，你已经不是小孩子了，你也要对自己的行为负一定的责任。你不能用母亲的失误为自己的不孝作辩护。于是我对电视台编导说："对不起，我不能按您定的调子参与这个节目。"这位母亲听说我不去，她也不去了。于是这期节目就取消了。我很遗憾，但我只能如此。

我觉得目前传媒的某些宣传有点问题，常常只讲一面理，好像都是家长、老师惹的祸，孩子整个是天使。这对孩子不是教育，而是一种讨好。

2005.4.23

【案例65】

武汉一场作文比赛竟有 3000 学生将妈妈"妖魔化"

新华网武汉 2005 年 4 月 25 日电武汉市最近举行的"楚才杯"国际中小学作文比赛，有 3000 名小学生不约而同地将妈妈刻画成"变色龙"、"母老虎"、"河东狮吼"等形象。将自己妈妈"妖魔化"的背后，透露出学生面对家长们强迫"培优"的无奈。

据《武汉晚报》报道，这次比赛的小学五年级作文题是"给我一点时间"。记者在"楚才杯"组委会，发现五年级4200份考卷中，超过70%的孩子选择了一个共同的题材——被妈妈逼着整天"培优"，学习压力大，期望妈妈给自己一点时间。

孩子们被妈妈逼着赶场"培优"、参加奥赛、练琴学画，做着永远也做不完的练习题。在这些孩子的笔下，妈妈是"会计师"，计算好了他们的每一分钟；妈妈是"变色龙"，考了满分她睡着了都会笑醒，考差了就会大发雷霆；妈妈是"母老虎"，每次出去玩总被她准确地堵回来；妈妈是"河东狮吼"，看一会儿电视她就会发作……

在妈妈们看来，这样做是因为爱，是望子成龙。但孩子们并不领情，"妈妈，你在我心中的地位非常高尚，我不愿因为这而讨厌你，害怕你，我渴望拥有快乐的童年"。

华中科技大学教育专家郑丹丹认为，3000考生不约而同地"妖魔化"妈妈，是现代母亲这个角色带来的结果，反映了妈妈们在当代社会面临的共同困惑，也说明构建和谐母子关系迫在眉睫。(新华网)

【点评】

孩子们为何如此谩骂母亲？

4200篇五年级小学生作文中，有3000多篇将妈妈刻画成"变色龙"、"母老虎"、"河东狮吼"等形象。这是怎么回事？

我想这首先与作文题目的导向有关。"给我一点时间"这个题目上来就把孩子置于"没有一点时间"的情境中了，他当然只能控诉了。题目隐含着批评，题目启发着批评。如果题目改成"我亲爱的妈妈"，可能情况就会有所不同。

母亲果真是侵占孩子时间的罪魁祸首吗？这样说，会有很多母亲大呼冤枉。事实上对于多数孩子来说，侵占他们时间最厉害的，是过重的课业负担，而这是应该由我们的教育体制和学校负责的。

现在孩子却把账都算在妈妈的头上了。为什么？可能是惹不起老师，只好欺负家长了吧。也可能孩子们认为，学校给我多少负担，都是合法的，而双休日占我的时间，就不堪忍受了。

母亲成了孩子的出气筒，成了学校的替罪羊。

但是即使如此，也不至于用如此恶言说自己的母亲呀！

我觉得这里面有一种很可怕的东西：孩子对母亲不尊重。

孩子完全可以与家长意见不同，这很正常，但是他应该用晚辈对长辈的语气说出自己的意见，如果出言不逊，就不正常了；孩子完全可以批评家长，但是如果批评的语言听起来毫无敬意，那就不正常了。这是中华民族传统美德的丧失。

此风不可长。

如今的母亲（包括那些女老师们。她们往往也就在讲台上威风一点，回到家里，恐怕也得被孩子看成"变色龙"、"母老虎"之类）在孩子心目中的威信，为何如此之低？

这个问题很有研究的必要，很有研究的价值。

据我看，母亲威信的严重跌落是以下几个原因造成的：

1. 母亲角色发生畸变。

激烈的就业竞争和学校的应试压力，迫使母亲们不顾一切地追高分。为了逼迫孩子学习，她们把自己变成了冷酷的暴君；为了乞求孩子学习，她们又把自己变成了孩子的使唤丫头和奴才。暴君必然引起反抗，奴才必然遭到蔑视。学生骂母亲"母老虎"，正是反抗和蔑视的混合物。

2. 民主、平等被曲解。

孩子对家长无理，其实是很大的事情，决不可纵容，否则后患无穷。可是现在许多家长对此并不在意，甚至还有家长以为这是家庭民主和平等的表现。这是完全错误的。世界上哪里有孩子不尊敬家长的民主社会？有的母亲心里想，只要你能当博士，每天骂我都没关系；结果他博士没当上，先把妈妈骂成心脏病了。一个连家长都不尊敬的孩子，能当博士吗？当了又有什么用处？无非是给博士丢人而已。

3. 传媒片面指责家长。

现在某些传媒有一种值得注意的不良倾向，在家庭教育问题上，片面地、过火地骂家长。不民主啊，不平等啊，不尊重啊，不沟通啊，不理解啊，不赏识啊，全是家长的错，孩子是天使，孩子纯洁无瑕，孩子棒棒棒，你真棒。我觉得这样的宣传，是站在了家长的对立面，无助于问题的解决；这样的宣传是对孩子的谄媚，不是正确的引导。

我给家长讲课，有孩子在场和没孩子在场说法是不一样的。有孩子在场，我一定引导他们在尊敬父母的前提下发表自己的不同意见（当然，父母也应该在尊重孩子的前提下教育孩子），尽量避免我讲完了课，让孩子拿我的话当武器攻击家长："你看，王老师都说了，全都是你们的错！你们悔改吧！"说完，又去没完没了地上网了。果真如此，我不是在促使孩子越变越混吗？

家长的教育失误，当然要认真分析，坦率指出，我本人就做过大量的这方面的工作。但是这样做必须出于帮助的目的，分析之后必须告诉家长怎么办，让他看到光明。若单纯指责和批判，除了让家长沮丧、孩子趾高气扬以外，我看不出有更多的实际意义。

家长是我们的朋友，不是敌人和批判对象。我希望记者先生们注意这一点。

4. 父亲失职。

在树立家长权威方面，父亲有不可替代的作用。古人云："养不教，父之过。"父亲是要负主要责任的。孩子对母亲不尊重，从一开始父亲就要严厉制止，绝不可以放过。事实证明，孩子在幼儿阶段几乎都有偶尔对母亲没大没小的时候，这时候如果父亲出面批评，很容易改正，以后形成习惯，孩子就不会对母亲无理了。如果父亲不当回事，甚至还觉得好玩（真有这样的父亲），久而久之，母亲在孩子心目中就没了地位，孩子会拿母亲当家奴对待，那时候再管，可就来不及了。

也许父亲们会说工作忙管不过来，其实这不是时间问题，关键时候说一句就够了。当然，有些父亲失职，是母亲独揽大权造成的："孩子我来管，你不要插手！"父亲乐得省心，赶紧溜出去快活去了。这种母亲糊涂，这种父亲不负责任。

敬告天下为人之父者，教育权是不可以放弃的。

5. 学校不注意维护家长威信。

有些教师不能平等对待家长，用电话呼来唤去，甚至当着学生的面指责家长，一点面子不给。这会严重降低家长威信，使他们没法教育孩子。

必须恢复母亲的威信，必须建立家长的权威，否则所有教育的重担最后都会压到学校的头上，倒霉的还是老师。

2005.4.28

【案例66】

一张奖状后的故事

中队长方×同学，被全票评选为三好生。可是她却沉默了。

我轻轻地搂着她，关切地问："被评上'三好学生'应该很高兴呀，你怎么会闷闷不乐呢？是不是出什么事了，我能帮你什么吗？"

她说："赵老师，你一会儿有空吗？我有事找你。"我把带她到了教师阅览室。

她从衣袋里拿出一封信说："赵老师，这是我爸妈让我交给你的信……"我接过信，说："我现在看行吗？"她点点头，同意了。

信是她爸爸前天深夜亲手写的。"赵老师，方×又说谎了。上周六，她居然瞒着父母，没去参加课余英语班的学习，和她的朋友到公园里玩了一个下午……人的品德是最重要的，看着自己的女儿再次说谎，我们很担心。为了给她留下深刻的教训，我们要求取消她评'三好学生'的资格。"

我说："你父母这样做，是在给你机会，让你勇敢面对自己的错误，并用行动改正呀,真是可怜天下父母心。我知道你把这封信交给我,需要很大的勇气,可你还是坚定地迈出了这一步,所以我真的为你感到高兴!别怕,我相信你一定能改正这个缺点的,让我们一起努力吧!"方×不禁流泪了。

晚上,我们全家来到方×家,对方×的父母说:"我今天不是来家访的。今天在学校看完方×爸爸给我写的信,我为你们对孩子成长的高度负责所深深打动。我今晚带着爱人和孩子,是来向你们夫妇俩学习的。"

方×的爸爸满怀歉意地说:"赵老师,一年前你曾为方×说谎一事,来过我们家家访。我们也一起努力帮助她改正缺点。没想到她现在居然又……哎,上周我发现她又说谎了,还说得面不改色,心不跳……我们作为家长,真的很痛心,很失望……人的品格比什么都重要呀,像她这种情况,怎么能评'三好学生'?我们之所以要求老师取消她评'三好学生'的资格,是希望能通过此事,给她一个深刻的教训。我们没教育好孩子,面对你,我们深感无颜。"说完,我发现这个刚强的男人眼里,闪烁着泪花。

我说:"她现在还说谎,我也有很大的责任。我们现在要做的,是如何更好地让方×改正错误。取消她的'三好学生',对孩子的伤害太大了。如果我们能用积极的心态去处理这件事,或许对她会有更大的触动。"

"谢谢你为孩子的成长考虑得那么周到……"方×的妈妈说。

在一旁默默流泪的方×再也忍不住了,她坚定地说:"请你们相信我,这次我一定会彻底改正,做个诚实守信的孩子。"

我高兴地对她说:"相信这张奖状已远远超出了它原有的意义。好好珍惜,为它争光吧!"(师童)

都在"教育"孩子，谁来"理解"孩子？

孩子说谎，家长和老师联合起来，把此事提高到道德品质的高度，又是写信，又是谈话，又是家访，动之以情，晓之以理，终于把孩子纳入了我们成年人希望的轨道。大功告成。

我想问问家长和老师，你们为什么就不打听打听孩子为何说谎呢？

如果她不是说谎成性，如果她只在很少的事情上偶尔说谎，如果她说谎只是为给自己争取一点可怜的游戏空间，那我就可以说：这不是道德品质问题。各位不但小题大做了，而且可能是头疼医脚了。

有没有可能孩子负担太重了？双休日参加补课班，征求孩子意见了吗？家长千方百计地迫使孩子"承认错误"，为什么不想想自己可能犯了更大的教育错误呢？

我见过不少出问题的中学生，小学都是尖子生。他们在小学被负担压得喘不过气来，只是因为年龄小，不敢发作。到了中学，说什么也不学了。人家还不"说谎"了，索性坦白地告诉大人："我就是不想学，我就想玩！"多么诚实！家长、老师怎样？惟有干瞪眼而已。

所以，在孩子小学阶段，不让他们有一定的时间玩，是非常外行和非常冒险的。这是在给中学埋定时炸弹！刘海洋小学、中学都是样板生，只会学习，从来没玩过，结果到了大学三年级爆发了，上动物园去玩了几回，用硫酸泼熊，引起轩然大波。他这是在弥补小时候没有玩过的损失。正因为他从来没有淘过气，所以他才不知深浅，他的这个行为其实是儿童行为。

所以，我每见到小学的优秀生，都有点忧虑。据我的经验，他们中的多数人，到中学会掉下来的，因为他们浪费了很多精力来满足大人的要求，而没有发展自己的天性。

我不是赞成说谎，我只是说，作为教育者，最重要的不是宣判说谎不对，然后让孩子承认错误，并保证改正（这些，恕我直言，都不需要什么专业水平，不需要动脑筋研究的），最重要的是分析说谎的原因和情境，然后决定如何对待。

教师没有取消这孩子三好生的资格，我认为是对的。但是总的说，家长和教师的"教育"意识都过强了，而理解意识和研究意识则太弱了。为什么很多孩子长大一点对大人说的话就完全不理睬了？因为我们成年人从来都不想理解他们，他们已经把我们看透了。

2005.3.8

【案例67】

记一次家访

我班有一位同学，特别爱打电子游戏。开学才五天，就打了八次游戏。上周三，我到游戏室抓我的侄子，就碰到了他。由于当时我还不认识他，他倒是虚惊一场。周日，有同学向我反映，他多次打电子游戏。于是我到游戏室抓到了他。当时，他热泪满面地告诉我，说如何如何地不打游戏了。

我当然也相信了他。这也就发生了昨天晚上他在游戏室外徘徊30分钟之久这样的事！可是，不知道今天晚上是怎么的，他又进了游戏室。于是又被我抓住了。我当时决定，立即送他回家，和他的家长配合教育！

我借了一辆摩托车，带着他，向他的家驶去！

在路上，我得知——他的父母亲在攀枝花打工。家里只有爷爷奶奶，家里还种地，主要依靠的是他的爷爷。说着说着，他的眼泪止不住地流下来了。我不知道这是悔过的泪水还是认为被我抓到倒霉的泪水。

说着、走着、哭着，到了他家。从外面看是两层的楼房，看上去，可能他的父母也为他存了不少的钱。门口有没有摘下的花生，满堂屋都是谷子。他的爷爷奶奶听说老师来了，热情地、很不好意思地说："看，我们这里多乱！"他们忙着给我端来凳子，还用自己身上的衣服擦拭后递给我。他的奶奶看见我浑身没有一处是干的，忙着去找他儿子的衣服给我换。

我们交谈后，为了防止这位同学以后再打电子游戏，做出以下对策：

1. 到学校食堂为他定午饭，而不是给他钱让他自己买午饭——切断他的经济来源，避免他不吃饭去打电子游戏。

2. 为了不让其他同学影响他，每天放学后如果他没有按时到家，家长就要及时地和我联系——减少他自由的时间，让他尽可能地处在我们的监督之下！

我风驰电掣地回到家，因为我已经在咳嗽了。（Isdsc）

提倡"探究型家访"

很佩服 lsclsc 老师的敬业精神和实干精神。

不过,这样下去,老师快成专职的"网童捕快"了。

老师很辛苦,但是工作的科技含量似乎偏低了。抓网童——告家长——下保证——再上网一再去抓……

我看这不是"反复",而是"重复"。学生在不断地复制自己的错误,而教师在不断地复制自己的"工作模式"。

这里的关键是,教师没有问问自己,这个孩子为什么这样迷恋上网?

"老黄牛"精神足够,研究意识缺失。

据我自己的经验,孩子走进网吧,是由于两种力量:前面在拉,后面在推。

什么东西在拉孩子进网吧?

不光是游戏本身的吸引人之处。还有网吧的人际关系,还有上网前后的人际关系。比如说别人都玩过游戏,课余谈起来眉飞色舞,我没有玩过,插不上嘴,这是很丢人的,会孤立的,于是我也想去了。还有更重要的,网吧能缓解我的心理压力,能释放我的焦虑,我可以"借网消愁"。

什么东西推孩子进网吧?

学习受挫,亲子关系紧张,师生关系紧张,同学关系紧张,不适应学校生活,等等。如果我什么都不顺利,天天活得不开心,那我很容易跑到网吧去寻求暂时的逃避。我知道躲得了初一躲不了十五，但是我是孩子，我想不了那么多，再说我已经没有信心了，过一天算一天吧。

具体到某一个孩子，什么东西在推他，什么东西在拉他，那是不一样的。你只有找得很准，才能对症下药地解决。

要让孩子离开网吧，也需要两种力量。

一种力量是外部干预，即教师家长的"围追堵截"。这也常常是必要的。lsclsc 老师在这方面用力不小。

另一种力量是靠孩子自己控制自己，这是最根本的，也是最重要的，也是最困难的。特别麻烦的是，你外控越多、越紧，他的自我控制能力就会越差。他自己管不住自己，家长和老师会累死的。

我曾经指导过很多网童。我发现比较好的方法是：

1. 一方面适当进行围追堵截，另一方面启发孩子自己管住自己，哪怕进步一点点也好。凡是孩子自己有希望控制自己的契机，教师和家长就不要搞外控。孩子只有体验过自己战胜自己、自己战胜诱惑的感觉，才能真正在网络游戏面前站起来。教师应该帮助孩子战胜自我，而不是剑拔弩张地打算战胜这个孩子。

2. 想尽一切办法让孩子在现实生活中，在班集体中，在家庭中，得到真实的成功和快乐。哪怕只有一点点，慢慢积累，只有这样，才能使他们不致到网络游戏的虚拟世界里去寻找成功和快乐。

我要是 LSCLSC 老师，我去家访，目的就会是另一样。我搞"探究型家访"、"诊断式家访"。我家访的主要目的不是为了让家长帮我围追堵截，而是具体摸清什么东西在拉学生，什么东西在推学生。这件事不搞清楚，怎么卖力气也是盲目的，捉襟见肘，按倒了葫芦起来了瓢，弄不好会四面楚歌。

2004.9.9

【案例68】

<h1 align="center">老师说："那我们以后就不管你的孩子了。"</h1>

有位陈先生，事业有成，但在教育子女上却遇到了大麻烦。女儿在一所小学读二年级，活泼可爱，但在班上却被老师称为是"坏孩子"，因为在课堂上女儿从来不做作业，听课也极不专心，老师布置用40分钟时间写短文，她磨蹭半天却只写一行字。老师认为她已经是"朽木不可雕也"，是班里的"祸害"，让其他的孩子都不要理她。孩子因为经常在学校里受打击，现在已经变得非常消沉，没有了自信心。陈先生说，其实孩子挺灵光的，回家做作业完成得很不错，家里请的钢琴老师也常常赞扬孩子聪明。她思维非常活跃，想象力丰富，特别想当个科学家，将来研究"长生不老"的药，应该说是有理想的孩子《可为什么一到学校就成了"人人喊打"的坏孩子呢？陈先生百思不得其解。陈先生说，由于自己从小到大接受的都是比较传统封闭的教育，除了看书还是看书，所以特别希望自己的孩子能够自由地发展，充分发扬个性。平时尽量给孩子创造宽松的环境，比如作业提前做完就可以多看会儿电视，孩子有什么爱好也从来不多干涉。但老师却认为家长这样是放任自流，不负责任。陈先生建议老师是不

是能给孩子多点鼓励，少点批评。老师却回答说，那我们以后就不管你的孩子了。面对老师的屡屡批评，陈先生也产生了疑问，是自己的教育方法出了问题吗？对孩子打过骂过也谈过，甚至带她去看过医生，看是不是患有多动症，但还是起不了什么作用；再者，用这种方式对待孩子会不会扼杀她的创造性？循规蹈矩每次都考100分的孩子将来就一定是人才吗？好孩子、坏孩子到底应该怎么界定？

陈先生焦虑地说，现在孩子已经到了无法上学的地步了，做家长的却束手无策，只能眼睁睁地看着孩子成为两种教育方式碰撞下的牺牲品。希望能有教育界的专家"救救孩子"。（俊王）

【点评】

发脾气不属于"专业技术"

这位老师说陈先生的女儿是"坏孩子"、"朽木不可雕也"，是班里的"祸害"，让其他的孩子都木要理她，显然都是错误的，违背了教育原则。

这孩子有学习障碍，甚至还有社会化障碍，但是教师绝不可以用这样贬损的话来说她，因为这只是教师在发泄自己的愤怒，无助于孩子的进步。

其实老师要解决这个问题，最主要的任务不是跟小女孩较劲（孩子没有罪，错在家长和老师），而是去劝她的家长调整家庭教育，其次是调整教师自己的教育方法。

老师认为家长的做法是放任自流，不负责任，这不准确。准确点说是家长采取的教育理念，虽然有一定道理，但是太极端了。

陈先生建议老师给孩子多点鼓励，少点批评。这个建议并不错。老师回答，那我们以后就不管你的孩子了。这就表明，老师的意见是：你让我管，就只能按我的方式，要不然我就不管了，而我所谓的"管"就只能是批评。老师的说法也有一定道理（"管"包含批评），但是也走极端了。这是一刀切。

家长和老师各执一端，都很不谦虚（教师似乎比家长更不谦虚），结果倒霉的是孩子。

陈先生应该明白，发扬个性不能发扬到"不守规则"的程度。孩子的行为大体上要随上大流，不能太特殊。连学生基本的行为规范都不遵守，这不是"个性"，而是"社会化障碍"。不能把与众不同都说成"个性"，要分清是非，否则我就可以把闯红灯也说成"个性"了。

孩子的老师应该注意，既然家长把孩子惯成了这样，我们不可能一下子扭转过来。孩子在这样的家庭教育氛围中长大，当然就会是这个样子，挨了老师的批评，她是冤枉的。老师其实可以对她做点让步，给她开辟一个"特区"，耐心地帮她逐渐跟上大家的步调。你要求她立刻变得和其他同学一样，替孩子想想，可能吗？只能一步一步给家庭教育"补课"。再解决不了，应该去请教领导和专家。发脾气，虽然情有可原，但毕竟是不明智的。而且发脾气最大的害处是，教师无法提高自身能力。下次遇到这类学生（以后这种学生会越来越多的）仍然只是发脾气而已，而且火气会越来越大。

发脾气谁不会？讽刺挖苦不属于专业技术。

2004.11.14

钢笔的麻烦

今天星期六，想放松一下自己。

上午，忙完家务，正躺在沙发上听音乐。"叮铃铃……"

原来是学生小旗的爸爸。

"汤老师，我家小旗这一学期用了15支钢笔，有很多支都是放在桌上就没了。上个星期，他又丢了一支。还请您上班查一查。"似乎在指责我这个班主任不负责任。

我连忙向他解释，钢笔丢失有多方面原因，小旗平时东西不爱护，写完作业从来不将学习用品收起来，钢笔掉到地上，笔尖就坏了。有时一滚也不知滚哪儿了。

"还是请您费心查查，上个星期没了的那支钢笔可是15元呢。"小旗爸爸有点不快地挂掉了电话。

我的心情再也轻松不起来了。

自从这学期要求使用钢笔以来。钢笔疑案是积了又积，都快有山高了。开始，我还煞有介事地进行查找，也许是我天生不具备侦探的本领，查找了几次，钢笔都是毫无影踪。慢慢地，我也懒得查了。只是，反复强调孩子们爱护钢笔，不要用嘴咬笔尖，写好后立即收到柜子里。可是，仍然有很多粗枝大叶的孩子，字一写，连笔帽都不愿套，就那样往桌上一扔。有时铜笔掉地上了，也不知道，到再用时，就大声嚷嚷钢笔被谁拿去了。

偶尔钢笔被别人捡到了，可是钢笔尖已经弯曲、分裂，再也不能用了。

一次作文课上，祁×突然站起来，叫嚷着钢笔被另一个同学小西偷去了。被指控者小西情绪特别激动，涨红着脸，大声为自己分辩。查了半天，原来钢笔在祁×自己的课桌里，根本没丢。

可是，钢笔疑案仍在继续发生。一天，一个打扮得花枝招展的女人突然出现在教室门外，一问，才知是学生小凝的妈妈。小凝头脑比较灵活，课堂上发言积极性特别高，学习态度却出奇地差，家庭作业，三天打鱼，两天晒网。上次单元测试，他只得了50分。请他的妈妈来学校一趟，班长带回的信却是，他妈妈要忙着打麻将，没时间来，也没时间打电话。并且还嘀咕，小凝是交了学费的，作业应该由老师来管。

这样的家长，今天怎么会主动来呢？

"老师，我来是想说一件事的。我家小凝的钢笔昨天没了。我已经跟他说过了，这是最后一支钢笔，弄没了，就别想我再买了。老师，有没有学生拾到交给您？如果有，就请还给我家小凝吧。"

当她向我告辞时，我才猛然清醒过来，急忙将小凝的学习情况告诉她。

"陪他？我哪有时间。老师，你别说了，今天晚上，我一定让他尝尝不做作业的滋味。"她不耐烦地结束了谈话，透过窗户，狠狠地瞪了小凝一眼，然后，昂头走了。

放学时，我留下小凝，悄悄递给他一支新钢笔。作为一个普通老师，我只能为他做这点微不足道的小事。

"叮铃铃……"又是一阵电话铃声响起，提起话筒，电话那头传出一个女人的声音："汤老师吗？我家孩子的钢笔又没了……"

我的头突然剧烈地痛起来，接完电话，顺手将电话线给拔了。在这学期的最后几天里，就让我轻松一下吧。

【点评】

不必烦恼，有办法

为什么学生会如此频繁地丢钢笔？原因搞清楚了，才能对症下药。先问为什么，再问怎么办。

原因可能主要是：

1. 学生没有把自己的东西整理得有条有理的良好习惯，东西乱扔，用罢不知收拾。

2. 学生没有保护自己东西的主权意识。

3. 学生没有不得侵犯他人主权的意识。看见别人东西好，就想据为己有，完全自我中心。

4. 学生没有自己丢了东西要负责任的感觉，家长也不让孩子负责，丢了就给再买一个。

5. 有个别学生是出于报复同学而偷他的东西。

6. 也有个别同学是有占小便宜的习惯，这属于品德问题。

看得出来，上述问题基本上是家庭教育的失误造成的，与独生子女的生活环境很有关系。问题出在学校，根子却在家庭。因此，教师光在学校头疼医头，脚疼医脚，那是治标不治本、事倍功半的办法。教师应该面向家长，指导家庭教育。开家长会不要光说考试分数。像这样的"钢笔问题"，就完全可以作为家长会的专题研究内容之一。比如可以给家长出以下的主意：

1. 在家中分清家长和孩子的不同"领地"。家长不可轻易侵犯孩子的"领地"，不要轻易动孩子的东西，也不允许孩子轻易侵犯家长的"领地"，不能随便动家长的东西。这样，孩子就可以逐渐建立"主权"意识，懂得保护自己的权利，也懂得尊重他人的权利。

2. 孩子的用具和玩具，用完了，要他自己整理，家长可以教他整理的方法，但不可代劳，否则就会养成孩子乱扔东西的习惯。如果他自己不整理，一旦找不到东西，家长不要帮忙，要作壁上观，让他自己吃苦头。

3. 孩子丢了他不该丢的东西（比如钢笔），为了避免影响学习，可以给他再买一支，但是必须有惩罚。少用口头批评，要动真格的。比如扣他若干压岁钱，少买一个玩具，停看几次动画片，取消一次出游活动等等。总之必须让他切实尝到苦头，下次他才会小心。如果孩子丢了东西不负任何责任，他何乐而不丢？孩子丢了东西，家长不加惩罚，就是纵容。现在很多孩子毫无责任感，这是重要原因。

新时代的教师，不会具体地指导家庭教育，不算合格教师。

你必须学会整合家庭教育和学校教育，必须学会调动家长的积极性帮助学校教育，但是并不是像现在很多教师所做的那样把家长变成"助教"和"二老师"；不是给家长"派活"，不是让家长做教师的代理人，而是指导家长做一个真正合格的家长，抓好孩子的非智力因素。这个工作做好了，孩子到学校来，老师就比较省事，就可以集中精力搞教学。否则，孩子们就会闹出无穷无尽的事情来，教师就不得不为家长的失误"补课"，穷于应付，捉襟见肘，按倒了葫芦起来瓢。每天的大部分精力实际不能用在教学上，而用在管理上，成了"灭火队员"。

作为教师，指导家长关注孩子的非智力因素，是"百年育人"，要求家长帮教师检查作业，是短期行为。教师搞短期行为只能越来越累。

虽然我们把主要的希望寄托在家长教育水平的提高上，但是既然孩子到学校来了，家庭教育已经有某些失误了，我们教师也只好尽量做一些"补课"、"再教育"的工作。

比如关于钢笔问题，教师可以表扬那些很少丢钢笔的同学，可以组织收拾书包、书桌的比赛，可以建立"失物招领处"，可以组织关于"权利"问题的主题班会，可以请家长给学生讲讲课，让孩子体会家长挣钱多么不容易，钢笔不是白来的，对于那些特别爱丢钢笔的学生，可以罚他做值日。至于对那种有意偷钢笔的学生，一定要想办法"破案"，否则他自以为得计，会越闹越欢，但"破案"之后，要私下处理，不要公布，要给孩子自新的机会。

总之，关于这类问题，我的意见是，教师用主要精力指导家庭教育；其次抓好学校教育的补救工作。在孩子性格和非智力因素的培养上，其实家庭是主角，学校只是配角。现在很多家长和教师都没有认识到这一点，造成了一系列问题。很多家长把自己的工作推给学校，很多教师都不懂得指导家庭教育的重要性，也不会具体指导，不会给家长"支招"，只知道笼统地埋怨家长，这是没有用处的。不负责任、只管自己打麻将的家长固然有，但是毕竟不是多数。多数家长很舍得下工夫，他们只是没有正确的观念，不会科学的方法，需要教师的具体指导。按我的经验，即使那些忙于打麻将的家长，只要诚恳地向他们说明利害（孩子毕竟是他的，孩子的前途毕竟关系家长的后半生），他们绝大多数也会对孩子的事情更上心一些。我不认为这是一件可以立竿见影的事情，但是我也不赞成无所作为的观点。

2004.8.24

【案例70】

她是不是父母亲生的？

一个借读生，一年级的女孩子，有很多坏毛病。比如爱说谎，不做作业，在作业本上乱涂乱画，上课做别的事，自顾自地画画写字。现在我们正在教拼音，她的成绩是全班倒数第二。可是家长一点不着急不说，好像这个女儿不是亲生的一样。我真奇怪这世界怎么会有对女儿的学习和生活那么冷淡的家长。

第一次打电话到她家，反映她的学习情况。她爸爸接的电话，好像搓了通宵麻将似的，我讲了半天他一点反应也没有，只是"嗯"了几声。最后说了一句"完了吗？"

第二次，我让她拿回家的一份告家长书，让她家长签名却迟迟不交。问其原因，原来是她的家长一直没签名，在我再三"逼问"之下，她只说妈妈忙。可我上次问她，她说妈妈是个家庭主妇。我打了十来个电话，终于有人接了。我只问了一句，"是不是×××的妈妈？"电话就被挂了，直把我气了个半死。

第三次，她妈接电话了，这次没挂。我发现她是个外地人，有种想尽快结束电话的感觉，又有些敷衍。

第四次，打去近十次，无人接。她女儿说，妈妈在家的。

第五次，无人接。

我真不明白，大老远的路跑来借读，又拿出那么多借读费，既然家长这么不重视孩子的发展，为什么不在自己家附近的村小读？我该不该再打电话去？（爱在夕元）

2004.10.10

【点评】

避免"单项归因"和单纯"他责归因"

虽然我很同情爱在夕元老师的处境，但是我还是想直率地说，夕元老师这种分析问题的思维方式，恐怕有点问题。

在教育问题上，"原因 A 导致结果 B"这种简单的因果关系是不存在的。一般导致某种结果的原因都是多项的，而且各个原因是综合起作用的。所以教师在遇到一个问题进行归因的时候，最好学学科学家，提出多种"假说"，然后一个一个论证。

夕元老师遇到这样一个难以配合的家长，简单地、单项地归因成"不负责任"，甚至怀疑孩子是否家长亲生的，这叫"单项归因"。这就把自己的路走窄了，甚至堵死了。你想，既然家长不负责任，老师还有什么办法？老师难道能把非亲生的孩子变成亲生的吗？

简单归因，单向归因，特别不利于教师专业水平的提高。

我还发现很多老师遇到问题进行归因的时候，特别容易"矛头向外"，也就是倾向于强调别人的责任，而不大注意想想这里是否有教师自己的责任。我把这种思维方式叫做"他责归因"。

夕元老师的归因，也有这种色彩。我们读完了夕元老师的文章，会很气愤，这叫什么家长！这种心情很正常，但是在这种心态下，人们可就很难静下心来研究进一步的对策了。既然问题全在对方，我的任务自然就只是谴责了！

"他责归因"是情绪性的，也特别不利于教师专业水平的提高。

目前这两种归因方式在教师中极为普遍，几乎成了"思维定势"，就好像教学中的标准答案一样，严重钝化了教师的思维能力。你到教师中去，会发现教师闲谈中充斥着埋怨声，这是此种思维方式的必然结果。

现在我们回过头来看看，夕元老师班上这个小姑娘的家长，为什么这样不愿和老师沟通呢？据我的经验，至少有以下几种可能：

1. 家长文化水平低，不会拼音，甚至签名也不会，或者签不好看，父母怕丢人，谁都不愿出手，又不好意思对老师说实话，只好在电话里支支吾吾。这不是不负责任，是他们没有能力负某种责任。

2. 家长有一种传统观念，觉得教育是学校老师的事情，不该找家长。这种家长农村较多，经济落后地区较多。他们甚至会觉得你给他打电话是给他"添麻烦"。这不是不负责任，是他有另一种教育观。

3. 家长对孩子期望值低。这种家长本来就不奢望孩子"成龙"，他们送孩子上学，主要是因为孩子不上学没有地方去。至于学习成绩如何，他们不在乎。这种家长，如果你打电话不谈孩子学习，而告诉他孩子在学校挨欺负，他可能就风风火火地赶来了，证明他不是不关心孩子，而是他不大关心老师所关心的事情，他的关注点与教师不同。这也不能笼统地说是"不负责任"。

4. 家长对孩子失望了。家长本来对孩子期望值很高的，可是孩子总"不争气"，在幼儿园就弄得老师经常告状，管也不见起色，家长灰心了，不敢再抱什么希望了。要是这样，老师再给他打电话谈什么学习，你想他能有丝毫兴趣吗？人对没有希望的事情，不可能有兴趣。这种时候家长需要的是鼓励和具体的帮助，"告状"会适得其反的。

5. 家长只顾自己吃喝玩乐，对孩子成长不关心。这种家长也是有的，这确实是不负责任。但是经验告诉我们，这种家长，批评是没有用的。比较管事的办法是采取一些非常具体的措施，迫使他干点事情。对这种家长决不要期望过高，监督作业、教孩子拼音他们是不会做的。我个人在指导家庭教育过程中，遇到这类家长，一旦确信他不可能负责任，我决不跟他较劲，那是浪费精力。我想办法给孩子找一个比较负责任的亲戚来管他，给家长施压，迫使他出力。

6. 夫妻正闹矛盾，甚至正在闹离婚，顾不上孩子，而且很不愿意和老师联系，因为老师只要一细致了解孩子的生活环境，就会发现其家庭问题，这正是父母二人都不愿让老师知道的。这种家长，一旦离婚问题取得"阶段性成果"，就会愿意与老师联系的。这是暂时性的不负责任。

以上六条，可以算我对这个孩子问题提出的"理论假说"。我当然不知道哪一条或者哪几条正确，说不定我全都错了。但是起码我在前进，我的思路是开放的而不是封闭的，是研究性的而不是怨天尤人的。我有这样几条，就可以一条一条有针对性地进一步了解情况，就可以采取不同的干预策略试一试。过些日子，我或许就可以锁定问题在哪里，我的治疗方案也就有谱了。

我不会生气。当你把对方当成研究对象的时候，你没有时间生气。沿着这样的路子走，你就会发现自己的专业水平日益提高。你遇到问题有思路，你的办法总是比别人多几招，而且你活得有成就感，不像别人那样疲惫。

这条路有一个我们字面上很熟悉的名称，叫"科学"。

2004.10.11

【案例71】

被众多家长宠坏的孩子怎么办？

非，瘦个儿，父母长年在外，由爷爷奶奶抚养。奶奶平时主管一个棋牌室，无多余时间管他，所以他基本上由爷爷接来送往。他们是个大家族，七姑婆八姑妈都住在近旁。家族里他是小孙孙，小宝贝，加之平时说话比较讨人喜欢，大家都特别地宠他，爱他。只要小祖宗一声吩咐，无不照办！因此即使爷爷奶奶不给他钱，他也不愁没钱花。加之每次父母回来总要好好补偿没在家的温情，于是带他上高级饭店，买时尚运动衣。班里还没小朋友知道阿迪达斯、耐克，他就早已开始直奔小康了！阿迪达斯、耐克、巴布豆……应有尽有！服饰上体现高档，文具也不逊色，五花八门，千奇百怪的，好玩的，好用的，新出炉的文具他那儿都有，平时口袋里也总带着零花钱。

前些天，我让他坐在露露的前面，他上课时不听老师讲课，就扭头去看露露，下课时也一直看着她，和她玩！露露烦了，就来告诉我了！于是我把他换到了教室前面来，可还是发现他总有意无意地去看她！我不由得有点担忧起来了。毕竟才四年级的孩子啊！（晓风吓咚）

【点评】

这个孩子前途不容乐观

非的诸位家长正齐心合力把他培养成一个花花公子，已经取得阶段性成果。

他们如此这般的"爱"，与其说是为了孩子，不如说是为了自己的心理满足。你要知道，把零花钱塞到孩子手里，对于很多家长是多么快乐的一件事。看见自己的孩子穿得比别的孩子好，能满足家长多少虚荣心呀！于是孩子在他们引导下，十有八九就会把注意力的重点从学习移开了。钱这种东西总是离吃喝玩乐更近，离学习更远，这难道还需要论证吗？成人钱多了尚且容易学坏，何况孩子乎！

如果有可能，请晓风老师见见孩子父母，告诉他们，赶快把孩子从诸位家长的溺爱中解救出来，要远离他们。不得已，应该送孩子去住校或者托付给一个懂教育的退休老师，让孩子逐渐进入"粗茶淡饭"的生活状态。否则，将来这孩子可能给家长带来无穷的麻烦。而到那个时候，所有的长辈，谁都不会承认自己溺爱的错误，只会互相埋怨，孩子可就"砸"在父母手里了。这种事情我见多了。

　　如果父母不能警醒，那没有办法。你只要做到让孩子在你的班上不致退步太快，也就问心无愧了。

　　我们是好人，不是神仙。

2004.11.9

晓风老师回复：

　　上次，我给非联系了一个老教师，让他去他家过"粗茶淡饭"的日子，结果家里的爷爷奶奶一致反对，最后决定每天在我办公室完成作业然后回家。我听说这几天又住宾馆，问及原因是因为家里太爱停电了，没人烧饭等之类的问题。我知道后就让他没事别往外面跑，自己在房间里看看书和妹妹一起玩。他说："好的！"前些天还觉得他进步了许多，在教室也能见到他静心看书的样子了，作业完成得非常干净，上课听得也很牢，常见他积极举手发言的样子，还很欣慰，觉得平时常带在身边感化了他。谁知还没等我高兴起来，那天就听见浩说他口出狂言："你不要烦我，惹火了我，我让×××和×××（外地人）来揍你一顿！"全然小流氓的口气！我为此和他谈了，他一脸诚恳地说："我知道了！"

中午，我刚才在教室改作业，珂走上来对我说："张老师，我在做作业，非坐在后面总是骂我！""他骂你什么？""他说，珂生了个儿子是聋子，生了个女儿是哑巴！"珂说完就走回座位上去了！我随着他的身影，看见他后面的非正在窃笑。坐在我旁边的凡也轻声说："非平时总用恶毒的语言诅咒人！"

他早在二年级时就爱说些成人的话，由于父母不在身边，总和村子里一些乱七八糟的外地人混在一起，对于比自己弱的人知道如何利用，知道欺上压下。在学校里，除了老师谁都不怕。他身上那一股子戾气该如何根除？总感觉靠我一人的力量太微不足道了！可他的父母远在外地，根本就是鞭长莫及，他的监护人爷爷奶奶更是惟小祖宗是从，从不说他，也无暇顾及他的心理需求。哦，新的课题又出来了！我还是该从他的内心出发吧！

王晓春回复：

晓风老师，我认为您的工作有进展，起码他爷爷奶奶能答应您孩子在办公室完成作业然后回家，这就有门。

您还可以走两着棋：第一，是找机会和两位老人谈，先说孩子如何如何有进步，再说他的隐患——他有可能畸形社会化（早熟），将来变成一个花花公子，成为麻烦制造者。要是那样，二老如何向孩子父母交代呢？第二，是和孩子父母联系，明确告诉他们，隔辈人教育孩子，成功率较低。人老惜子，难免溺爱，可以理解，后果堪忧。如果他们顾及孩子前途，建议他们下决心让孩子离开爷爷奶奶，不能每天和爷爷奶奶在一起，而且再也不能这样无原则地满足孩子的物质需求了。听不听，那就看孩子父母是不是明白人了。

您在学校尽量做孩子的工作就是了，毕竟孩子年龄小，翻不起大浪。但家长若不听忠告，孩子到中学就会有精彩镜头，家长将后悔莫及。

您能做的，也就如此。您工作做了，话也说在前面了，勿谓言之不预也。

2005.1.17

【案例72】

会做"补丁"的妈妈

合合与吉吉的妈妈对我说："哎，老师，您不知道他俩一到晚上写作业呀，我就特紧张。他俩呀，太认真，写错一个字就重写。我看孩子一遍又一遍地重写，我真舍不得。时间太晚，我又怕耽误孩子明天的学习。"我解释道："我对孩子们讲过，刚接触钢笔你们肯定会不适应，如果遇到写错字的时候，老师教给你一个法儿，在这个字上画上一条斜线就可以了，但注意写的时候一定要认真看字的结构与笔画，减少错误的出现，以免影响书写的美观。"也许是我的最后一句话让认真的孩子就钻牛角了。

"是呀，我也知道，可就是不行，我没有办法，就给孩子做了遮挡。您在批作业的时候没有发现他们的作业有'补丁'吗？"

我疑惑地笑了笑，"还真没有发现呢。"

我很惊诧，现在竟然有这样的妈妈，肯在孩了身上下这样大的工夫，妈妈用剪刀把孩子错的地方补了一个不大不小的"丁"。好精细的工作！

如果不仔细看的话，还真让它给蒙过去了，天衣无缝，连线也吻合得让人找不出破绽，失误率可以是 0"。

妈妈的行为让我好感动，也很佩服！妈妈的这种敬业难道还培养不出优秀的将军吗？她的细心与耐心，也看出了妈妈那无私的爱，给予孩子的她从不懊悔，只有付出，不图回报，可怜天下父母心呀！（川雨可爱）

【点评】

无私的爱，还是糊涂的"爱"？

我要是川雨老师，我就不会赞扬这位母亲"敬业"，因为为孩子的作业本"打补丁"，殊非家长之"业"也。这不是"敬业'，而属于"越俎代庖"。

我也不会赞扬这位家长"无私的爱"。在我看来，此种"爱"属于不理智的"爱"，糊涂的"爱"，溺爱。

我国中小学生作业，基本是对所学知识的巩固和练习，完成这种作业，最重要的是反映学习者的真实情况，以便教师在今后的教学中对学生进行因材施教的指导。现在家长一参与，等于"虚报产量"，这对教学不是帮助，而是蒙蔽。

家长帮助孩子"包装"作业，增强的不是孩子真实的自信心，而只是虚荣心。这样得来的表扬，对孩子的主要作用不是激励，而是腐蚀。作业很漂亮，分数很高，但那不全是他自己的，他的实际本领并没有那么强，到了高年级，就会露馅。这种孩子很可能"赢在起点"而"输在终点"。他没有后劲，他无法可持续发展。

所以这位家长是好心好意地在搞短期行为，在搞"形象工程"。

恕我直言，家长如此糊涂，也可能与教师的导向有关。

教师如果总是表扬那些作业"完美"的学生（有的学校还组织"作业展览"），其他学生当然也就会追求"完美"了。

教师如果只注意孩子的作业是否"完美"而不问问这"完美"是否为"集体创作"，家长当然就难免"抱孩子过河"了。

照我看来，对学生作业要求"完美"是没有必要的。真实、清楚、整齐，就可以了。我们这种"含金量"很低的作业，赶快写完去玩一会儿，或者去看课外书，远比一遍一遍修改它以追求"完美"，更符合科学发展观。

愚以为，如今无论是家长还是教师，普遍最缺乏的，首先不是"爱"，而是科学态度和科学精神。

2004.11.20

【案例 73】

培养孩子的好习惯

一二年级的孩子是一张白纸，他以后的很多习惯都将从"零"开始，所以孩子起始阶段的习惯培养非常重要。对于刚入学的孩子，学校非常注重各种习惯的养成。习惯培养主要从游戏规则入手。要求孩子一进入教室就要静下来，不可大声喧哗。静，为何先要静？因为教室是学习的场所，人只有静下心来才能学到许多知识，人只有静下心来才能思虑到许多有价值的东西。在我们有意识无意识的言传身教中，学生逐渐养成了教室里保持"静"的学习习惯！孩子一走进教室基本能做到轻声说话，安静看书，没有尖叫声，没有大声吵闹的现象！学会静，然后考虑动，动则有序。玩是孩子的天性，课余是孩子们最喜欢玩的时间，有些孩子常常玩得忘了时间，忘了做好下节课的准备工作再去玩。所以一二年级的孩子，通常由班主任老师教育孩子做好下节课的准备工作后，在学校的后花园进行玩耍老师在一旁看着：孩子们可以跳皮筋，可以做游戏。这考虑到孩子的年龄特征（小，不懂事），作为老师就得适时引导孩子进行有意义的活动。（晓风叮咚）

【点评】

别说孩子是一张白纸

晓风老师邀请我评论一下他的教育札记，我来试试看。

一开头我就看见了这样的说法："一二年级的孩子是一张白纸，他以后的很多习惯都将从'零'开始。"

愚以为此说欠妥，与迄今为止心理学的研究成果不符。孩子生下来就已经不是一张白纸了，更何况已经活了五六年、六七年了呢！科学研究告诉我们，人的基本性格和思维模式，在六岁以前已经初具规模，有的科学家甚至认为已经基本定型了。我不大同意基本定型的说法，但是我以为"三岁看大，七岁看老"的谚语肯定事出有因，这是千百年经验的总结，必有一定道理。

所以，培养良好习惯，关键不在学龄后，而在学龄前，不在学校，而在家庭。良好学习习惯不过是良好生活习惯的引申而已。

如果家长把孩子惯得懒惰任性，散漫没规矩，自我中心无责任感（现在很多孩子都是如此），教师要培养他的良好习惯，就等于面对一张涂得五颜六色乱七八糟的纸，根本不是白纸，你得先把它擦干净，然后再重新作画，可想而知你有多费力。为什么现在老师这样累？就是因为孩子不是白纸，而且纸上并非好画。他要是白纸倒好了。

可见，教师说孩子是一张白纸，是把自己的任务无限扩大了，是把自己作用估计过高了，是自己将了自己一军，弄不好是把家长失职的责任也揽到自己身上来了。这很伟大，但是不科学。教师挑不该挑的重担，当然要焦虑的。

所以我主张，聪明的教师要分出相当多的精力去指导家长，让他们克服溺爱和过度保护，让孩子有家教，像个孩子样。这种孩子送到学校来，虽然也不是白纸，但是画面不乱，有基础，老师就省事多了，稍加修改，即成好画。事半功倍。否则，教师在学校里好不容易培养点好习惯，到家里就被"消化"了。家长不固"本"（"本"在家庭，不在学校）而学校专治"标"，事倍功半。

2004.12.2

家长放纵孩子，或者家长教育孩子不一致，怎么办？

学生的问题常常来自家长的问题。有些家长恨铁不成钢，孩子达不到家长的目标家长就会打骂，并且说"你这么笨"、"这么坏"。孩子产生逆反心理。

若是家庭对孩子放纵型的，又要如何办呢？

对于家庭不和或家庭教育十分不一致的又应怎样做呢？（zhongjianl）

【点评】

据我看真正不负责任放纵孩子的家长比例很小。您所谓放纵，可能属于下面几种情况：

1. 他原来管得很严的，总是不见效果，或者孩子严重逆反，他就灰心不管了。这是放弃，不是放纵。

这种家长需要的不是责备，不是你给他讲家庭教育的重要性，不是提高他的责任心，而是增强他的信心，给他出具体的主意。

2. 他的家教严重失衡。在有些地方（比如考试分数），不该严的乱严，而在很多习惯方面，不该放松的乱放松。这种情况比例最大。

这种家长，你要是说他放纵，他一百个委屈，因为他确实不是放纵。这是他的素质问题，见识问题。哪件事重要，哪件事次要，哪件事非管不可，哪件事不必追究，哪件事点一点即可，哪件事必须常抓不懈，分辨起来不容易。对此是否善于权衡，最能看出家长的水平。

遇到这种家长，不要责备他放纵，而要具体地帮他一件事一件事地分析，帮他学会抓大放小。但是此事的前提是教师要比家长更有见识，看得更清楚。可惜，恕我直言，有些老师也并非明白人，他们所谓最重要的事情，就只是眼前最给他带来麻烦的事情。这就很难抓到点子上。

3. 情绪化。有些家长，孩子有问题管不管，深管还是浅管，完全决定于他的情绪。今儿他高兴，孩子上房揭瓦也不问；明儿他不高兴，找个茬就把孩子训一顿甚至打一顿。这其实也不是放纵，而是家长"没正形"。

对这种家长，批评他"放纵"，他肯定不服，他会举出自己痛打孩子为例，证明自己很严格。你的批评没打中要害。他的要害是情绪化管理，应该帮助他做到遇事理智处理，冷处理。

经常有老师埋怨家长放纵孩子。这种埋怨往往非常空洞，缺乏分析，除了引起家长的不满以外，作用不大。

两个或几个家长教育孩子意见不一致，怎么办？

首先要注意，不可把分歧暴露给孩子。

如果意见分歧不算很大，各位家长可以背着孩子开会协商，争取取得共识。

如果分歧很大，无法统一，可以请专家裁判是非。

如果双方都很有主见，谁说也不听。可以轮流教育孩子。你管一年，我不插嘴，我管一年，你别干涉。然后比较效果。

我曾经指导过两个研究生家长。他们都相当懂教育，但不属于一派。各持己见，僵持不下。我就告诉二位，单用你们两个人谁的方法，都能把孩子教育好，但是要同时采用两种方法，孩子可就被你们撕成两半了。你们可以抓阄，谁抓到谁管一年。

有时候两个家长，明显水平一个高于另一个（注意，这不完全指文化水平，主要指见识），也可以劝一位家长撤出，基本上由另一位家长负责教育。我就这样劝过，效果不错。

如果是隔辈人参与教育，意见又分歧很大，可以考虑让老人退出，去享清福。

2005.4.14

【案例75】

家长替孩子做作业，我怎么处理?

我班有个孩子他写字很慢，字迹也相对很潦草，错误百出！有一次，我发现作业本上的字迹是家长的！于是，我打电话给家长，告诉家长不要帮小孩写，要辅导他。家长说看他写得太慢了，忍不住！我就和他分析长此做下去的弊端。家长听完后，也说要改！可是过不了两个星期，数学老师又发现这位家长帮小孩做作业。于是数学老师也找来家长谈话，家长也说要改！又过了两个星期，我又发现学生家长帮其小孩写作业，并且很多都是错的！我又打电话给家长，家长硬说没有，可是小孩告诉我，是他父亲写的！我该如何劝这位家长呢？（阿德的梦）

给阿德老师的建议

我不相信一位父亲会有给孩子写作业的爱好，我更不相信在老师指出家长的错误之后，他会成心与老师作对，继续"顶风作案"。

他一定有他的苦衷，他一定很无奈，他一定很无助。

其实他已经把原因告诉我们了："看他写得太慢了，忍不住。"

想来是孩子写作业一直写到深夜，家长看孩子太可怜，睡眠不足，影响身体健康，情急之下出此下策。

那他知道错了，为什么不改呢？

这个问题问得非常好。

知错不改，从逻辑上说，有两种原因：一种是，你的意见我知道了，但我与你看法不同。我不认为我错了，当然我就不改。另一种原因是：我知道错了，我早就知道错了，我这完全是明知故犯，可是我没有办法。我当然想改，我巴不得不干这种又蠢又累的事情，但是我不知有什么办法能摆脱这种处境。谁能帮我？

家长本指望阿德老师能帮他。可惜，恕我直言，阿德老师没有给他任何帮助。阿德老师只是一遍又一遍地向家长强调了家长早已懂得的事情："不要替孩子写作业。"从与阿德的交流中，家长没有获得一点新信息，没找到出路。

我要是阿德老师，我决不会多说"不要替孩子写作业"这类废话。我集中精力询问和研究一个问题：这孩子为什么写作业慢？有没有可能快起来？

写作业慢，原因是很多的，解决的办法也不少。因为具体情况不清楚，这里无法细说。

具体帮助孩子切实提高速度，而不责备家长。这是一条思路。

还有另一条思路也是不可少的：提高孩子写作业速度是慢功，一般不会"大跃进"。在孩子的作业速度没有提高到能跟上趟之前，可怎么办呢？

有三种办法。

第一种，不管写到多晚，也一定要让孩子独立完成。革命加拼命。显然，这种办法不可行——太缺乏人文关怀了。

第二种，暂时允许父亲"捉刀代笔"，但一定要让孩子自己明白，哪些是你独立完成的，哪些是家长代笔的，这只是权益之计，你一定要逐渐自己独立完成。这等于开辟一个"特区"。这种办法可以考虑。

第三种，留个性化作业。也就是说，人家做十个题，目前这孩子只要做五个就行了。其实这是最实事求是的办法。非要实力只能完成五个题的孩子完成十个题，这其实是典型的形式主义，一刀切。可是教师要留个性化作业，必须遇到一个明白校长。若校长是一位形式主义爱好者，我不管学生实际能力参差不齐，只求交上来的作业全都整齐漂亮，否则就扣老师的工资，那没辙，只好用第二种办法了。

就这样双管齐下。一方面，具体指导孩子提高速度（这是根本的）；另一方面，给孩子开辟一个特区，给予适当照顾。估计过一段时间，孩子就可能有进步。

以上意见，谨供阿德老师参考。

2005.4.15

第五部分　管理问题

我认为：爱，能够改变一切

作为教师的我们，首先就必须相信，爱心具有一种魔力，爱能够改变一切。假如，你不相信这句话，那就不妨试一下。

在教育的过程中，用爱心去教育学生、感化学生。永远坚信，爱能够改变一切，用爱心能够更好地教育学生，你可要再一次相信自己，坚定你不变的信念。

源于爱，我追求；源于爱，我乐于奋斗；源于爱，我乐于探索；源于爱，我乐于付出；源于爱，我，不怕清贫。

爱心，是你战胜困难的源泉；爱心，是你战胜困难的动力。用你的爱心，去改变一个又一个学生；用你的爱心，在你获得力量的同时学生也获得了力量。

大胆地相信你自己，用你的爱心＋你的勤奋努力，你一定能够教育好学生。

爱心是我们搞好教育的前提和基础，爱心的作用，还表现在以下几个方面：

1. 爱心能够调动学生的学习积极性，促进学生进一步提高学习成绩。在爱的关怀下，不勤奋努力学习的同学开始变得勤奋起来，勤奋的同学变得更加勤奋。

2. 爱心能够进一步加强师生之间的关系。试想一下，师生之间冰冷冷的没有交流，彼此之间没有热爱之心，怎么能够搞好师生之间的关系？教师默默地奉献着自己的爱心，无形之间会感染学生。学生也会变得喜欢老师起来，不断地，师生之间的关系变得更加和谐、融洽。

永远爱我的学生，爱我的教育事业，是我一生的信念，永恒不变的追求！（深山老林）

【点评】

爱，不能改变一切

爱有魔力，爱能解决一切问题，这种话，我们听得太多太多了。

可是为什么学生中还有那么多问题没有解决呢？

按照上述逻辑，只能得出一个结论——那是因为老师爱学生还爱得不够，爱到十万八千度，问题自然解决了。

或许许多领导就是这样认为的，所以他们每遇到学生问题就只会奢谈师爱，空谈师爱，而很少拿出具体的思路和办法来帮助老师。

愚以为这既冤枉了老师，也误导了老师。

很多孩子的家庭教育都是失败的，是不是也应该归因于家长爱孩子爱得不够？爱是不是越多越好？如果确实越多越好，那人们为什么又批评"溺爱"呢？"溺"不就是多而又多吗？家长的爱，魔力哪里去了？

铁的事实是，爱并不能改变一切。

既然爱并不能解决一切问题，那么你要是宣传爱能解决一切问题，实际上反而把老师弄糊涂了——他们怎么也不明白为什么有些差生爱也爱不过来，他们想再多爱一点，又不知怎么个爱法。只有"爱"这一条路，自己又走不通，剩下的就只有焦虑。一焦虑行动就会过激，于是简单粗暴就上来了。

把爱的力量吹得离了谱，恰好推动"爱"走向它的反面——"恨"。您没发现如今许多老师提起学生来，口气都是恨恨的吗？这种在非正式场合表现出来的"恨"，与正式场合响彻云霄的"爱"的颂歌，相映成趣，相得益彰。其实它们是——回事一都是情感挂帅，其中没有科学。

作为教师，没有爱当然是不行的，但光有爱是不够的。除了爱以外，还要有科学的教育思路和教育方法，而后者是不会从爱中自然产生的。

愚以为，后者的重要性绝不亚于前者，而长期以来，它却被大大地忽略了。

面对教育问题，只会唱爱之歌，这是无意识的自我欺骗，而且我再说一句得罪人的话：这还可能是在投机取巧。因为爱谁都会，（高尔基甚至挖苦说："爱孩子，这是母鸡都会的。"）而教师的专业本领，他的研究能力，可就不是那么简单就能学到了。

2005.4.25

【案例77】

"减负"第一周

我们学校上一周为贯彻上级精神，决定每天下午第三节课后的四十分钟的课外活动不再把学生关在教室里自修，让学生到操场上去"课外活动"（我们学校90%学生是住宿的）。大家猜出现了什么情况？

班级里真正需要减负的，那些平常用功的好学生，任凭教师怎么赶就是不出教室，而那些平常负担很轻的根本不认真学习的学生每天下午却玩得非常痛快。留在教室里的学生说，第一作业多，不抓紧时间完不成，第二即使作业不多，自己也要找资料做，为了能在以后的中考中取得好成绩，给爹妈省点钱（重点高中要买的，一分以千元计）。到操场上活动没意义，体育成绩又不计入总分。

就这样，一个星期下来，学校领导发现了问题，说"等检查过去了一定要收回来"。……（平凡之人）

【点评】

减负不能只靠行政手段

我听过一个笑话。几年前中央领导同志提出减负之后，一位从来不交作业的学生对老师说："您看，我多有先见之明，我早就给自己减负了。"

这就是单纯用行政手段减负的弊端。平凡老师所说的"平常负担很轻的根本不认真学习的学生每天下午却玩得非常痛快"，情况类似。

减负不能一刀切。像那位"有先见之明"的学生，就需要"加负"。

问题是，谁应该减负，谁应该加负．这首先是个业务问题，是个专业技术问题，应该把自主权交给老师，区别对待。单纯采用行政命令的办法解决学生负担问题是行不通的。一旦出现弊端，肯定会反弹。"检查过去了"就会"收回来"。

但是行政部门也有他们的苦衷。你把自主权交给老师，老师就只会朝加负的方向使劲，群起而加之，而且不知节制，搞得孩子苦不堪言，家长无法忍受，专家痛心疾首，引起风波，上级只好下一道死命令——减！

可能有人会说："考试制度不改，减负永无希望。"

未必如此。有考试必有负担，但是否非要负担如此沉重，那可不一定，这里有个效率问题。君不见学生做了大量的无用功吗？教师专业水平越低，办法就越笨，学生重复劳动就越多，负担就越重。好学生最倒霉，听话的学生最不幸。

所以，减负应该是慢功，应该是经常研究的一个题目。要一门一门地进行专业性考察．教师如何能讲得精一点，作业留得少一点，给学生自主时间多一点，还要能保证考出好成绩。我说过，把每堂课教师讲课时间减少一半，并不难做到，腾出时间让学生做练习，课下岂不可以少留很多作业？作业也可以分类留的。这种减负，才真正站得住，不会反弹。然而这需要教师多动脑筋，而很多教师是宁可拼体力和学生较劲，也不愿动脑筋研究问题的。这才是减负的最大障碍。但是你要去问老师学生负担为什么减不下来，他肯定怪考试，肯定把自己的责任推得一干二净。你要去问校长，为什么平时不扎扎实实研究真正的减负措施，非等到上级下令才作减负的姿态，他肯定也归罪于考试，还有教师素质低，不会承认自己在这方面实际上没有认真抓过。

可见，在推卸责任方面，国人都是高手。

2005.4.21

【案例 78】

分　数

今天完成了第三单元《简单的统计 2》，就做了一个随堂练习。刚把练习发下去，蒋××却问道："要不要打分的？"我愣住了，分数真的对他们这么重要吗？难道正应验了那句老话"考，考，考，老师的法宝；分，分，分，学生的命根"？我问："打分怎么样，不打分又怎么样？"蒋××比较"圆滑"，说："打不打分，我们都一样认真做。"我又问："你们有多少人希望打分的？"手像雨后春笋一样。

"谁能勇敢地告诉老师，打分和不打分对你们来说有什么区别吗？"

我接着问。金×："打分了，我们就认真做，做得仔细；不打分呢，认真也认真，就是……就是稍微差点。"杨××："我的作业本、练习册、试卷等，回去爸爸妈妈要看分数的，分数好倒还无所谓，要是有时差点，就会受批评。"其他同学也说出了实话。我说："那好，只要你们认真做，老师尽量给你把分打高点。"全班学生伏案了。

前几天看见莫××老师有篇关于打分的随笔，认为对学生的小错误小题大做，该扣的扣掉，不该扣的也扣，我还不以为然。殊不知，分数对于学生是那么的重要，不仅是对自己劳动成果的体现，更是回家"交差"或"邀功"的收据，原来不仅仅老师把孩子的优秀与否跟分数等同起来了。不知道这是教育的必然还是教育的差错。向莫老师学习！（谢栋欢）

【点评】

此种导向后患无穷

不加节制地强化学生的分数意识，对眼前的评比或有好处，对升学或有好处，对学生整体素质的提高却有害处，后患无穷。

因为分数意识的本质上是等待他人评价的意识，而非自我评价意识。我写作业，我考试，首先是为了让家长满意，让老师满意。他们满意了，我才高兴，他们不满意，我就倒霉了。

这是一种看人脸色行事的生活方式。

很多老师和家长都问我："现在的孩子怎么好像是给别人学习呢？"我告诉他们，就是因为你们的外部管理太多了。你们用分数过分地控制了孩子，把他们的注意力完全引向了外部，他们已经没有多少时间和空间来"自我欣赏"了。其实这种"自我欣赏"，自己在学习本身中得到的乐趣，自己对自己的肯定和激励，才是可持续发展的更重要的动力。我们的很多家长和老师不但没有注意培养这种动力，反而在毁坏它。

有成就的人都是自我评价能力强的人。当外部评价和自我评价相矛盾的时候，他们常常能不为外部评价所动，顶住压力，坚持自己的正确选择，这才能成就一番事业。毛泽东当年曾经提出过一个非常鲜明的口号："把分数看透"，就是提倡学生要有主见，不要被分数牵着鼻子走。可是现在我们很多老师却还在无休止地强化学生的分数意识，不但自己跟着分数指挥棒团团打转，而且引导学生跟着老师给的分数翩翩起舞，愚以为这是一种倒退。

说到这里，肯定会有人反驳我："你能取消分数吗？"

我不能。但是不能取消的东西不等于就是应该顶礼膜拜的东西。你能取消吸烟吗？不能。但是你应该宣传吸烟有益吗？不应该。我们当然要做现实主义者，但是现实主义不等于向现实的消极面投降，更不等于"鼓其泥而扬其波"。

分数只是一种评价工具。它是双刃剑，可以行善，也可以作恶。一个优秀教师，一定要在发挥分数的某些有益作用的同时，竭力避免其副作用。他绝不会"对学生的小错误小题大做，该扣的扣掉．不该扣的也扣"，因为这根本就是一种教育暴力。请问这样的老师，如果校长对您的奖金"该扣的扣掉，不该扣的也扣"，且美其名曰"严格要求"，您将作何感想？恕我直言，对学生实行这样的办法，说明教师已经可悲地失去了将心比心的能力。这是一种心灵的扭曲。

有位叫抱冰客的网友说："当还没有东西取代分数时，分数就是最好的。"

我的想法不同：即使永远没有东西能取代分数，它也不是最好的，它充其量只是一个不算太坏的东西。

这不是语言游戏。教师对分数的基本估计，决定着他的教育教学倾向。

2005.4.18

【案例79】

评　比

我不去在意那次评比扣分。然而……

已经五点半了，校园里很静。我下楼，隐约听到有人在楼梯下说着话。"我说的吧，叫你把那五角钱先交给值日老师的，你不听，不然，我们班又可以加一分了。"很熟识的声音。

"我，我，丢钱的人就在面前，还要先去找值日老师再交给她，我觉得有病呢。"另一个女孩的声音，也很熟。

在楼梯最后几级，我看到了我们班的由和涵。

"可是，别的班拾金不昧都加了很多分了。只有我们，一次拾金不昧都没有！你今天明明是拾金不昧了么……"

我不语。看看值日公告——一排"拾金不昧"那么刺眼！天天有一堆拾金不昧的人！昨天，我还听到一年级一个班主任在质问："拾到红领巾上交为什么不算拾金不昧？凭什么不加分？一条红领巾也一块钱的啊……"（临窗独坐）

【点评】

评出了琐碎，评出了短视，评出了虚伪

这种评比太形式主义了，完全是表面文章。

实际是在引导孩子们为了眼前的一分二分，争呀夺呀，作弊呀——评出了琐碎，评出了短视，评出了虚伪。

一切都是做给别人看，至于真实的想法——天知道！

这种评比的弊端早已不是秘密了。可是为什么仍然还大行其道呢？

因为有关人员没有本领通过非评比的手段实现管理，保证纪律。他别无选择，他看人家都这样，他也就这样。

要知道这种评比办法虽然弊端重重，却有一个很突出的"优点"——省脑筋。

不需要创造性劳动，不需要专业技术水平，不需要因人而异的具体分析，只要肯下工夫死盯、死管就是了。

在这样的评比管理下，老师们不但劳累，而且智商会逐年下降。因为这办法不需要智者，需要的只是一个比一个厉害的"工头"。

可见，如今这种评比制度，并不是某个人的失误造成的，它和我们的局长、校长、教师的素质大有关系。在某种素质下，就会有某种工作方法。

我相信如果立刻取消这种评比，很多校长就"抓挠"了，很多老师则会无所适从，他们可能就不知该干什么了。他们不知道世界上还有另外类型的管理方式，也不会操作。那是需要更高水平和更高智慧的。

有鉴于此，我们恐怕还不能贸然抛弃这种制度。但是我们可以逐渐简化它，淡化它；同时培训校长和教师，帮他们学会非评比的管理方式。只有到那个时候，现在这种可笑可悲的评比制度才能退出历史舞台。

2005.4.10

【案例80】

小朋友写的"检查"

我的同事孙老师今天交给我三份小学生"检查"的复印件。

孙老师告诉我，这是她的朋友拿给她的。朋友知道她是研究教育的，拿来供她参考。

孙老师看完哭笑不得，希望我谈谈自己的想法。

我们先来看看"检查"的内容。原文照录，括弧中的字是我（王晓春）的猜测。

检查（1）

高老师您永远居住在二（6）班学生的心理（里）。

今天我一下课就走了，十分不对。

老师计我写200写（字）的检查。

我十分（实在）写不出来。

下回一是（定）不敢了。

老师多谢了。

我老师最后一回了。

因为我写不去（出）来200字了。

对不起。

二（6）班张 ×

检查（2）

在体育课的时候，我们跑接力，为了胜利，我一下把接力棒扔向了终点。

这样非常不好。接力棒是公物，我们应该爱护，要是扔不好扔到别人的身上，砸死两三可就不太好了。砸伤的话，会耽误学习。我保证已（以）后再也不会出现这种事情，我保证，如再乱扔老师随便处理。

（无落款）

检查（3）

今天上第三节体育课时，下课后我提前回了教室，没有经过老师的同意，私自上楼，给班级去了分。我知道错了，希望老师谅解。我下次绝对不怎么（这么）做了。知做（错）就改才是好孩子！

老师是辛勤的园丁，我们是花朵。老师爱我，我爱他。老师大人大量，原谅我们。我们知道了错误的所在，我们忠（衷）心的（地）垦（恳）求："原谅我们。"

老师永远活在我们心中。

谢谢老师！

原谅我们！

我保证："我再也不犯错误了，听老师的指挥。不会发生这种事情了。"

（无落款）

【点评】

这是教育吗？

我们的教育果然超前。

低年级的小朋友，还没学会作文，先学会写检查了；还没学多少知识，先学会给老师拍马屁了；语言还未通顺，说假话大话空话、给自己扣帽子就已经很在行了。

这是教育吗？这是负教育。这种教育的负面作用远大于正面作用，这是在毁孩子。

我不明白有什么必要让孩子写这种"检查"。

是为了提高学生认识吗？

孩子们通过写这种检查认识有什么提高？

第一份"检查"中，孩子说："我一下课就走了，十分不对"，要明白这一点，需要写一份200字的检查吗？

第二份"检查"中，孩子给自己乱扣了许多帽子。其实这个孩子，按他的年龄，严格地说并没有犯什么"错误"，他只是求胜心切，不知道或者忘记了比赛规则，所以把接力棒扔了出去。教师告诉他以后注意规则就是了，写什么劳什子"检查"！如此"检查"写下来，孩子不是更明白了，反而是更糊涂了。

写第三份"检查"的孩子看来是"明知故犯"。既然他早就知道那是错的，让他承认一遍错误又有什么意义呢？教师这时应该具体分析他上楼的原因，以后才好避免。教师真正该做的事情没有做。

但是请注意，这三份"检查"有一点是完全相同的．那就是"我下回不敢了"，"我保证不犯了"，"最后一回"。我想，这才是老师最需要的东西。老师需要这种精神安慰剂。

孩子说："我再也不犯错误了老师信吗？不会信的，老师心里也明白这是谎话。但是老师需要这种谎话，因为听了舒服。

所以，让学生写"检查"，往往不过是教师自己的心理需要而已。这么小的学生，并不需要"检查"。"检查"对他们没有用处。

我希望有关行政部门规定禁止让小学生（尤其是小学低年级学生）写"检查"，即使中学生，也不要轻易让他们写"检查"。

写"检查"把教育简单化了，公式化了，庸俗化了。

频繁地让学生写"检查"，一方面说明教师业务水平不高，另一方面又会阻碍教师业务水平的提高。因为这东西给教师一种似是而非的满足：手里攥一把"检查"，居然也会有某种"成就感"，好像自己干了不少工作似的。

我还希望有关领导和专家们不要总是在宏观世界里驰骋，各位最好也来研究研究写"检查"这类"小事情"。

再正确的宏观口号和措施也经不起"写检查"这类"小蚂蚁"的侵蚀，它们能把教育大厦掏空。

再正确的教育理念经由这样的老师采取如此办法去"落实"，也会完全变成另一种东西。

有关领导和专家们在宣讲大好形势的同时，不妨抽空俯下身子看看基层微观世界的实际情况。

我敢保证：不看不知道，一看吓一跳。

2005.4.19

【案例81】

家长和老师都支持孩子把零食卖给同学

妈妈告诉我，和她一起去北京的一位阿姨洋洋得意地说着她的女儿。

这孩子在成都一所私立学校上小学六年级，成绩很好，小小年纪便很有经商头脑。每周父母送她去上学时，她总要带许多方便面、可乐、零食等。在学校里，将这些东西以三倍的价钱卖给她的同学，而且都能卖完。每周她都能赚100多元回家。

最让我奇怪的是，她的同学都会去买，老师还特别喜欢她。

父母都是博士，却放纵她的这种行为。难道这里面就没有一个人能去阻止她，帮她纠正错误吗？我说她父母的教育是失败的，她的这种行为非常不好。可爷爷、奶奶都不这样认为。爷爷说："别人那么小就有经商意识，你小时候还想不到呢，有什么不对？"我无话可说。

是的，我小时候是想不到，但我想到了也绝不会这样去做。

记得上小学时，班里的一位同学在班上卖他自己做的贺卡，老师知道后就立即做出批评，并帮助她改正。上初中时，老师让我帮班里同学买参考书，我跑了许多地方，最后打了八折，但打了八折后，书的价钱除以班里同学的人数就除不尽，最后的差价还是我自己补上的。那时候我认为赚同学一分钱都是可耻的。

对于这个社会，我又一次感到无话可说。

以上是一篇学生写的随笔。我看了很有感慨。我想起了我女儿依依（小学二年级）的一个同学，成绩很好，但是谁要和她玩，就得给她10块钱。有一次依依说给她10块钱，结果玩完了，却没给她。女儿回家后得意地告诉我："爸爸，我骗了她！"这个学生的行为被告发给老师后，老师批评了她，于是她把玩的费用降低到了5元。（铁皮鼓）

【点评】

"经商"是有范围的

这位"很有经商头脑"的小女孩犯了一个明显的错误：误把学校当市场了。

而她的父母和老师不但没有纠正这个错误，反而支持她继续犯下去。我想，可能是各位被商业大潮迷了心窍了。

如果这个小女孩利用假期在有成人保护的前提下去搞点"经商"活

动，以训练商业头脑，我完全支持。

如果学校举办规定时间、规定地点的"跳蚤市场"，让同学之间互通有无，锻炼商业能力和人际交往能力，我也完全支持。

但是在学校的日常生活中、同学的日常交往中搞小买卖，是不行的因为这是学校。

请问学生可以这样，按师生平等之原则，教师能不能向学生推销自己倒来的学具、文具？教师如此"以身作则"，岂不更有利于培养学生的商业意识吗？

那就乱套了。学将不学，校将不校了。拆了围墙办农贸市场算了。

世上任何事物都有某种"边界"，跃出这个边界，它就不是它了。

生活不全是商品交易，商品交易只是生活中的一部分。把商业泛化，把整个生活变成交易，到处散发着铜臭，人文环境就会被污染，人的本性就会被扭曲。

很多东西用钱是买不来的，给多少钱我也不卖。不是什么东西都有办法标价的。

我问你一声"早晨好"，10元钱；我给你倒一杯茶，20元钱；我叫你一声"妈妈"，30元钱；我给你考一个"100分"，50元钱；我吻你脸一下，100元钱……等到小姑娘变成这个样子的时候，我估计他的父母和老师就醒过来了。

这种清醒值多少钱？

无价。

2005.4.20

春风细雨化坚冰

2004 年 9 月 6 日（星期一）阴

王××，转学到我们班才几天，几乎天天惹是生非，打架不止一次。他今年 11 岁，父母离异，常年跟着奶奶生活，奶奶对他百依百顺，父亲觉得亏欠他，也是溺爱有加。他头脑聪明，活泼好动，调皮捣蛋花样百出，招招翻新。他是从一个私立小学转来的，据说在以前那个学校称王称霸，同学们都怕他。

2004 年 9 月 13 日（星期一）晴

中午刚躺下，就听见一阵急促的敲门声，"周老师，石×病了，我们已经把他送到了医务室"。我连忙赶到医务室。只见石×耷拉着脑袋，他的衣服、裤子上全是呕吐的脏物。扶着他的居然是王××，只见王××一只手紧紧地握着石×的手，另一只手搂着他的肩。我分明看见王××的眼里流露出焦急的神情……

我发现这孩子并不是同学们所说的那样"坏"。必须想办法改变他！

2004 年 9 月 15 日（星期三）阴

我趁热打铁在今天的晨会上表扬了王××。在掌声中他不好意思地低着头。事后，他在日记中写道："我第一次得到老师的表扬和同学们的掌声。"这篇日记的书写也是出奇的好，我给他打了一个大大的"良+"，给他的寄语："读着你的日记，老师感受到你有一颗关心同学的心；看到你的书写，周老师知道你有克服困难的坚强毅力！"他拿到日记时高兴地笑了，我分明感觉到他幼小的心灵被轻轻触动了。

2004 年 9 月 29 日（星期三）晴

王××惹是生非的事少了，有几次我看见他放下高高扬起的拳头；学习态度也有了明显的转变，作业也能按时完成。为了完全地转变他，我决定利用星期天到他家进行一次家访。他的奶奶拉着我说，这孩子可捣蛋了，在家一点也不听大人的话，吃东西挑食，东西乱扔……

2004 年 10 月 12 日（星期二）多云

终于逮着了一个机会，这回轮到我们班负责给校园里的小树苗剪枝。我把王××叫到身边，指着一排小树说："你看，这些树有什么不同吗？"

他仔细地看了看，认真地说："其他的没有分枝，就一个主干，就长得高，长得壮。这棵树从下面开始就有许多的分枝，分枝多了，长不高。"

"是呀，分枝多了，树成长就没有了目标。只有朝着一个目标努力才能够长得好，长得壮。怎么才能让它像其他的树一样，长得既高又壮呢？"

"我有办法，我们把它多余的枝去掉，再给它施肥，有了充足的肥料，又只有一个主干，营养比较集中，我负责这段时间给它特别的照料，相信它会和其他的树一样，茁壮成长！""好，这个任务就交给你了。"

听我这么一说，王××马上动手小心地去掉了小树上的一些枝丫，只留了最大最粗的主干。

就这样，王××以从未有过的耐心开始精心地呵护这棵最小最弱的小树。我看着心里异常高兴！

2004 年 11 月 15 日（星期一）多云

一个月过去了，我再次带着王××来到小树前。"老师，你看，我照顾的这棵小树长得多壮呀！"确实，在我眼前的不再是那棵枝多、叶小、干小的小树，而是一棵生命力旺盛的小树，绿油油的树叶在阳光下闪动着耀眼的光。

"辛苦你了！"我拍着他的肩，由衷地赞扬道。

"老师，我明白了，我一定会和小树一样，不会让你失望的。"他认真地说。

我成功了！今天是个值得纪念的日子！（梅子）

【点评】

"保健"型教育

学生在学校打架，在家不听话、没规矩，教师不侧重分析这些毛病的具体原因，却扭过头去看他的优点，表扬他爱帮助同学，转变他的整体心态，提高他的自信，结果他进步了。梅子老师的工作很有成效。

所谓"我能行"教育、"赏识教育"，基本思路就是如此。

比如我是一个医生。病人来找我，主诉头疼。我不问青红皂白，只告诉他多喝白开水，加强锻炼，多和朋友聊天，保证睡眠。结果他头不疼了。这可能吗？很可能。这是不是我的成绩？是。可是这个病人到底为什么头疼，我明白了吗？没明白。

我把这种治疗方式称之为"保健型治疗"。

不管学生有什么缺点，我一律施以爱心，一律找出他的优点来表扬，可以称之为"保健型教育"。现在绝大多数教师的教育方法都是如此。

这种办法显然有道理，也有效果，但是光有这样一种教育方式绝对不够，因为它太一般化了。

1. 这种办法对谁都可以用，缺乏针对性，不是对症下药，不是真正的因材施教。

2. 它带有"碰运气"的性质。教师对自己的"保健措施"是否能见成效，毫无把握，就像指导病人多喝白开水的医生对能否治好病人的头痛毫无把握一样。对此，教师一般的办法是：如果成功了，我就当作经验来介绍；如果不见效，我就不提这事了。

3. 这种办法无论成功与否，都不能真正提高教师的专业水平。也就是说，教师事后并不比事先懂得了更多的东西。比如梅子老师这个学生，到底为什么爱打架？为什么他缺点很多，却爱帮助人？爱帮助人的优点和打架的缺点在他身上是矛盾的，还是统一的？这些，我们都没整明白。说得难听点，我们是糊里糊涂就把学生给弄进步了。我们能保证用此种办法把更多的孩子都弄进步吗？完全没有把握。如果我们不能沉下心来研究"这一个"学生的特殊性格和特殊思维方式，我们的工作就只能永远浮在表面。于是我们的成功经验介绍看起来就都似曾相识，如同超级多胞胎。

4. 一旦这招不灵，就"没棋"了。"保健型教育"其实是程咬金的"三斧子"，三斧子之后，就只能再来一遍三斧子，继续多喝白开水。很多老师都是如此。当然，梅子老师是否如此，我不敢说。

梅子老师如此有爱心而且敬业，我却给你泼了一盆冷水，真的很抱歉！

2005.1.6

引导学生尊重教师劳动

昨天班会课上，语文老师唐老师带全班同学去田边感受大自然。回来告诉我，金×看见一骑车的小青年，就向他问好，一下子带动了全班同学。一时之间，"叔叔好"，"老爷爷好"，"老奶奶好"不绝于耳。

来到教室，我先说："听说今天大家都很有礼貌，特别是金×，尊敬长辈。在校外，我们能这么做；在校内，在班中，我们为什么不能做到呢？对老师为什么不尊敬呢？"

学生有点不服气了："好像没有这样啊！"

"在课堂上，老师在上面讲，有些同学在下面悄悄讲话或做小动作，这些同学，你们尊重过老师的劳动成果吗？"有些同学不好意思了，低着头。

我得理不饶人："不但老师在讲课时，不能这样，要认真听，同学在发言时，也要认真听，积极思考，这也是一种尊重；在同学说得不好时，欠缺时，我们应该来帮助他完善他的答案，而不是耻笑他，讥讽他，这样他会多伤心啊。换成你，你当时心里是一种什么滋味啊。同学之间要互相尊重，互相帮助。只有你尊重了别人，别人才会来尊重你。"

教室里静悄悄的，我相信，那几位同学一定会有所改变的，让我们拭目以待！（谢栋欢）

此种引申有些勉强

学生在校外对小青年、老爷爷、老奶奶有礼貌，在校内却不注意听讲，老师把这两件事拉在一起，说你们在校外这样懂礼貌，为什么在校内就不能做到注意听讲呢？

愚以为这种引申是比较勉强的，因为这是两种不同的情境，事情性质也有所不同。老师把"礼貌"悄悄换成了"尊敬"，又把"尊敬"悄悄换成了"尊重"，才完成了这个引申。

我想，应该请小青年、老爷爷、老奶奶给这些学生讲至少45分钟的课，再看究竟。如果孩子们能全神贯注听完，那时候再责以大义不迟；如果他们也还是有人在下面悄悄说话、搞小动作，那就证明他们并非"两面派"也。而老师的这种"德育"，在逻辑上是缺乏说服力的。

学生不注意听讲，原因非常复杂，几乎可以做一门学问来研究。可是到了某些老师那里，就简化到了惊人的程度——不注意听讲就是因为不尊重老师劳动。于是解决的办法也就非常简单了：只要通过说教，让学生认识到这一点，他们都尊重老师了，问题就解决了。

那我请问：教师听校长讲话的时候，教师以学生身份参加"继续教育"的时候，是不是也有很多"在下面悄悄说话、搞小动作"的事情？其课堂秩序说不定比学生课堂还要差。如果这时旁观者指责教师"不尊重"校长和讲课人的"劳动"，您服气吗？

请别误会。我不是说学生上课不注意听讲有理，我只是说，教师把学生不注意听讲的原因片面归结为学生不尊重老师，其实是害了自己。因为那样他就不再琢磨怎样提高自身的教学水平，而把精力都用来教训孩子了。

正是这种思路，妨碍了很多教师自身素质的提高。有些教师工作多年，不见他们自身的能力有多大长进，但见他们"修理"学生的本事日增，就是这种思路的后果。他们把劲都向外使了。

顺便说一下，把什么事情都和课堂纪律、学习成绩挂起钩来，"三句话不离本行"，这可能是教师的一种"职业病"。我和学生聊天，曾有学生对我说："我算服了我们老师了，无论什么事，他说着说着都能和学习连上！"恕我直言，这是很多老师不招学生喜欢的重要原因之一。应试教育竟把老师异化成了如此教书的机器。可怕！

2005.4.18

【案例 84】

成功与习惯

人的品德基本上是由习惯组成的。俗语说：思想决定行动，行动决定习惯，习惯决定品德，品德决定命运。

习惯对我们的生活有着绝对的影响，因为它是一贯的。在不知不觉中，经年累月影响着我们的品德，暴露出我们的本性，左右着我们的成败。

我们细心观察，不难发现，在我们的校园里，在我们的日常生活当中，我们的小学生，见到老师主动地敬礼问好，我们老师微笑点头示意；有的学生饭后总要到书屋学习读书，我们看到学生的进步，不由自主地进行表扬鼓励……这一切的一切，都缘于我们已习惯这样做了；同时，有的学生从不向老师问好，有的老师见到听到学生问好，视而不见，听而不闻；有的学生饭后磨磨蹭蹭，到处溜达闲逛，从来不光顾书屋；我们发现学生的一点错误，就大发雷霆，使劲批评……这一切的一切也都是源于我们已习惯这样做了。成功的人似乎永远在成功，而失败的人似乎永远也在失败。这是什么原因呢？有位社会心理学家就此分析说："没有别的，习惯两个字在起作用。一个人习惯于每天晨跑，他就会几十年如一日地跑；一个人习惯于懒惰，他就会无事可做地四处瞎溜达；一个人习惯于勤奋，他就会像日本的阿信一样克服一切困难，从而所向披靡。成功也是一样。"

成功是一种习惯。对于一个成功者来说，也就是培养了一种成功的习惯。即使做小事也要争第一，做最好，不断进取，不断地奋斗，这样才能不断地赢得进步。譬如说第一个起床、第一个吃完饭、第一个到学校、第一个到公司，学习成绩第一、工作业绩第一……时时刻刻做第一，求最好。久而久之无疑就养成了不断激励自己的习惯，这也就是给自己一个成功的习惯。小目标实现，大目标也就成功了——成功难，不成功更难！

所以，成功就是一种习惯！（牛洪国）

【点评】

"成功"怎么会是一种"习惯"呢？

成功是一种习惯——这种说法久已闻之，越想越不对劲。

我们先来看看，什么叫"成功"？

查《现代汉语词典》，其对"成功"的解释是："获得预期的结果（跟'失败'相对）。"

什么是"习惯"呢？

查《现代汉语词典》，其对"习惯"的解释是："①常常接触某种新的情况而逐渐适应。②在长时期里逐渐养成的、一时不容易改变的行为、倾向或社会风尚。"

把词典的解释带入（等量代换）"成功是一种习惯"这句话，就成了下面两个句子：

1. "获得预期的结果"就是"常常接触某种新的情况而逐渐适应"。

2. "获得预期的结果"就是"在长时期里逐渐养成的、一时不容易改变的行为、倾向或社会风尚"。

这叫什么话？这种语言出现在小品里，还差不多。

成功若真是一种"习惯"，就会有人习惯于成功。他一开始就成功，后来总是成功，一路成功到生命的尽头。有这种人吗？我不敢说绝对没有，可是我所知道的成功人士、伟大人物都不是这样走过来的。正相反，他们往往经历过很多失败。成功要是他们的习惯，还用这么费劲吗？只要发扬习惯，成功不就手到擒来了吗？

其实牛老师论述了半天，也并没有说明成功怎么会是一种"习惯"。实际上牛老师说的意思大概是：只有具备良好的习惯，才能成功；有良好的习惯就能成功；成功需要有良好的习惯做基础等等。那又何必把话说得这样绕嘴呢？何苦把话说得连语法都不通了呢？

必须实事求是地指出，良好的习惯只是成功的必要条件，而非充分条件。很多有良好习惯的人并没有成功，因为成功还需要其他很多条件，例如知识、才能、机遇等等。成功若只决定于习惯，能成功的人也未免太多了。

再说一句怪话：有些不具备某些良好习惯的人，也能成功，这事你生气也没用。贝多芬在生活中有很多不良习惯，脾气极坏，然而他的成就，却是很多满身良好习惯的人所无法达到的。

世界是复杂的，想用某种简单的公式来概括人才成长的规律，要十分谨慎才行。

如今传媒发达，什么人都在谈教育，这虽然也是好事，但是声音可就乱套了：信口开河者有之，以偏概全者有之，怨气冲天者有之，语不惊人死不休者有之……作为教育者，对所有这些声音，我们当然应该采取开放宽容的态度，但是遇到一种新提法，还是应该独立思考，推敲质疑，而不可盲从。

2005.4.18

【案例85】

为了一个逃学的学生，我在冰天雪地中奔跑了一上午

昨天下午，我们班（小学六年级）的学生小 A 又捣乱了，先是不断抢一个女学生的围巾，接着又把一个学生的凳子腿蹬断了。（小 A 在两星期前的一个星期天下午，进入学校，打破了五块玻璃，踹开了三个教室门，学校给了他警告处分并处罚金 100 元。现在市告还在墙上贴着。当时还要求家长天天到校一次。可是现在家长已经一星期没来了。）我下午放学时要求他叫家长来。

早上 7 点 30 分，我见他到校了，可是家长没来，就让他回去叫，他不去。我就另找了一名学生去叫他的家长。当他父亲来到学校时，我把情况告诉了他的父亲，然后去叫小 A，学生说小 A 出去了。我和他父亲就开始分头找。学校没有，就到村里找。我的两个学生在村中一个小巷内发现

了他，我也去了。见到他后，好说歹说就是不跟我回去。村里几个村民也来劝他，他无动于衷。我一看不行，就让那两个学生先看着他，我去叫他父亲。刚走到学校门口，看小 A 的一个学生就跑来告诉我说："小 A 又跑了，并且跑向汽车站，想坐车去郑州，另一个学生小 B 跟着他呢。"我赶快推车子，先到小 A 家，又见到了他父亲，给他说了情况。他父亲也去推车了，我就赶快往大路上追。

冰天雪地，我骑着车子一直追。半路上小 A 的父亲赶上了我，我就让他先去。一直走到一个大路口，我也没有见到小 A 和小 B。小 A 的父亲也不知道追到哪去了。我只好又回学校。刚到学校，小 B 回来了，说小 A 现在回来了，在村上的一个商店里。我就赶快联系小 A 的父亲，同时又问小 B，刚才你们去哪了？小 B 说："我跟着他转了四五个村子，他本来说去郑州，可是只有一块钱，就没有去，而是去 C 村买了一块钱的炮。小 A 让我下午还跟着他转。"

这时小 A 的父亲来了，我们就去那个商店找他，刚走到一个路口，就见小 A 身影一闪又不见了。他父亲对我说："你回去上课吧，我找到他后先让他在家呆几天。"我没说什么，因为已经快 12 点了，就回学校去了。(乡村草)

【点评】

缺乏专业思考的忙碌

乡村草老师很辛苦，为了一个逃学的学生，在冰天雪地中奔跑了一上午。

但是恕我直言，这种辛苦"科技含量"太低了。

老师在奔跑，而奔跑并没伴随着思考，尤其没有伴随着"教师的专业思考"。随便一个什么亲戚，都可以这样帮助家长追孩子的，这种"奔跑"，实在不需要教育专业水平。

你可能会说，当时找学生要紧，顾不得思考。这也说得过去。但是乡村草老师写这篇文章的时候，该已经平静下来，怎么仍然只有叙事，没有分析？

直到现在，我们对这个孩子为何会如此，仍然一无所知。看到的全都是现象。

那么乡村草老师写这篇文章目的又何在？

莫非仅仅为了宣泄？

这类文章网上不少。

可见许多教师的当务之急是学会思考，否则光用如此方式"敬业"、"献爱心"是没有前途的（不要误会，我决不反对"敬业"和"献爱心"）。我们不怕累，但要累得"含金量"高一点。

2005.1.3

【案例86】

老师，我希望您对我们一千倍的狠

新接班，我布置写一篇《老师，我想对你说》的周记，想了解一下老师上课、班级管理等方面存在的问题，让学生提出想法和建议。谁知收上来的周记有超过半数的学生都在建议中让我"狠"，可以说是呼声一片。

"老师，我觉得你人很好，对待我们太好了。但是我觉得您还是要对我们凶一点。否则，我们班的学生会因为你是新教师而更不怕你的。"

"老师，和您相处了一个多月，我觉得您的好处在于平易近人，让我们觉得你是个容易接近的人，要说缺点那就是不善于使用暴力。"

"老师，我觉得你对我们太松了。我希望您对我们要一百倍、一千倍、一万倍的狠。"

我心里十分不安，紧接着又布置学生回去写了一篇作文《我帮老师治理班级》。下面就是一些学生中的想法和意见。

"老师，您看看隔壁班的同学都怕他们老师。老师让他们向东他们不敢向西。而我们班有的同学根本就没把您的话听进去。您要请教一下别的老师。""老师您太仁慈了，这样只会让同学们的成绩后退，而不能使同学们的成绩得到提高。"

"老师，狠每个老师都有，但狠的程度却各不相同，有高中低三种。而老师您现在连最后一种都没有达到。一、不要经常流露出笑容，对我们嬉皮笑脸的。二、必要的时候要用手来解决问题，不能手下留情，还有其他的方式，如蹲马步……如果能'狠'到把我们的玩心给消灭掉，那就更好了。"

"有的同学犯了一点小错误，你可以让他罚抄。而像夏××，光叫他抄是没有用的，只有打，他才能认真写作业；而冯××上课很认真积极发言，就是作业不写；那你就让他到办公室去写，什么时候写好了什么时候回来。另外让他们每天轮流去半蹲，先让他们在椅子上坐好了，然后把椅子抽掉，不能靠墙，手还要像坐在桌子上一样要放平了。蹲不好就打他一下或踢他屁股，最好是把他给弄哭了，让他有一丝悔意。这样日子久了，他的悔意就多了就会改了。"

"老师，相信吧。这几招是很有用的。"

面对这些五年级的孩子，我困惑了。这到底是谁之过？（211400）

【点评】

"钢铁"就是这样炼成的

稍有教育学、心理学常识的人就都知道，教师的这种"狠"是非常有害的。

它会伤害孩子的心灵，扭曲孩子的性格，压抑孩子的创造性。它会使学生越来越失去自觉性，只有在软硬暴力的威逼之下才能学习，这就为中学教育埋下了极大的隐患。因为孩子翅膀硬了，他们就可能把小学受到的压抑全都向中学老师发泄。许多中学老师发现自己面对着一些软硬不吃、刀枪不入的学生——"钢铁"就是这样炼成的。

至少需要具备以下三个条件，教师才能成为合格的"炼钢"者。

第一，他们教育思想必须十分狭窄，只见分数不见人。对孩子的个性、心理背景、智力类型这些东西，他们必须不知为何物，或者完全忽视。

第二，他们必须目光短浅，必须只看眼前的"业绩"。铁路警察——只管这一段，杀鸡取卵，竭泽而渔，不顾孩子的可持续发展。我只管污染，让后继者去治理；我只管埋定时炸弹，到时候炸着谁与我无关。也就是说，他们只有完全不具备科学发展观，才能做出这种事情。

第三，他们必须十分自我中心，只顾自己，不管别人。只要学生怕我，我布置的大量作业他们就不敢不做，至于抢了其他学科的时间，那我就顾不得了，谁让你仁慈来着！

可怕的是，有不少老师完全具备上述三个条件。

211400 老师尚有差距，眼界没有如此狭窄，心没有那么硬，所以在幼稚的学生看来，反而不合格了。

当周围人都得病的时候，健康人反而会被看成病人的——凭什么你不得病？

问题是，学生本为受害者，他们怎么也会如此狂热地赞美教育暴力呢？

因为他们年龄还小，他们盲目地接受了老师的教育思想，而且他们看到了眼前的蝇头小利——考试分数的提高。

还有一点说来更令人痛心：经过老师如此"教育"，这些学生实际上已经失去了对自己的信心，他们已经不相信自己能够自觉学习，所以渴望有一种恐怖的强力来推动自己。这是典型的权威人格，说得难听一点，就是"奴性"。

孩子们经过老师的培养，灵魂越来越粗糙了。你看他们谈论暴力的时候，语气多么轻松！他们冷漠而且麻木。他们正在变成一些缺乏同情心的人。

"钢铁"就是这样炼成的。

我们可以想象，若干年后，这些孩子长大了，他们中有些人可能成为教师。如果这些人后来所受的师范教育没有抹去他们的错误观念，再加上我们应试体制的压力，各种检查评比的催逼，校长树立的短期行为之榜样，他们又将会成为新一轮狠心的老师。

"长大后，我就成了你。"

"钢铁"就是这样炼成的。

2005.3.1

较真的孩子

放学了，我还没走进教室就听见里面传来一阵热闹的辩驳声，忙不迭地大步跨入教室，站在门口处，就看见宇和敏面红耳赤地对峙着。我问："怎么了？为什么事吵架？"宇不答腔，径直回自己的座位上去了！我转身看敏，敏正在整理自己的书包。我问："怎么回事？"

敏立马一副正义凛然的样子，说："今天小黑板上的题是我们一组出的。宇做得不对，我给他一星，他不肯，就向我来讨星了。要我给他四星，我不依，他就和我来吵了！"

我笑了，看着宇说："哦，宇，为了一星和四星的事啊！我还以为什么大事呢！"

宇马上接过话头说："不是的，我做对了，干吗只给我一星啊？"

霎时敏的小脸涨得通红，站起来说："你做错了嘛，当然只能得一星！"宇说："凡也错了，你为何还给她五星？"

凡听了，马上站起来说："哪儿有啊？我做对的！"

宇要凡拿出本子来，凡不肯！这时在一边的阳也说："对的，宇总问我们来讨星的，上次他明明做错了，却非要我给他五星，还说一些难听的话！"

这个如此看重星的孩子，让我既高兴又为他的偏激而犯愁。（晓风叮咚）

建议先弄清事实

愚以为这件事的关键是：宇的题到底做得对不对？我主张这一点要认真对待，所以晓风老师说的"为了一星和四星的事啊！我还以为什么大事呢！"我就觉得不妥。这不是个事情大小的问题，而是要确认事实的问题。事实比态度重要。在搞清事实之前，不宜对态度和是非多加评论。

晓风老师的文章，我看到最后，也没搞清宇的题到底做错了还是做对了，然而晓风老师却弄得又"高兴"又"犯愁"。恕我直言，这两种情绪都是悬空的。

事情本来比较简单，吵架是从题目做得对错开始的。如果我来处理这个问题，上来就搞清宇做得对不对。做得对，该给人家多少星给多少星；确实做得不对，还想要高分，那我就得肯定小女孩敏做得对，然后把宇作为一个案例来研究：为什么他对星如此看重？这里面必有文章。这就比较复杂了。但这是宇本人复杂，而不是此次吵架这件事复杂。如果一时搞不清宇做得对错，那就谁也不要肯定，谁也不要批评，留待以后再说。

晓风老师没有把握住关键，致使话题失控，引出一个凡，又引出一个阳，这就成一锅粥了。简单的问题，弄复杂了。

梳理思路，是一个极其重要的问题。

2005.1.12

晓风老师回复：

看了王老师的点评，深觉惭愧。学生的一日一道奥数题一直是数学教师规定孩子们每天一小组出题目并由这一小组负责批改的，所以当敏说宇做错了时我就认定他是错的，认定他是想多要几颗星蛮横无理的行为，根本就也没想去看他的作业本。分析你的评点，一是我没说清楚；二是我做事不到位！非常谢谢你在百忙之中对我的指点，确实梳理思路，是做事的关键！所以每次心情不好或懒散时，我就索性什么也不做，知道出不了好活，不如休整。

王晓春回复：

千万不可以有人说某某做错了您就相信，不管这个揭发者多么可靠；千万不可以因为某学生经常说谎就不加调查认定他这次一定说谎。

决不可以根据态度（包括现在的态度和以往的态度）断定事实。

我的经验，学生是这样：许他骗你一百次，不许你冤枉他一次。

而且我更重要的经验是：你要想使那个骗你一百次的学生改变，恰恰需要找到他没骗你的那一次。

晓风老师参考。

2005.1.12

【案例88】

我没有办法了，体罚他，我很无奈

上周五和周的父母通了电话，家长话里话外全是无奈。昨天（周一）收作业时，周又一脸诚恳："我的作业忘在家里了，这次肯定完成了，我妈妈看着我写的！""下午带来。"我心里是宁愿相信他的。

下午，我问他要作业，他仍然是一脸诚恳："我中午去二姨家了，明天带来！""好！"我想，即使他没写，给他一晚上的时间补上也好！

今天早晨，他磨磨蹭蹭地走到我身边，给我一个本子："老师，我没写完！"我脑子里"轰"的一声，一股火从头顶直窜了上来！多少次了，我相信他，给他机会，相信他即使懒惰，但最起码给老师一句实话！

这一次次的"宽容"竟成了"纵容"！

"这次你无论如何得受到教训！你应该明白说谎是错误的！你更应该记住，作为一个人，是要对自己的行为负责任的！"我声色俱厉，"出去！在外面冻着写，让你体会体会是在家里写舒服还是在外面写舒服！"

数九寒天，周在外面呆了半节课。坐在教室里的我也心神不定。"那么冷的天，怎么伸得出手啊……会不会冻感冒啊？……虽然他做得不对，我要教他做人，可健康更重要啊！……"终于，我忍不住了，唤他进了教室。

捂着他冻得冰凉的小手，我的眼泪掉了下来："回去吧……"

下课，他仍然玩得欢实。看着他卷子上一次次的不及格，我无奈又心痛。孩子，你什么时候才能明白啊！（野火）

【点评】

学生不明白，还是教师不明白？

学生不完成作业，原因是非常复杂的，可以分成很多类，在每一类中，又各有特点，几乎是一个人一个样。要通过具体的研究，才能找到具体的解决办法。

可是我们看，到了野火老师那里，事情竟然简化成这样：他不完成作业，就是因为他"不明白"。

不明白什么？

不明白"说谎是错误的"？我敢肯定他明白。学生不写作业，绝对都是"明知故犯"。你怎么能想通过让他"明白"来解决问题呢？此路根本不通。老师钻进了死胡同，还往前走，剩下的就只有发脾气和体罚了。

还有一声凄凉的呼唤："孩子，你什么时候才能明白啊！"

请问：是学生不明白，还是教师不明白？

2005.1.19

【案例89】

<h1 align="center">他的眼睛为什么睁不开？</h1>

忽然教室里一阵嚷嚷："老师，朱×被周××打哭了！"

真是一对"问题同桌"！我快步走到他们跟前。朱×正趴在课桌上哭泣，双肩不停地抖动，显得很是委屈。

"怎么回事？"我气不打一处来。

"刚才，我的手一挥，不小心碰到了他的眼睛。"周××满脸无辜。"不是，他故意用拳头打我的。"朱×抬起头，紧闭着的双眼挂满了泪花。

"疼不疼？能不能睁开眼？"

朱×努力地想撑开眼皮，可连续眨了几下，就是睁不开。我的头"嗡"的一下，会不会有什么危险？他可是一名成绩优秀的同学，后天就毕业考试了，如果因此……

我冷冷地看着周××："前天，你用铁钉扎伤女同学的手指，现在你又给我惹出个祸来。经常警告你不要欺负同学，好好学习，你偏不听，现在怎么收场？要是朱×的眼睛有个闪失，你哭都来不及！"

周××吓得面色发青，嘴里只是不住地念叨："我不是故意的。"

我打电话通知了周××的父亲——一个朴实的纱厂工人，他租了一辆摩的匆匆赶来。听完我的告状，当即给了周××一个耳光。周××捂着打红的脸，伤心地哭起来："我真的不是故意的！"

"还嘴硬，我先送朱×去医院，晚上回家，再收拾你这个兔崽子！"父亲吼道。我拦住他："快去医院查查，没有问题最好，有了问题，麻烦就大了。"他点了点头，扶着朱×离开了教室。

……大夫正戴着手套，用手撑开朱×的眼皮做检查。"没有大碍，点点眼药水就行了。"我松了口气，但还是不太放心。大夫在我的请求下又细致地检查了一遍，还是没有发现明显的外伤。

"大夫，既然伤得不严重，可他的眼睛为什么还睁不开呢？"我疑惑地问。

"观察一段时间再说吧，看看有没有呕吐的现象，先打个点滴。"医生的回答更增添我几分担忧。我领来了药水，到了注射室。朱×小声说："老师，我不挂水。"

我说："男子汉，这点疼算什么？"护士带着他去病房挂水了。

周××的父亲站在门口，沉默了一会儿，我对他说："我和朱×的家长联系一下？"他点了点头。

十分钟后，朱×的父亲匆匆赶到："我的儿子怎么了？要是他的眼睛有什么三长两短，就是赔我个一百万，我也不称心。"他边说边用手拨开了周××父亲递来的香烟。

病房里，朱×正坐在椅子上挂着水，双眼依然紧闭着。"儿子疼不疼？"

朱×的父亲不停地询问伤势，"比刚才好点了？……""那你把眼睛睁开给爸爸看看。"朱×的眼皮抖动着，努力想撑开，但显得很痛苦，刚露出一条缝又紧紧闭上了。

见此，朱×的父亲语气不由加重了："吴老师，丑话说在前面，如果朱×没什么问题就好，假如有什么后果，别怪我不客气！"

"那是、那是！"周××的父亲连连点头。

"我们有事先走了，您留在这儿照顾他。有什么情况通知我。"我努力地笑了笑，刚走到门口，无意扭头一看，不由愣住了，朱×突然睁开了眼睛，一双圆溜溜的大眼睛。

"你，你的眼睛没事了！"我高兴地叫道。

"嗯，我也不知道怎么就能睁了。"朱×咬着嘴唇，一脸尴尬。我恍然大悟：刚才他眼睛之所以睁不开是假装的。

第二天早晨，我一到办公室，就发现我的桌上放着封信，展开一看，内容如下：

吴老师：

对不起，昨天我是骗您的。那节课上，周××伸懒腰时不小心碰到了我的眼睛，当时也很疼，可他不但没道歉，反而骂我不长眼睛。他经常仗着劲大欺负我，我向您请求调换位子，您总是不答应，说我作为班干不懂团结同学。这次，我实在忍无可忍，就装出一副伤得很重的样子吓吓他。没想到事情会闹得这么严重，您在医院里让我挂水时，我就想告诉您真相，可又不敢。于是就想第二天上学时，再说自己已经痊愈了。

您临走时，我的眼睛有点痒痒，刚一睁开，就被您发现这个秘密了。……如果我伤害了您，就请您打我几下，解解气吧！

> 您不争气的学生朱 ×
>
> 6 月 28 日

读完手中这张薄薄的信笺，突然变得沉重起来。（干国祥转发，作者不详）

【点评】

教师要注意学生的感受

教师不注意保护学生，学生只好想办法自我保护。朱 × 的情况就是如此。

朱 × 自述经常挨周 ×× 的欺负，不是没有向教师反映过，他还提出调换座位。教师至少应该问清情况，分清是非，能解决矛盾就解决矛盾，实在不行就确实应该考虑调换座位。朱 × 是班干部，但他也是个普通的孩子，我们不能要求他"忍辱负重"，不能让他在被人欺负的环境下生存。保护每一个学生是教师的本职工作。现在教师不帮助朱 × 解决生存中的具体问题，反而批评朱 × "不团结同学"，甚至不分是非地说他们是"问题同桌"。这岂不等于说谁当班干部谁就活该倒霉吗？

我们从整篇文章可以看出，教师谈的都是他自己的感受（自我中心），他并不怎么了解学生的感受，好像对学生的感受也不大热心。当朱 × 眼睛睁不开的时候，教师想到的是"……会不会有什么危险？他可是一名成绩优秀的同学，后天就毕业考试了，如果因此……"恕我直言，其实教师主要考虑的是自己该负的"责任"和"业绩"。这虽然属于人之常情，但毕竟是不够的。如果教师换一种思路，注意学生的感受，则他肯定早就想办法解决周××欺负朱×问题，朱×也就没必要用装假来达到自我保护的目的了。于是这场风波就不会发生。

论者可能会说，教师工作那么忙，怎么能管得那么细致？我觉得这主要不是细致不细致的问题，而是思路问题。你不往某个方向看，则即使有人告诉你那个方向有问题，你也不会在意的，你在意的是另外一些事情。这位老师没有深入解决朱×和周××的问题，最后省心了吗？没有。反而更费心了，耽误了更多的时间。这很像短期行为。

当然，教师精力有限，不可能解决学生之间的所有矛盾，但是对于比较大的隐患，教师必须有所觉察，否则积累到一定时候，就会出大乱子。朱×看来是个好孩子，所以他想出的自我保护方式是比较温和的，如果他忍无可忍请来一位"大哥"把周××打一顿，闹出死伤，事情不就更严重了？很多校园暴力，都是这样出现的，对此教师并非完全无能为力，有些是可以避免的。

事已至此，下一步教师该怎么办呢？

我若是这位班主任，我会这样做：

朱×给我的信，我保密，不告诉任何人，尤其不能让周××父子知道。我不会批评朱×做假，因为这是不得已的。我会向朱×道歉，说明我对他的感受关心不够，然后详细询问周××欺负他的情况，看看能不能想办法改变这种状态。我还可能教他几招自我保护的方法。至于调不调座位，我征求朱×的意见。

我还要找周××谈话，让他接受教训，不可欺负人。但是我也要了解他的感受和心理。也许他是缺乏人际交往能力，不善表达，因而常常诉诸肢体语言；也许他是"手重"，常常在无意中让人感觉他是在打人；也许他是活得焦虑，用进攻别人来发泄；也许他是嫉妒朱×；也许他是通过欺负班干部来表现自己或者报复老师……可能性很多，我要进行研究，想出具体办法，帮助周×× 解决。我要努力保护和提高每一个学生，包括欺负人的和被人欺负的。

2004.7.20

【案例90】

小管理员和同学发生冲突

一天中午，当我刚走到教室门口，眼前的一幕使我惊呆了：地上都是学习用品，午读管理员小雯在哭，几位班队干部在劝说，小宇同学则怒发冲冠，气喘吁吁。问到小宇时，他直说小雯的不是，说她偏心，说她乱记名字，而对自己的错误只字不提。小宇坐在办公桌旁边的座位上。大约过了10分钟，他偷偷地看我。我轻声问："你想通了吗？你知道你错在那里吗？"小宇低下了头，说："我不应该摔她的东西，但她连续记了我4次名字。"他的语气略显激动。"那你说说你当时在干什么？"他支支吾吾，也说不清当时的情况了。我心平气和地对他说："小雯是班级午读管理员，她有责任管理好班级的午读，她这样辛苦地工作是为谁啊？""嗯……"他低下了头。"是为我们班级，为每一位同学啊，她严格地要求你，是希望你改正错误啊。""蔡老师，我去向她道歉。"

第二天，小宇向小雯道了歉，还送给她一支笔。在晨会课上，我把这件事作为教育重点和学生一起讨论。同学建议成立班"和睦"管理组织协调并处理同学间的突发事件。课后，我让小宇他说说自己的感受，他说："蔡老师，我知道自己错了，但我有时就是控制不住自己。"（cailc）

【点评】

给 cailc 老师的建议

这件事您处理得很细致，从容不迫，有板有眼。两个孩子和全班同学都受到了教育。

我特别赞成学生提出的"成立'和睦'管理组织，协调并处理同学间的突发事件"，这不但体现了学生自我管理的理念，而且等于建立了"应急机制"，准备了"应急预案"，是很先进的管理思想。向您学习！

供您参考的意见是：建议您把思路再向前推一推，问问，为什么会发生这种事情？

您的归因是：小宇太冲动。

我赞成这个归因，但是觉得不够。可能至少还有两个原因：

1. 您这个午读管理员小雯太死心眼了，激化了矛盾。您想，连续4次记一个同学的名字，那是很容易让人恼羞成怒的。成人恐怕也难以控制，何况孩子？

所以我建议您对这些小干部进行"案例培训"，告诉他们如何掌握分寸。估计确实解决不了的矛盾，宁可上交给老师，以免同学之间闹起来。

2. 这个"记名字"的方法有可能是个祸根。我的经验，这种办法是最招学生反对的。您可不可以教学生干部用其他方法维持纪律？其实通常的劝止就比记名字好。劝止不了的，记名字恐怕也用处不大，开始害怕，后来皮了，你爱记不记，我帮你记！

仅供您参考。

2005.3.25

【案例 91】

你认为你该怎么做？

中午，教室后面围着一大群的人。近前一看，超的脸红红的，巧的眼红红的。看样子，刚吵过一架。超一边用笔划着纸一边还在嘀咕。巧呢，在后面抹抹眼泪，一副很委屈的样子。旁边围观的孩子真多啊！我就先把他们两个请到办公室，让他们消消火。问了一下，才知道事情是由巧引起的。巧在超做作业时总是打扰他，他一发火就把她的铅笔盒扔了，于是你一言我一句地吵了起来。

超和巧才走两分钟，瑜匆匆地跑进来说："张老师，君总是拿我的书！"站在门口的君也冲进来说："不是，是瑜先拿我的练习册，把我练习册的字都擦掉了！""为什么？""她先碰到我的！"

……

真奇怪，现在的孩子怎么如此爱较真？退一步，有何不可？为什么一触即发？为什么就那么碰不得、说不得？对于这类事，我总是三部曲：

听，议，说。无非是一些老掉牙的话，小朋友之间不要过于斤斤计较，退一步海阔天空，为了那么点小事何必争个你长我短的。这类半痛不痒的话，看得出对孩子来说一点感觉也没有！苦恼！（晓风叮咚）

【点评】

<h2 style="text-align:center">独生子女的同龄人关系障碍</h2>

晓风老师所说的上述情况，愚以为基本上属于独生子女的同龄人关系障碍。

独生子女为什么容易产生同龄人关系障碍呢？

很简单，他们是在非正常的人际关系中长大的——在他们6岁前（这段时间对人格形成极其重要）的生活中，没有兄弟姐妹这个层面，无法形成"同龄人人际关系模式"。他们见到的人际关系几乎只有一种——与长辈的关系。

所以他们只能是把"与长辈关系"的人际关系模式搬到学校来对付同学。

孩子与长辈打交道是可以撒娇的，自我中心，你必须让着我，老得让我高兴。多数家长也确实这样迁就孩子。孩子们把这种人际关系模式迁移到学校，立刻就会碰钉子，因为对方不是家长，而是同龄人，他还等着你迁就他呢！小皇帝碰上了小皇帝，一国难容二主，打起来了。

因为孩子是在和长辈打交道的过程中长大的，家长又缺乏"扮演孩子同龄人"的意识（对于独生子女家长，"扮演同龄人"是不可或缺的教育方法，可惜多数家长尚未意识到这一点），因此孩子根本无从学习与同龄人交往的技巧，遇到矛盾，束手无策。不会坚持原则，不会灵活退让，不会辩论，不会自卫，不会说服别人，也不会安慰自己，什么都不会。如果孩子有兄弟姐妹，这些本来都是可以在生活中学到的。

什么都不会怎么办？只有哭鼻子和向老师告状，孩子对老师的依赖其实是对家长依赖的折射。

于是老师就会陷入孩子们无穷无尽的矛盾中，不胜其烦，不能自拔。这是如今当老师特别累的一个重要原因。说穿了就是你在给家庭教育补课，学校教育、家庭教育的两副担子"风雨一肩挑"。

缓解（完全解决这个问题至少目前不可能，只能缓解）这个问题有以下几个办法：

1. 指导家庭教育。让家长在家庭中和邻里朋友间尽可能创造孩子与孩子打交道的机会，并在活动中具体地（一定要具体，要一句一句地教，一个动作一个动作地教，一个想法一个想法地教）教给孩子人际关系的技巧。没有这一条，完全靠老师教，老师会累死的。

2. 在学校采用"案例"法进行教育。不要只打"遭遇战"。用10个手指按40个跳蚤会穷于应付，没完没了。要抓住典型案例，解剖给全班同学看，告诉孩子们，遇到了这样的情况，你应该这样想，这样做，不应该那样想，那样做，等等。抓住一件事，教育一大片。少讲空道理，多说怎么办。

3. 注意，教师千万别发脾气，尽量少批评，因为这不是孩子们的过错，而是他们完全没有这方面的经验。你把他批一顿，他冤枉，容易逆反。

晓风老师参考。

2005.1.13

【案例 92】

转移视线法

　　下午自习课，我去教室，老远就听到教室里传来争吵声。循声看去，两个捣蛋鬼正在"斗鸡"，其他人则分成两派，"加油助威"。此时早有人通报我快到场了，教室里一下子静了下来。我见交战双方虽面红耳赤，但都知趣地回到了座位，便缓步走进教室，眼光故意看着窗外后操场，一会才转过身来对大家说："刚才是哪些人在为后操场上的排球运动员加油啊？"同学们都你看看我，我看看你，两个交战者以为我未发现他们，头抬了起来，课堂很快平静了下来。此时，我的谎言无疑起了两个作用，一是稳定了交战双方的情绪，让他们知道：还好，老师并不知道，我们安心地听课吧；二是转移了同学们的视线，让他们知道：庆幸，老师还以为我们在为后操场上的运动员加油呢，他没有责怪我们，安心地上课吧。因此，一场热度很高的内战很快冷却。而待下课后，我找了个合适的时间与交战的二人细谈，他们不仅随即互相承认了错误，而且感谢老师对他们的宽容。（zjq780211）

【点评】

一定要有大局意识

　　这件事处理得很漂亮，很轻松。这是一种教育智慧。

　　当我们发现某个老师处理问题很聪明、很专业的时候，如果我们也打算变得聪明一点、专业一点，那我们光是钦佩和赞扬他就不够了。我们需要研究一下，他聪明在何处。聪明还是有规律的。

有一个很好的研究方法，就是比较。

一般老师遇到此种情况会怎么做呢？这我们司空见惯：冲上去，脾气大的当场猛训一顿，脾气小的拉到办公室"动之以情，晓之以理"，掰开揉碎，分清是非……

他们的办法有两个突出的缺点：一个是情绪化。处理问题时，教师和学生都在情绪激动的当口。这种情况特别容易"走火"，旁生枝节，或者发生碰撞，造成对立。第二个是，当他们处理两个人打架的时候，忘记了整体，忘记了其他同学。他们是被具体事件牵着鼻子走，失去了主动性，失去了对全局的掌控。所以你有时会看到老师处理具体问题，竟然沦落成一位"战斗员"，和某个学生吵起来了，而其他同学则成了"看客"，师生的角色全乱了。或者教师把当事者拉到办公室大肆教育，而其他同学则无人管理——放羊了。

Zjq780211 老师同时避免了这两个毛病。

他头脑非常清醒。他知道，出现这种情况，首要的问题并不是解决二人的纠纷，而是稳住全班，稳住大局。所以请注意：他的计策（"给排球队员加油"的谎言）并不是针对两个吵架者的，而是作用于全班（包括吵架者）。他有大局意识。大局一稳，就什么都不怕了。至于二位吵架同学的具体问题，事后冷处理当然要容易得多了。

所谓聪明，往往就是换一种思维方式。一个人用某种思维方式，明明不解决问题，还不知变更，只懂得"加大力度"，卖力气，我们就说这种人"不聪明"。

2005.4.6

学生和我关系好，但是不听我的

王老师，我不是班主任，我是今年刚刚毕业的老师，我今年带初二。

我和孩子们可能是关系太好了，我脾气也是蛮好的。现在上课，有的时候我都管不了他们。他们开始不听我的了，任凭我怎么说，现在即使我让说话的人上课站起来，对其他的人好像也没有什么效果，这可怎么办呀？我好郁闷呀。

还有，上自习课的时候，我去班里辅导，总有人在那说"老师好"，弄得好好的自习也会因为我的出现变得一阵骚动。

我想我真的完了，我弄不住了！

我能看出来孩子们对我的喜爱，我说我希望我们成为朋友，我希望我们之间是一种和谐的关系。如果你们上课是这样的状态，那么，这样的关系是维持不住的。我说完这个，孩子们也都是很赞同，也都马上就很乖很乖了，可是，没出两天，老毛病又犯了。

开学刚刚三四天的时候，那天的英语课在体育课之后。孩子们很浮，我那天讲的是练习，很重要的东西。然后我看到有孩子在那说话，我先暗示他，他没反应，后来我就使劲地把书往桌子上一拍，孩子们大概没有见过我这样，之后就特别的安静。可我发现，他们回答问题还有和我的配合都没有原来那么积极了。于是我就又开始温柔、微笑，开始下意识地活跃气氛，还好，一会儿，大家就又活跃起来了。后来，办公室的老师告诉我，他说话，你就让他站起来。于是，我就照做了。可是，站起来一个，其他的人好像什么都没看见，该说的还会说，这个办法也不顶用了。有的时候，甚至是我很生气地去说什么，做什么，他们还是有人在那嬉皮笑脸的。小孩子们有的时候真的不懂事，哎！

王老师，请您帮我分析一下，看看，我到底该采取什么样的办法呢？真得谢谢您。（春添）

【点评】

维持课堂纪律靠什么？

春添老师提出的问题非常重要。为什么很多大学毕业生满怀激情，下定决心做一个"微笑"型的教师，最后还是板起面孔来了呢？为什么他们想走新路，最后还是退到老路上去了呢？

如果让某些老教师评论这件事，他们可能会说，这是因为新教师"幼稚"、"没经验"，学生的本质就是"得寸进尺"，你不能给他们好脸。教育就是这么回事。

愚以为非也，容我慢慢道来。

教师维持课堂纪律，通常有哪些路子呢？

1. 靠老师厉害，吓得学生不敢（主要是当着老师的面不敢）违反纪律。

2. 靠集体压力。什么检查呀、评比呀、扣分呀，为集体争光呀，虽然其中也有表扬的成分，但是其主要倾向是靠集体压力，吓得学生不敢违反纪律，他违反了要受到舆论的谴责。

这两种路子是最常见的。

你会发现这路子有两个共同点。一个是靠威胁，也就是说主要起作用的心理因素是学生的恐惧；第二个是都有明显的"人治"色彩，这种纪律是靠人对人的压力和控制实现的。所以，在这样的氛围中长大的孩子，他们的基本功就是看教师脸色。这不是孩子的过错。既然你是"人治"，那么"顶头上司"的脸色当然就是最重要的了，它决定我的命运呀！

这种人际关系实际类似"统治"与"被统治"的关系，不需要多高的水平就能判断，这实在不属于"先进文化"，实在是该抛弃的东西。即使很多还在这样做的老师，也承认这不是好办法。

于是就有人要改革，特别是新老师，风华正茂，书生意气，要打开一个新局面，创造一种新型的纪律。这种追求非常可贵。

他们的新路子通常是什么呢？

靠师生关系好。我和学生做朋友，我让学生喜欢我。既然他们喜欢我，就愿意听我的话，何愁不守纪律？即使偶尔违反，我一提醒，他冲着我的面子，也就改了。于是不但能保证纪律，而且其乐融融。

这种办法当然比"管、卡、压"要进步。但是细想. 还是属于"人治"，只不过用"暖面人治"代替了"冷面人治"而已。学生看的，还是老师的面孔。

要知道，学生看"冷面孔"已经看了无数了，现在突然看到了"暖面孔"，不啻吹来一阵春风。这时候他们最大的愿望是什么？是释放，是放松，是"舒活舒活筋骨"。于是他们就闹起来了。其实这不是和新老师作对，这是他们被压抑的本性的某些方面显露出来了。所以你会发现，只要你一提醒，他就收敛，但是很快就又闹起来了。把这种情况看成"得寸进尺"，我以为是很不准确的，他们对老师没有恶意，甚至他们自己都可能不知道这是怎么回事。这是自然现象——打开闸门，水就流出来了。谁让你原来把水堵得那么死呢！其他老师埋的炸弹，被改革者引爆了。

所以，这种师生关系固然好，但是保持纪律的路子恐怕是不行的，不够的。

于是改革者就有两种选择：

一种，退回去，继续搞"冷面人治"。大部分青年教师在某些老教师的引导下，走的都是这条路。不久，他们也变成"老教师"，可以教导新毕业的大学生了。这地方我们就可以看出旧观念的强大力量，没有相当的勇气和本领，你跳不出它的手心。

还有一种选择：往前走。

往前还有路吗？

至少还有两个路子：

1. 靠培养学生规则意识。

就是说，我在班里帮助学生自己制订一些他们认为必需的、对他们自身有好处的规则。开始宜少，逐渐增加。然后让他们自己体会，有了这些规则，他们可以活得更好，没有这些规则.不但妨碍别人，而且最终自己也要倒霉。"规则是我自己的需要，而不是别人强加给我的束缚"，当学生认识到这一点的时候，自觉的纪律才有可能形成。这光讲道理不行，要让他们体验。慢慢来。

有规则意识的学生重视规则超过老师的脸色，没有规则意识的学生才会"得寸进尺"。

有规则意识的人过马路看是不是红灯，没有规则意识的人过马路看有没有警察。这就是法治和人治的区别。

2. 靠老师讲课吸引力。

课堂纪律是为教学服务的，但是教学也反过来对纪律有很大影响。讲课水平高的教师纪律问题自然少。只有那些讲课不吸引学生的教师，才乞灵于严格的纪律。因为你不爱听，所以我只好逼着你听。这实属无奈，也是无能。

我建议春添老师多在后两条路子上多做文章，否则会倒退成"冷面人治"的。

然而这两条都很难。

因为我们周围的大环境还是"人治"的氛围，因为我们的纪律评比制度非常急功近利、目光短浅，所以您耐心培养学生的规则意识，可能要吃眼前亏的，没有眼光的领导反而可能会怀疑你能力差。

至于提高自己的教学吸引力，这更不是一朝一夕的事情，要下苦功的。

人往往有一种毛病，知难而退。确实，走平路比走山路要容易，整学生比反思自身要舒服。这就是为什么几十年过去了，我们的纪律总起来说还是靠"冷面人治"来维持。据我看这种局面还可能维持几十年，但是它肯定要变，而且正在变。

我们的社会正处在人治向法治转变的过程中，而中小学又属于社会中转变较慢的保守的部分。生活在这样的环境中，最好不要冒进。我建议您现在不妨人治法治两样办法杂而用之，一边探索新方法，一边让认同旧办法的校长和老教师大致也能接受您。我想，这样把短期效益和长远效益相协调，最有利于您现在的生存和未来的发展。

2005.4.4

跪着上课的孩子

语文课上到一半，我发现今天的涛和宇明显地比以前矮了一大截，过去一看，大吃一惊。两个孩子是跪着上课的，这时的他们正在全神贯注地读着书呢！全没有注意到老师已经注意他们了！怪不得今天这个角落这么安静，怪不得他们两个今天没有窃窃私语，没有把书竖到桌子上在下面做小动作。

两个孩子都很有个性，也很讨人喜欢，上课能积极发言，脑子转得特别快，有时还会逗得全班同学哈哈笑。涛更有一股钻劲，从读《三国》到养蜗牛，都非常认真；而宇特别善于辩论，喜欢找到同学们话语中的错误，虽然自己有时也错误百出。

为什么会跪着听呢？是谁教他们的？

几天前，我读《岳飞的故事》给孩子听。一开始有些孩子听不懂，我便对他们说："有过这样一个说法，有一首曲子叫《二泉映月》，有人说，站着坐着听这首曲子，都是听不懂的。惟一正确听的办法就是跪着听，只有跪着听，才能理解。今天我们读岳飞，你们坐着听听不懂，完全可以站起来听，试试看，说不定可以听得懂啊！"当时确实有好多孩子站起来听的，而且站起来的同学都说，站起来听效果更好。

这两个孩子肯定是从这方面得到启发的。站起来听不光影响后面的同学，再说老师也未必允许。不如跪着听。

孩子，你们太懂事了！

面对这样的孩子，我无言以对。当时，真的很感动。（阿卓）

对听课姿势不必要求太严

我主张对学生的听课姿势不必要求太严，只要他不影响别人就行了．小动作最好不管。

因为我有经验，有些学生，如果你不让他做一些小动作，反而影响他的听课质量。那些小动作可能是他不可缺少的习惯动作，当他做这些动作的时候，倒容易进入学习状态。我认为这不算缺点，这是特点。心理学上有所谓"动觉学习者"，他们可能就是。

但是这对老师是个考验。因为你在上面讲，下面总有人做一些动作，是很乱心的。当然还是全体肃然，大家都盯着老师，眼睛里充满对知识的渴望，那种情境老师最惬意。可惜，那种状态，有可能是矫情的，不真实的，因而以后恐怕会越来越少见，教师必须学会适应新的、更自然的教学状态。

阿卓老师的学生跪着听讲，精神固然可嘉。然而能看见黑板吗？即使能看见，我也主张劝他们站起来，否则会伤着膝盖的。

《二泉映月》必须跪着听才能听懂，有什么根据？能讲出道理吗？如果不能，这种说法就有可能是故弄玄虚，愚以为不必当真。我个人非常喜欢这个曲子，但从来没跪着听过，以后也不准备跪着听。下跪，在中华民族的礼节中有特定的含义，愚以为除了对神仙、祖宗和父母，不可随便用的。

2008.4.21

【案例 95】

为课堂纪律而发愁

近日我很发愁，新接的班级也有半个学期了，却为课堂纪律而发愁。总有个别孩子不听课，在那里做自己的事情甚至和周围的同学讲话。我暗示他、提醒他、批评他，好像效果都不大。

自习课也很难安静，作业多还好点，但有的时候真的感觉学生在那里躁动不安，甚至有的还随便走下位子。总是那么几个孩子，慢慢影响周围的人，最后甚至像开锅的粥一样沸腾到无法控制。

今天年级组长告诉我要对学生凶一点，可是我凶好像也没有什么效果，只会引起他们的反感，她说可能是学生欺负我是新来的。

我办公室的女教师经常被学生气哭。我没有哭过，但经常很痛苦，为自己的无法控制而痛苦。（叶蝶）

【点评】

区别情况，分别做工作

叶蝶老师不要着急，我出点思路供您参考。

我觉得最重要的是区别情况，分别做工作。

您看，影响别人者和被别人影响者是可以区别开的。一般班主任习惯上来就管那些影响别人的人，这是一条思路，但若不能解决问题，也可以考虑先把那些被影响者召集起来做工作，比他们稳住阵脚。告诉他们，你们不受别人影响，就是对班集体的贡献，就是对老师的帮助。我的经验，先稳住大局，个别生的工作就好做了。

下位子、和周围人讲话、光顾干自己的事情，这三情况也是可以区别对待。我的意思，第三种情况可以暂时不管，先解决第一、二种情况。想一下子解决所有问题，或者没有分析地见什么管什么，全面出击，打遭遇战，不大容易见成效。

"总是那么几个孩子"。请注意，这几个人也是可分析的。他们的行为有的对集体危害大，有的相对较小；在这几个人当中，有的经常带头闹，有的常常是"胁从"；有的没有学习的愿望，有的还想学；有的完全不能控制自己，有的有时能控制自己；有的惟恐天下不乱，有的则基本上属于淘气；有的家长完全失控，有的家长还能管得了他。而且他们之间也可能是有矛盾的，各有各的想法。您只要把事情切开，分成不同情况，您就知道该怎么做了。要分化他们，不要用笼统的批评使他们更加抱团。批评面越小越好。

纪律问题是日常问题，总会起起伏伏的。解决纪律问题是慢功，不要企图一下解决问题。要有一个比较长远的计划，一口一口吃，一步一步来，千万不可有事就着急乱管，没事则大松心，再有事又着急……那就成了被动应付了。

纪律好与不好，绝不是单纯的纪律问题。它背后有家庭教育问题，孩子的意志品质问题，信心问题，班风问题，班干部水平问题，师生关系问题等等。要条分缕析，追根溯源，是什么问题解决什么问题，进行综合治理。单纯就纪律抓纪律，眼前可能管事，但缺乏长远效果。

2005.4.23

穷于应付的课堂

这个班的学生，铃声一响，有数人冲向厕所，教室里乱作一团，这里一群、那里一堆，说说笑笑，打打闹闹，跑跑跳跳，随时都会传来尖叫声、呵斥声、咒骂声，好一片热闹景象。讲台上，纪律委员的提醒声被淹没在一片喧闹声中，只听见教鞭敲击讲桌的声音。教师走进教室，吵闹声、告状声、哭喊声、叫骂声、嬉笑声不绝于耳。这样的课堂，老师还会有心情讲课吗？

好不容易觉得可以讲课了，但教师刚开口，学生也开口了。有的说，有的唱，你停他不停，你讲他也要讲。你批评也罢，表扬奖励也好，都起不到效果。那天因表现好的同学奖励一根棒棒糖，有同学说他可以买十根，气得你不知说什么好。他们没有学会如何听课，没有学会思考，没有真正的脑力劳动，他们浮躁、浅薄、无所事事，不是坐着发呆，就是不停地搞小动作、说话，或惹是生非。有近十个学生，每节课都是肆无忌惮：坐不好，经常站起来，随便在教室里走来走去，在教室后面跳来跳去，就算是坐在座位上，也是手脚不停地惹前后左右的同学。在这里，随时都会听见哈哈的狂笑声、高声吼叫声、叫骂声、谈笑声……不会因为有老师而有丝毫的收敛。做作业时，不思考，不动笔，不交作业，有的学生是在教师的再三督促下，才做一些。有个同学在描述理想的课堂时曾这样写道："我心目中理想的课堂是上课可以吃东西，可以喝水，可以说话，走动，教室里放张大床，累了，就睡一会儿，只要不影响别人就行了。身上要有钱，可以随时买东西吃……"

每次走进这个班，我心里都是充满着恐惧。我也对几个特别的学生进行教育，但收效甚微。但从他们的表现中看来，他们又不是逆反心理在作怪，只是他们真的是"情不自禁"，对自己的行为无法控制。

这是一批五年级的学生，平时上课只有语文课好点，毕竟是班主任，他们还是有所畏惧的，但有时也失控。数学次之，其余的课程就差多了。

家长多数都是做生意的，平时忙于经商，没有多少时间管孩子，好多只是从物质上给予满足，只认学习成绩。（酒醒何处）

【点评】

建议用"假罚款"的办法试试

因为您的学生家长经商的比较多．孩子们可能对钱比较敏感，所以我建议您用"假罚款"的办法试试。

对全班同学说：有些同学严重扰乱课堂纪律，不但影响了人家的学习质量，而且造成人家的精神损失，鉴于说服无效，他们应该赔偿班集体和同学的损失。

什么样的情节就该罚款呢？让全班同学讨论。注意项目一定不要多，先把最不可忍受的选几条找出来惩罚。执行的时候，打击面千万不要宽，罚三五个人就够。

告诉学生，因为你们还没有挣钱，所以要你们的家长出钱。

然后暗中和有关家长打招呼。让他们对孩子这样说："你在学校违反了纪律。老师通知罚款 ×× 元。你犯的错误，凭什么让我挨罚？这不行。这钱只能从你的压岁钱和零花钱里扣除。"然后家长就真的扣除他的零花钱，佯称"我去交给老师"。

如果这个孩子有明显进步，过一个月，教师可以对他说："这个月你进步比较大，我们决定把罚款退还给你。"然后通知家长把扣除的钱还给孩子，但是要注意监督他们不要乱花。

如果孩子总是进步不大，那就一直假装罚下去，到期末再找个茬假装还给他。

注意此法最多只能用一个学期。下个学期整顿纪律，要换办法。

其实这个小计策是权宜之计，真正使学生进步，还得在培养学生自控能力上下功夫。班里可以举行自控比赛。比如竞赛打坐，像唐僧那样坐着，双手合十，不许闭眼（以免睡着），看谁坚持时间长。这类竞赛搞几次，就可能在班里形成"谁能控制自我，谁才是好汉"的风气，那就好办了。纪律情况一定会改观。

还有就是指导家长，一定不要迅速满足孩子的各种要求，要拖延时间，要给他设置障碍，以磨炼他的忍耐力。

所有这些，都不大可能立见奇效，但是你会发现他们有进步，而且这种进步积累起来，不容易突然退回去。

以上建议，仅供酒醒老师参考。

2005.4.26

【案例97】

学生在课堂上捣乱怎么办?

我任教的班中有这么一个学生，敬请王老师出出主意。

学生 A 是位男生，性格开朗，小学五年级，成绩极差。平常买什么玩具，凡是时尚的东西他总是第一个响应，可让任课教师头疼的就是他上课不听老师讲课，偏要找一些同学说说无聊话影响别人，为此边上的同学对他意见大，不乐意让他坐在边上。我找他谈过话，问他为什么会这样？他毫不含糊地说："我听不懂，觉得很没意思，想找人说说话，好打发时间。""老师能理解你的心情，但你这样会伤害很多同学，渐渐地大家会远离你、讨厌你，到时你会很孤单呀。"我振振有辞地说。听完后他略有所悟，点了点头。"你也认真学一学，哪怕一节课学一点知识也好。知识重在积累，不是一天两天就能学好，需要挑山工那种沿着目标脚踏实地、锲而不舍不断向前的精神。""老师，不知怎么搞的，我就是记不住。"他勉强地说。事实上老师哪有那么多的精力专门去管他，我找他谈过好几次话，每次谈完后，不到半天，他依然我行我素，惟我所上的课不会影响别人，有时候真的不想管他，可看到一张张学生写的告状信，听到任课老师的唉声叹气，我又试着发现他的优点，及时表扬他，但效果不是很大。我也聆听家长的看法，一句话，这孩子管不了自己，在家我也经常跟他说的，就是改不了。现在我很困惑，希望得到王老师给我的指点。（可爱的苹果）

【点评】

答苹果老师

　　我建议您先想清楚您教育这个孩子现阶段的任务是什么，以免分散精力，影响效果。

根据您提供的材料，我的想法是，实际上您做这个学生的工作，首先应该是为了稳定班集体大局，而不是提高他本人的素质。谈到教育他本人，首先又是提高他的纪律性，而不是提高他的学习成绩。

这样想清楚之后，您的对策，您工作的轻重缓急就比较清晰了。

做班主任工作，如此梳理自己的思路，是基本功。

据此，我想到的对策（按顺序）如下：

1. 和他一起想想办法，课上干点他喜欢的事情，只要不影响别人就行，先不要求他认真听讲。

2. 私下召集他经常接近的同学开会，让他们向这个同学发出警告："如果你上课不影响我们听课，我们下课可以和你玩；如果你上课扰乱我们听讲，对不起，课下我们就不和你玩了。"若这是一个很重视人际关系、害怕孤立的孩子（看来可能是），这一招就管用。

3. 班主任召开任课教师联席会，请这个同学参加。先让他给老师教学提意见，然后摆出他的课堂纪律问题。之后这样对他说："既然你在班主任的课上能够遵守纪律，说明你有一定自我控制能力。希望你以后对老师一视同仁。"这个会最好由某个科任老师主持，班主任坐镇。会议气氛要很严肃，但要心平气和。不要孩子写检查做保证。不要奢望他立刻改正缺点。只要他有所收敛就好。对他的纪律进步，也不要急于表扬。

4. 如果他有哪一门课学得稍好，或者有点兴趣，可以先从这里突破，让他多学一点，加以表扬。

5. 估计他的问题是家庭教育长期严重失误造成的，家长把孩子惯得不成样子了。所以在基本稳住他之后，还要详细了解他的家庭情况，对家长进行指导，设法提高这个孩子的自控能力，帮他学会基本的行为规范。告诉家长，倘不如此，后患无穷，将来受害最深的不是老师，而是家长。

2005.4.16

【案例98】

他为什么选择抄书而不是读书？

我发现晨在班上表现很不好。想让他读一读书，希望书中的故事能激励他。于是给他推荐了《戚继光的故事》，之所以选择这本书，是因为孩子坦白地说，他对书不感兴趣，不太喜欢阅读。不过听了我读的《岳飞的故事》，被吸引住了，有了一点兴趣。于是我就向他介绍一本这样的书。开始几天断断续续地和孩子交流了几次，发现孩子挺有收获的。后来因为忙于准备学生的视导工作，所以和晨谈得不是太多。不过他也读了一些，也向我汇报了一些，并且说出了他的感受。

今天在班上代课，让学生自己阅读，发现晨在练字。于是便想起了那本书，这一次又有两天没与他交流了。于是我就对他说："这几天看了多少？有什么新的认识？"

想不到我得到的是一阵沉默。好长时间之后，孩子坦白地告诉我没看。

我忍住心中的怒火，问他为什么不看？孩子几天没看，我是没想到的，因为这几天晨的表现也有很好的地方，特别是读书笔记，他更是严格要求自己，基本上每天都能写上一到两篇送到我桌上让我修改。虽然读书笔记上的内容全是《作文报》上的，不过我认为孩子既然能看《作文报》，就不会忘记那本书，更何况，那书也是他感兴趣的。

晨最后告诉我，他看不下去，也不想看了，太长了。

我想起了李镇西教师的关于万同抄《青春万岁》这本书的故事。于是我对孩子讲起了这个故事，告诉孩子，万同因为不喜欢语文课堂，而又想改变自己，在老师的建议下抄完了整本的《青春万岁》。于是我打趣道："要不然，你也向万同学习，把这本书抄下来，反正你写得快。这样也能读一遍。"不说不要紧，孩子顿时找到了好方法。于是答应道："好的！我抄！"天啊！一本这么厚的书，他不情愿读，却干脆地答应我愿意抄！为什么这样？

他愿意抄，可我不想！这样无形之中会增加孩子的负担。会剥夺孩子的其他时间。再说，他不是万同，他还要上课，他的成绩也挺好的。这一下轮到我沉默了！

过了一会儿，我对他说："这样吧！今天我不要你抄，今天你回家想一想，你究竟选择什么？为什么选择抄？我不想让你抄，你想想看，一个故事四张纸，你要多长时间抄啊！费纸、费时间不说，更重要的是你的手会累的！如果这样，我真不想！"

孩子也显得非常沉重，闷闷不乐地离开了！（阿卓）

【点评】

书籍对人的影响是很难预测的

我们从小都读过很多课外书。究竟哪本书给我印象深，对我影响大，事后可以认定，事先却是很难预测的。人家看得心潮澎湃，你却可能无动于衷，这一点也不说明你是铁石心肠，因为完全可能看另一本书的时候，他没有感觉，你却燃烧起来了。这个机制极其复杂，比天气预报难多了。

所以，带着"受教育"的目的去看书，恐怕本身就是违反读课外书规律的。

所以，向孩子推荐一本书，就以为一定能解决他的特定问题，这是把事情过于简单化了。

向学生推荐好书，当然是个很好的教育方式，但是期望值不可过高，不可死板。"你为什么不向书中英雄人物学习"，这种说法只能使孩子以后更讨厌看书。

读书像交朋友，和谁知心，只能走着瞧。

荐书像介绍对象，搭个桥而已，喜欢不喜欢是他自己的事。

为什么这孩子不愿读书却愿抄书呢？可能是有新鲜感，有挑战性，也可能觉得跟老师一起抄有意思，也可能他并不知此事的难度，一时兴起而已。抄书是一种锻炼意志的好办法。

抄书是一件费力费时的工作，阿卓老师提起此事有点轻率了，让孩子失望了。怎么办呢？我建议下次找一本薄一点的书，用一个学期或一年，和全班学生共抄一下（注意自愿），好处确实很大。

2005.4.30

要不要撤掉他的课代表职务？

我班的语文课代表让我伤脑筋。刚接手这个班级一个星期的时候，原来的语文课代表突然提出辞职，劝解无效，于是另外选择课代表。由于我对孩子们情况还不熟悉，就征询学生意见，后来有的学生给我推荐了宏。宏是前一个课代表，由于考试没有考好而被拿掉了课代表的职务。我想一次成绩不好也说明不了什么，于是就大胆地用他做了课代表。在我和班主任商量的时候，她没有说什么，于是宏走马上任了。

他开始的时候工作做得确实很好，每次认真地收作业，工作还算负责。可是渐渐地我发现他变了，喜欢和班级两个表现不好的孩子在一起，上课随便讲话，不听课，甚至老师提醒也不听。那天他在下面玩文曲星，我火了，把它收到了讲台上，没有想到他走上讲台把文曲星拿回去了。我当时没有说什么，课后也没有做什么。

昨天，我在另外一个班级看班，他过来了，伸了个头，我想和他谈谈，就想喊住他。没有想到，他捉迷藏一样就跑掉了，过一会儿又跑回来，我很生气，就让他走了。

这个学生越来越不像话了，昨天晚上找他谈心，也没有谈出什么名堂。我想换掉这个课代表，又担心不做课代表的他会更加地放肆和自暴自弃。

我在犹豫中……（叶蝶）

不要动不动就把小干部的表现和他的职务挂钩

课代表是做什么的？为同学服务的。愚以为他只要能完成本职工作任务，就算称职。

可是现在很奇怪，好像课代表必须同时是高分生，还得是一面旗帜，否则就撤职。这是选课代表，还是选三好生？

我不是说课代表有缺点不该管，我是说，那是另一回事，不要动不动就把孩子的表现和他的职务挂钩。

叶蝶老师所说的情况："喜欢和班级两个表现不好的孩子在一起，上课随便讲话，不听课，甚至老师提醒也不听。那天他在下面玩文曲星，我火了，把它收到了讲台上，没有想到他走上讲台把文曲星拿回去了。"显然都是孩子的缺点，但是这里面并没有关于他不履行职责的错误。这是对小干部要求的泛化。

叶蝶老师可能会说，他这样表现，同学会有意见的："他还课代表呢！怎么表现这样？"这种观点其实是受了老师的影响形成的。我要是老师，我会这样告诉全班同学："我们选的是课代表，而不是一个完人。只要他能较好地完成本职工作，我们就应该让他做下去。至于他的其他缺点，我会像教育别的学生一样教育他。他不能因为当课代表就受优待，但是也不能因为当课代表就过分严格要求。"

这是我的一些看法，至于您眼前的这位课代表是否该撤，我因为情况了解不全，不敢下结论。总之，慎重为好。

还有，您上课没收了他的文曲星，有点莽撞，不如让他自己收起来，课下再问。这东西若是他跟别人借的，他就可能不顾一切地拿回去。

您再找这个孩子谈话，我劝您先询问，不要急于动之以情，晓之以理。

2005.4.27

【案例100】

校长这样批评我

我一贯的作风：下午五点准时放学，从不留学生补课，除了每天的日记，也从不布置其他家庭作业。我认为这既是对学生的解放，又是对教师的考验，当然，前提是教学质量必须上去。实际证明：这几年，不管接哪个班，我的教学成绩稳居该地区第一，自认为把素质和应试两方面结合得很好，有时还不免沾沾自喜一番！大多数老师每天忙到六点钟，学生回家以后还有一大堆作业等着，弄得老师筋疲力尽，也让学生怨声载道，厌学情绪严重。每当我看到这些，心就会痛，为这些可怜的孩子，为这些可怜的老师。

16号下午的例会，校长的话让我大吃一惊："十五号那天下午，我在街上碰到一些学生，感觉很奇怪，怎么这么早就放学了？接着又碰到一些学生，我就问了一下是哪个班的，原来都是五年级某个班的学生。我看了一下时间，刚好五点零三分！我不想谈该什么时候放学的问题，我总觉得这样对其他班的影响不好，对我们学校在社会的形象有影响。也许是这个班的老师当天有事，早了一点放学吧。不要想到我们没有收学生的补课费，就不多花工夫搞好教学。我不知道这个班的成绩如何，我下来后要到教导处了解一下情况，如果这样做造成了成绩糟糕，那就都不好交代！"我知道，这是在说我，大家也知道这点。虽没有指名点姓，但学校大部分的老师都清楚是谁每天最早放学。

作为一校之长，竟连属下一位教师几年都这么早放学一无所知，这确实让我很惊讶。我的教学成绩连续四五年的第一，校长竟然对此一片空白，说出"不知道这个班的成绩如何"这等话！明明学校规定三节课后放学，我五点放学还推迟了十分钟哩，犯了哪门子错？我快晕倒了！

对我个人而言倒还是小事，更让我悲哀的是，对其他老师而言，这是一种非常恶劣的误导。给人一条很明显的信息：多搞题海战术，多花苦力，多花时间，校长喜欢这种方式！这可苦了学生，苦了老师！

唉，鼓励后退，压制先进，世上竟真有这等怪事！（大风堂主）

【点评】

校长的误区

我们来看看校长的一段话：

"我不想谈该什么时候放学的问题，我总觉得这样对其他班的影响不好，对我们学校在社会的形象有影响。也许是这个班的老师当天有事，早了一点放学吧。不要想到我们没有收学生的补课费，就不多花工夫搞好教学。我不知道这个班的成绩如何，我下来后要到教导处了解一下情况，如果这样做造成了成绩糟糕，那就都不好交代！"

1."我不想谈该什么时候放学的问题"。这话非常有趣。学校规定的东西您"不想谈",违反学校规定的东西您挺欣赏,您还怎么好意思对学生进行"诚信教育"呢?

2."我总觉得这样对其他班的影响不好,对我们学校在社会的形象有影响。"这话的意思实际是说,只有晚放学、勤补课,才是好老师,才是好学校。不少家长确实有这种看法,可是作为校长,应该比家长更懂教育,或者起码应该比家长更有效率观念。提倡加班加点不就是提倡低效率吗?这类校长脑子里只有一种优秀教师,就是加班加点型的,所以很自然的,他看见不加班加点的就认为是投机取巧。按照这种观点,洗衣服不用搓板而用洗衣机明显就是懒惰,就是缺乏敬业精神。这种校长绝不会去总结"大风堂主"这类老师的经验(其实这是真正的先进经验,是代表大趋势的),所以他永远只会朝一个傻干的方向引导教师(美其名曰"老黄牛精神")。教师的专业水平为什么很难得到提高?这种校长起了相当不好的作用。

我要是校长,我一定要专题研究一下大风堂主老师为什么效率这样高,而且把他的经验介绍给大家参考。我会告诉老师们,我们应该开展这样的竞赛:在保证教学质量的前提下,看谁用的时间最短,看谁干得最轻松,看谁活得最潇洒。这才是正确的方向。

3."不要想到我们没有收学生的补课费,就不多花工夫搞好教学。"这是给早放学的老师扣道德帽子。这种思路害处极大。你把加班加点看成品质高尚的表现,把提高效率反而看成是不负责任的表现,这一下就把教师提高专业素质的路堵死了。教师会想,要成为一个高尚的人,只要少睡觉傻干活就行了。于是他们就真的这样去做了。不久大家身体就都垮了，身体垮了若揣着病假条上班，品德就更高尚了……呜呼！语曰："楚王好细腰，宫中多饿死。"（楚王喜欢细腰女子，宫女们为了楚王喜欢，不吃饭以减肥，结果饿死不少）此之谓乎！

会不会有些老师早放学是因为不负责任呢？这当然可能。但是你不能把"早放学"与"不负责任"之间画等号，这在逻辑上是说不通的。这是在泼洗澡水的时候，把小孩子也连同泼出去了。

有一些校长，只有看到所有教师都在那儿不停地干活，他才踏实。恕我直言，这是一种病态心理，既缺乏科学精神，又缺乏人文关怀。

我不知这样的校长有多大比例。反正我感觉，校长培训工作是刻不容缓了！

2005.4.30